▶ 1945년 8월 9일 소련 해군 병사들이 배 위에서 북한 상륙작전을 준비하고 있다.

▶ 1943년 여름, 소련 하바로프스크 브야츠크 촌에 주둔한 소련군 제88특별정찰여단의 '김일성 부대' 대원들이 여단 간부들과 기념촬영을 했다. 제88특별정찰여단은 스탈린의 직접지령에 따라 소련인, 중국인, 조선인, 나나이족 등을 규합해 일제 강점하에 있는 중국과 조선의 군사·정치 지도자를 양성하기 위해 창설한 부대이다. 앞줄 오른쪽부터 제88특별정찰여단 정치부장 세로긴 소좌, 대대장 김일성 대위, 여단장 저우바오중 중좌와 그의 부인이 자리를 잡았다. 맨 뒷줄의 오른쪽부터 김경석(이후 노동당 조직부장), 김일(이후 인민무력부 부상), 최용진(이후 보위성 부상)이며, 그 바로 앞줄 오른쪽부터 김광협, 강건, 서철의 모습이 보인다.

▶ 1945년 9월 30일 저녁, 평양에 있는 요정 '화방'에서 소련군정의 막후 실력자 메크레르 중좌(왼쪽)와 김일성이 기생들에 둘러싸여 술자리를 함께했다.

▶ 1945년 10월 평양주둔 소련군정이 주관하여 평양공설운동장에서 열린 '소련군 환영 대회'에서 소련군정 정치사령관 레베데프 소장이 연설하고 있다.

▶ 1946년 10월, 평남 강동군 선거구에서 인민회의 대의원에 출마한 김일성이 연설하기 위해 연단에 앉아 있다. 연단 뒤에는 김일성과 스탈린의 초상화, 연단 아래에는 '김일성 장군 만세', '쓰탈린 대원수 만세'라고 적힌 플래카드가 걸려 있다.

▶ 북한의 각급 학교는 평양주둔 소련군정의 지시에 따라 1945년 10월부터 러시아어를 제1외국어로 지정하고 레닌·스탈린주의와 같은 사회주의 교육을 시행했다.

▶ 해방 1주년을 맞은 1946년 8월 15일 평양 제4 여자중학교 정문. '조선민족의 해방자 쓰딸린 대원수 만세', '민주주의조선 완전독립 만세'라고 쓴 플래카드가 걸려 있다.

▶ 1946년 평양주둔 소련군정 핵심 지도부와 북한 정당 대표들의 모습. 왼쪽부터 레베데프 정치사령관, 김일성 북조선공산당 책임비서 겸 임시 인민위원장, 발라사노프 정치고문, 홍기주 민주당 부위원장, 김달현 천도교청우당 당수이다.

▶ 1946년 10월 30일, 평양주둔 소련군정 사령관실에서 김일성 임시 인민위원회 위원장이 '민주개혁'조치에 따라 그동안 소련군이 점령했던 북한의 공장과 기업소를 국유화하기 위해 치스차코프 사령관에게서 공장과 기업소 리스트를 넘겨받고 있다.

▶ '김일성 부대'가 3년여 동안 복무했던 하바로프스크 브야츠크 촌에 남아 있는 소련군 제88정찰여단 본부 건물. 김일성과 함께 이 부대에서 복무했던 전 북한 인민군 작전국장 유성철 중장(가운데)이 당시 상황을 설명하고 있다.

▶ 1946년 8월 초, 조선신민당 중앙위원회 위원장 김두봉 부부(가운데)가 소련군정 고위 장성들을 평양시내 고급 음식점으로 초청해 오찬을 들며, 김일성·박헌영의 모스크바 방문 스탈린 면접 내막을 듣고 조선신민당과 북조선공산당의 합당 문제 등을 협의하고 있다.

▶ 1945년 10월, 김일성이 자신의 고향 만경대를 방문해 친척을 만나 악수하고 있다. 왼쪽은 이 사진을 제공한 메크레르 중좌, 오른쪽은 강미하일 소좌이다.

▶ 1945년 가을, 평양주둔 소련군정의 지시에 따라 김일성(가운데)이 소련장교들의 경호를 받으며 비밀리에 지방을 돌아다니고 있다.

▶ 1947년 여름, 북조선 임시 인민위원회는 평양에서 미소공동위원회 개최와 임시정부 수립 경축 군중대회를 가졌다. 임시 인민위원장 김일성이 주석단에서 꽃다발을 받고 있고 좌우에 그의 오른팔 격인 김책과 왼팔 격인 최용건이 서 있다.

▶ 1947년 평양에서 열린 미소공동위원회 회의장에 김일성(오른쪽)이 김책(왼쪽)과 함께 찾아와 아놀드 미 장군을 만나 긴장된 표정으로 악수하고 있다. 가운데는 소련 대표인 스티코프 상장이다.

▶ 1947년 6월 1일에 미소공동위원회 대표들이 서울에서 기념촬영을 했다. 왼쪽부터 차례대로 미국 대표 존 웨커링, 소련 대표 코리쿨렌코 소장, 소련 정치고문 툰킨, 미국 정치고문 반스, 미국 수석대표 하지 중장, 소련 수석대표 스티코프 상장, 미국 대표 알버트 브라운, 소련 대표 레베데프 소장, 미국 대표 조이너, 소련 정치고문 발라사노프이다.

▶ 1947년 서울에서 열린 미소공동위원회에 참석한 소련 측 대표들이 서울 정동에 있는 소련 총영사관을 방문해 기념촬영을 했다. 왼쪽부터 코리쿨렌코 소장, 레베데프 소장, 스티코프 상장, 정치고문 툰킨, 정치고문 발라사노프이다.

▶ 1947년 8월, 서울에서 열린 미소공동위원회를 끝내고 소련 측 대표들이 회의장을 나오고 있다. 앞줄 왼쪽이 스티코프 상장, 뒷줄 왼쪽이 레베데프 소장, 그 오른쪽이 정치고문 툰킨이다.

▶ 미소공동위원회 소련 측 수석대표 스티코프 상장(가운데)이 1946년 6월 서울에서 좌익계 시민들과 기념촬영을 했다.

▶ 미소공동위원회 소련 측 대표들이 1947년 서울 정동에 있는 소련 총영사관에서 영사관 직원들과 기념촬영을 했다.

▶ 해방 후인 1946년 6월까지 주재했던 서울 정동의 소련 총영사관 직원들. 앞줄 맨 오른쪽이 해방 전후 한반도의 좌익계를 지휘했던 소련정보기관 소속 총부영사 샤브신이다.

▶ 1946년 6월까지 서울에 주재했던 소련 총영사관의 3인방. 가운데가 폴란스키 총영사, 오른쪽은 소련정보기관 소속으로 해방 전후 한반도의 좌익계를 지휘했던 부총영사 샤브신이다. 왼쪽은 소련 외무성 소속 부총영사(이름이 밝혀지지 않음)이다.

▶ 1947년 가을, 신병으로 평양을 떠나는 소련군정 민정사령관 로마넨코 소장(맨 뒤)의 환송식장에서 소련군정 고위 장성들과 김일성 등이 환담하고 있다. 앞줄 왼쪽 두 번째는 김달현 천도교청우당 당수이며 한가운데에 레베데프 소장이 있다.

▶ 1947년 가을, 김일성(앞줄 왼쪽에서 세 번째)·김정숙(앞줄 오른쪽 두 번째) 부부, 주치의 이동화(뒷줄 오른쪽), 비서 문일(뒷줄 오른쪽 두 번째) 부부, 소련군정 정치사령관 레베데프 소장 부인(앞줄 왼쪽에서 두 번째) 등이 평양시내 인민위원장 관저에 모였다.

▶ 1948년 2월 8일, 북조선인민군 창군을 앞두고 레베데프 정치사령관 등 소련군정 고위 장성들과 김일성(오른쪽에서 네 번째)이 인민군 훈련 모습을 지켜보고 있다.

▶ 1947년 북조선노동당 평남 남포시당 제2차 열성자대회 모습. 주석단 뒤 한가운데에 김일성 초상화가 태극기에 둘러싸여 있으며, 왼쪽에 레닌, 오른쪽에 스탈린의 초상화가 보인다.

▶ 남한의 5·10선거가 끝난 1948년 5월 중순, 북한의 정당·사회단체들이 평양시내에서 5·10선거 무효 투쟁을 위한 군중집회를 열고 있다.

▶ 북조선 최고인민회의(국회) 제1차 회의 장면. 1948년 9월 2일부터 10일까지 열린 제1차 회의는 최고인민회의 상임위원 선거, 수상 선임, 내각 구성 등을 의결했다.

▶ 1948년 9월 9일, 조선민주주의인민공화국 창건일을 맞아 평양시내 각급 학교 학생들이 '조선민주주의인민공화국'이라고 쓴 피켓을 들고 시가행진을 하고 있다.

▶ 평양시내에 있던 조선노동당 대회장 건물. 김일성 초상화와 '조선인민의 지도적 및 향도적 력량이며 모든 승리의 조직자인 조선로동당 만세'라고 쓴 플래카드가 걸렸다. 이 건물은 소련군대 구락부가 있던 곳으로 소련군 철수 후 예술극장으로 사용하다가 6·25전쟁 때 전파(全破)됐다.

▶ 1948년 9월 평양의 내각 청사 앞에서 소련군정 지도부와 북한의 초대 당·정 고위 인사들이 기념촬영을 했다. 앞줄 가운데에는 오른쪽부터 소련군정 정치사령관 레베데프 소장, 김일성 수상, 김두봉 최고인민회의 상임위원회 위원장, 박헌영 부수상이 앉았다. 앞줄 왼쪽부터 한일무 강원도당 위원장(두 번째), 박일무 내무상(세 번째), 허가이 당 중앙위 부위원장(여섯 번째), 오른편에는 박창옥 당선전부장(두 번째), 최창익 재정상(다섯 번째), 주영하 당 중앙위원회(여섯 번째), 김책 부수상(여덟 번째)이 보인다. 둘째 줄에는 김열 함남도당 위원장(오른쪽에서 첫 번째), 기석복 당선전부 부부장(두 번째), 장철 인민군 후방국 부국장(세 번째), 김승화 김일성대학 부총장(여섯 번째), 최경덕 직총 위원장(일곱 번째), 이훈일 군단장(여덟 번째), 한설야 문화예술총동맹 위원장(열 번째), 태성수 노동신문 사장(열한 번째)이 서 있다. 김일성 바로 뒤에는 박창식 평양시장, 김일성과 김두봉 뒤에는 박정애 여맹 위원장, 박헌영과 김두봉 뒤에는 김찬 조선중앙은행 총재가 있다. 셋째 줄에는 김광협 군단장(오른쪽에서 두 번째), 오기섭 노동상(세 번째), 임해(네 번째)가 자리를 잡았다. 넷째 줄에는 김일 군단장(오른쪽에서 두 번째), 장순명 함북도당 위원장(다섯 번째)이 보인다.

▶ 1948년 5월 4일 남북협상을 마치고 귀로 중에 황해도 정방산성 밑에서 점심식사를 하고 있는 김구·김규식 일행. 앞줄에 동그라미로 표시된 사람은 송남헌(민족자주연맹 비서처장)이고, 그 옆에 이길봉(북한 내무국 부국장)이 앉아 있다. 한 사람 건너 김구·김규식·김신(김구의 아들)이 보인다.

▶ 1948년 가을 평양에서 조선인민군 작전국장 유성철 중장(가운데)이 소련군 군사고문들과 함께 기념촬영을 했다.

▶ 조선민주주의인민공화국 창설 이후인 1948년 11월, 평양주둔 소련군 제25군 사령관 비루소프 중장(가운데, 치스차코프 대장 후임)과 김일성 수상(오른쪽 세 번째) 등이 평양 인근 사찰에서 한가한 시간을 보내고 있다. 왼쪽부터 레베데프 정치사령관과 그의 부인, 비루소프 부인이며, 오른쪽에서 두 번째는 박헌영 부수상 겸 외무상이다.

▶ 3년여 동안 북한에 주둔한 소련군의 철수를 맞아 1948년 12월 26일 평양에서 열린 소련군 환송대회. 군중 앞에는 스탈린·김일성·레닌의 대형 초상화가 서 있다.

▶ 1948년 12월 26일 북한주둔 소련군이 철수할 때, 김일성이 자신을 북한 최고 권좌에 앉힌 주역인 레베데프 소련군정 정치사령관의 가슴에 조선민주주의인민공화국 정부 훈장을 달아주고 있다. 두 사람 사이에 허가이 조선노동당 중앙위원회 부위원장과 박헌영 부수상 겸 외무상의 얼굴이 보인다.

▶ 스탈린의 특명을 받고 소련군 대위 김일성을 북조선의 최고 지도자로 양성한 연해군구 군사위원 스티코프 대장(오른쪽)이 1949년 1월, 군복을 벗고 평양주재 초대 소련대사로 부임한 뒤 북조선 수상관저 앞에서 김일성과 포즈를 취하고 있다.

▶ 스티코프 상장(오른쪽)이 북조선 점령과 평양주둔 소련군정 창설 등에 대한 공을 인정받아 소연방(USSR) 최고위원장 카라닌(가운데)에게 훈장을 받은 뒤 담소하고 있다.

▶ 1980년 해방 35주년을 맞아 1945년 8월 소련군이 북한을 점령할 당시 공을 세웠던 주역 4명이 북한의 초청을 받아 평양을 방문했다. 왼쪽부터 청진 상륙 당시 소련군 정찰대장 리오소프 소련 2중영웅, 정찰병 토우시티코프, 정찰병 아가포소프 소련영웅, 정찰병 중대장 마비코프.

▶ 박헌영 부수상 겸 외무상이 숙청되기 몇 달 전인 1952년의 어느 날에 찍은 마지막 사진으로, 모스크바에 있는 딸 박비비안나 씨에게 보낸 것이다. 자신에 대한 숙청 칼날이 엄습해옴을 느끼고 있었는지 표정이 어둡다.

▶ 박헌영 북한 부수상 겸 외무상이 1949년 8월에 재혼한 윤레나(박헌영의 비서, 서울 출신)와 둘 사이에서 태어난 딸과 함께, 숙청되기 직전인 1951년 10월 평양에서 찍은 사진이다.

► 왼쪽부터 차례대로 전 북한의 민족보위상 최용건, 북한의 천도교청우당 당수 김달현, 조선민주주의인민공화국 초대 문화선전상 허정숙(최고인민회의 초대 의장 허헌의 딸).

► 왼쪽부터 소련군정 정치지도원 시절(1946년), 북한 외무성 부상 시절(조선인민군 중장 계급장을 달고 있다), 평양에서 숙청된 후 귀국해 러시아 상트페테르부르크에 거주했던 강상호 씨 모습이다.

▶ 소련의 정보기관 소속으로 평양에 급파되어 소련군정 발라사노프 정치고문팀에서 활동했던 김이노겐치 씨(왼쪽, 모스크바 거주)와 전 북한 강동정치학원 원장 박병률 씨(모스크바 거주). 강동정치학원은 대남 유격전을 위해 월북한 남로당 출신 등 좌익 인사들을 모아 빨치산을 양성했던 곳이다.

▶ 전 소련국방성 군사연구소 연구위원 플로토니코프 대좌(왼쪽, 모스크바 거주)와 전 조선민주주의인민공화국 민족보위부 작전국장 유성철 중장.

▶ 전 서울주재 소련 총영사관 도서관장이자 부총영사 샤브신의 부인 쿨리코아 박사(왼쪽, 모스크바 거주, 사망), 북한의 초대 평양방송국장 겸 방송위원회 위원장이었던 남봉식 씨(오른쪽 사진에서 왼쪽, 하바로프스크 거주, 사망)와 전 평양주재 프라우다 특파원 클루치코프 씨.

▶ 전 북한 외무성 부상 등을 지낸 박왈렌친 박사(모스크바 거주, 사망).

▶ 전 평양주둔 소련군 기관지를 발간한 조선신문의 부주필이자 평양주재 소련대사 스티코프의 통역관이었던 김세일 씨(모스크바 거주, 사망).

▶ 전 북한 문화성 부상 정률 씨(현재 카자흐스탄 알마티 거주).

▶ 북한정권 창출의 주역이었던 전 소련군정 정치사령관 레베데프 소장이 모스크바에 있는 자신의 아파트에서 필자와 인터뷰하고 있다.

▶ 전 평양주둔 소련군정 제7호 정치국장 메크레르 중좌(왼쪽)와 필자가 모스크바에 있는 메크레르의 아파트에서 인터뷰를 한 후 찍은 사진.

▶ 필자가 모스크바 한 호텔에서 전 소련공산당 국제부 부부장 코바렌코 씨(왼쪽, 모스크바 거주)와 인터뷰를 끝내고 찍은 사진.

▶ 필자가 모스크바에서 전 서울주재 소련 총영사관 도서관장이자 부총영사 샤브신의 부인인 쿨리코아 박사를 만나 인터뷰를 진행하는 장면이다.

▶ 필자가 모스크바에 살고 있는 '비운의 혁명가' 박헌영(전 북한 부수상 겸 외무상)의 딸 박비비안나 씨(박헌영의 본부인 주세죽과의 사이에서 출생)를 만나 찍은 사진.

▶ 사회주의 종주국 소련의 공산당이 휘청거리던 1991년 6월, 북한에서 외무성 부상 등을 지냈던 박왈렌친 씨(왼쪽)와 필자가 모스크바의 크렘린궁 정원에 있는 레닌 동상 앞에서 사회주의의 어제와 오늘, 그리고 내일을 전망해보고 있다.

평양의 소련군정

한울
아카데미

이 책은 방일영 문화재단의 지원을 받아 저술·출판되었습니다.

추천사

어둠이 깃든 저녁 시간 이후에 하늘에서 남한과 북한을 내려다볼 기회를 가진 사람이 남북한의 실상을 비교하기란 간단하다. 그들은 불빛이 휘황한 남한 천지에 비해 발전기를 돌릴 기름조차 몹시 부족해 암흑에 휩싸여 있는 북한 전역의 대조적인 '그림'보다도 남북한 경제수준의 격차, 즉 남북한 주민들의 생활수준 차이를 더 잘 웅변하는 것이 있겠느냐고 말한다. 2008년은 대한민국 건국 60주년이 되는 뜻 깊은 해이다. 타임머신을 타고 1945년 광복에서 1948년 건국에 이르는 이른바 해방공간으로 돌아가 그때 남북한의 혼란한 정국을 조감할 수 있다면 밝음과 어둠의 대조가 이와 같지 않을까 싶다.

대한민국과 북한정권은 25일의 시차를 두고 1948년에 건국됐다. 미군정이 다스리던 남한에 대한민국이라는 단독정부가 수립된 과정은 이제 거의 밝혀졌다. 밝은 불이 켜진 것이다. 이와 달리 북한정권의 창설과정은 지금까지 어둠의 베일 속에 가려 있었다. 이유는 크게 두 가지일 것이다. 우선 북한정권 창설의 주역이 소련이어서 해방공간 관련 문서들이 모스크바의 크렘린과 국방성, 공산당 중앙위원회의 비밀문서 보관소에서 깊은 잠에 빠져 있었다. 1990년대 초 소련이 붕괴될 때까지 그 문서들은 우리 연구자들의 손이 미치지 못하는 저 너머에 있었다. 또 다른 이유는 남한 사람들보다는 소련의 비밀문서에 접근하기가 쉬웠던 북한의 경우 김일성을 중심으로 한 주체적 건국신화를 보존하기 위해서라도 굳이 소련의 시나리오대로 북한정권이 창설된 과정을 들춰낼 필요가 없었다는 데 있다.

현역기자 시절부터 구소련에서 북한정권 창출의 주역이었던 소련군정 고위 장교 등을 만나 북한정권 창설에 대한 생생한 증언을 듣고, 민족지도자 조만식 선생과 춘원 이광수 등 납북인사들의 최후와 박헌영에 관한 자료 등을 발굴했으며, 취재·보도 및 연구·저술 활동을 통해 오랫동안 어둠 속에 남아 있던 이 나라 해방공간의 한 자락을 남보다 앞서 조명했던 이 책의 저자는 이번에도 어렵고 독창적인 큰일을 해냈다. 그는 집요한 탐구정신으로 보통 사람들은 접근하기 어려운 구소련의 국방성 문서들을 대량으로 발굴해냈다. 그는 이 문서들을 근거로 1945년 8월 소련군이 평양에 입성해 일본군을 무장해제하고 일본군 고위 장성 27명을 포로로 붙잡아 시베리아의 수용소로 보낸 사실을 생생하게 밝혀내고 있다. 일본군 수비대가 총 한 방 쏘지 못하고 항복했다는 진술은 36년간 일본의 압제에 고통받은 우리들에게 형용하기 어려운 허망함을 선사한다. 스탈린은 대일전(對日戰)을 개시하기 두 달 전에 대규모 군대를 극동지역에 급파했다. 소련군의 남하명령이 원산에서 취소되고, 소련군정 지도부가 평양에 들어가기 전에 '김일성 장군'에 대해 많은 예습을 했으며, 소련군이 대일전 개시 전에 이미 북한 지역 위수사령부 설치계획을 세웠다는 사실 등이 새로 밝혀졌다.

소련군이 북한에 진주할 때 북한 주민들의 절대적인 추앙을 받은 인물은 민족지도자 조만식과 일제하에서 공산주의 운동을 한 박헌영 등이었다. 그런데도 스탈린은 33세의 소련군 대위 출신의 김일성을 새로 서는 북한 정권의 최고지도자로 선택했다. 왜 그랬을까? 소련 국방성 문서보관소에서 나온 비밀문서가 이 의문을 풀어준다. 소련 연해주 하바로프스크 부근에 있던 소련군 특수부대 제88정찰여단은 우리에게 '김일성 부대'로 알려져 왔다. 1945년 8월 24일 여단장 저우바오중(周保中)은 직속상관인 소련 극동군 총사령관 바실레프스키 원수에게 다음과 같은 내용의 보고서를 보냈다. "제88정찰여단은 1942년 6월 스탈린 동지의 직접 지령에 따라 창설됐으며, 창설 목적은 조선과 중국을 강점하고 있는 일본군과의 전쟁에 대비해 이 지역에서 빨치산 투쟁을 전개하고 일본군을 몰아낸 후에는 조선과 중국의 정치·군사 지도자를 양성하려는 데 있다." 저우바오중의 보고서에서 제88정찰여단이 해방 후 조선의 정치·군사 지도자 양성소였음이 확인된 것이다.

그 밖에도 저자가 발굴한 문서에는 1945년 10월 5일 서울 주재 소련 영사 폴리안스키가 본국 국방성의 지령을 받고 조선건국준비위원회 위원장 여운형에 관해 국방차관 불가닌 대장과 참모총장 안토노프 대장에게 보낸 보고서도 포함된다. 저자의 말대로, 이는 소련이 소련군정 초기 여운형에게 관심을 가졌음을 의미한다. 스탈린이 북한 점령 초기부터 북한에 단독 정권을 세워 그들이 말했던바 한반도의 민주기지로 키워나가려 했다는 속셈이 담긴 문서의 발굴은 남한 단독 정권 수립에 대한 남한 사회의 진보적 지식인들의 비판을 약화시키는 의미를 갖는다고 하겠다. 김일성과 박헌영의 관계, 특히 김일성에 대한 박헌영의 인식을 재조명할 자료도 나왔다. 조선공산당 대표 박헌영은 1946년 3월 26일 서울에서 미국 UP통신 기자에게 이렇게 말했다. "김일성 씨는 전시에 빨치산 지도자였던 민족영웅이다. 그는 북조선 인민들이 지지할 뿐 아니라 남조선 인민들도 민족영웅으로 생각한다. 북조선의 여러 당에서 그를 조선민주주의 임시정부가 창설될 때 대통령으로 내세우면 남조선 인민들과 우리 당에서도 지지할 것이다." 저자의 말대로 이 같은 박헌영의 발언은 김일성과 박헌영이 처음부터 숙명의 정적관계였다는 지금까지의 인식에 중대한 수정을 가하는 것이다.

  소련군정의 정치사령관을 지낸 레베데프 소장의 비망록을 통해 김구와 김규식이 참석한 1945년 4월 제1차 남북지도자연석회의 추진, 북한정권 초대 내각과 최고인민회의 의장단 구성, 북한의 임시헌법 기초 모두를 소련이 치밀하게 기획·연출한 것임이 밝혀졌다. 또한 북한정권 창출의 주역을 맡았던 스티코프 대장이 소련 공산당 중앙위원회에 보낸 제2차 남북지도자 연석회의 속기록은 특히 귀중한 자료라고 하겠다. 건국 60주년을 맞는 해에 저자의 고집스러운 노력의 결실인 『비록 평양의 소련군정』이 발행돼, 한반도의 남반부에서 미군정 3년을 거쳐 대한민국이 건국되던 시기에 북한에서는 어떤 일이 일어났는지, 북한정권은 어떻게 탄생됐는지에 대한 많은 부분이 베일을 벗게 된 것은 우리의 현대사 정리를 위해서도 큰 의미가 있는 일이다.

2008년 6월

중앙일보 대기자   김영희

책머리에

대한민국 건국 60주년, 북한정권 창설 60주년
일그러진 우리 모습에 대한 반성

　과거의 사실이 햇빛을 받으면 역사가 되지만 달빛에 물들면 신화가 된다는 말이 있다. 어떤 사실이 객관적인 연구와 검증을 통해 밝혀질 때 비로소 올바른 역사로 기록되며, 권력자나 통치 세력에 의해 왜곡되고 변질돼 꾸며지면 그럴싸한 신화일 뿐이라는 의미이다.

　2008년은 대한민국 건국 60주년, 조선민주주의인민공화국 창설 60주년이 되는 해이다. 우리 민족에게 분단 60년사는 인고(忍苦)의 역사이자 왜곡의 역사였다. 민족의 염원에 아랑곳없이 열강의 손에 의해 그어진 장벽 뒤에서, 권력을 정당화하기 위한 사실(史實)의 변조와 진실에 대한 은폐가 이뤄져 왔다. 특히, 우리에게 가장 가깝고 생생한 아픔으로 남은, 해방 이후 3년이라는 짧으면서도 격동에 찬 현대사는 역사와 신화가 혼재한다. 어찌 보면 매몰된 역사의 장(章)이기도 하다.

　그동안 해방 후 남한의 미군정에 대한 자료 발굴과 연구는 활발히 진행돼왔다. 그러나 북한의 소련군정에 대한 자료 발굴과 연구는 사실상 전무한 상태였다. 한반도의 반쪽인 북한의 역사는 처음부터 냉전 구도, 즉 민주주의와 공산주의 양대 체제가 첨예하게 대립한 시기에 탄생했다. 소련군은 어떤 계획으로 북한에 진주했고, 북한에 주둔하면서 추진한 정책은 무엇인가? 대일전(對日戰) 참여로 한반도 반쪽을 점령한 붉은군대 소련군이야말로 3년여 동안 북한에 주둔하면서 오늘의 북한정권을 창출해낸 실질적인 주역이었다.

'북조선공산당 결성 → 신탁통치 찬성 → 미소공동위원회 개최 → 북조선 민주개혁 추진 → 남북 연석회의와 4김 회담 → 조선민주주의인민공화국 창설'에 이르는 모든 과정 뒤에는 소련군정이 있었다. 그러나 소련군정은 어디까지나 집행자였을 뿐이다. 소련군정 뒤에는 모스크바의 소련공산당(볼셰비키)이라는 명령자가 있었고, 이 명령자의 최고봉에는 '당 중앙(스탈린)'이 있었다. 하지만 북한주둔 소련군정과 소련공산당에 대한 자료는 극비 문서로 분류돼 깊숙이 파묻혀 있었다.

1990년대에 들어 세계는 거스를 수 없는 대변화의 소용돌이를 맞았다. 사회주의 체제가 붕괴되고 소련을 비롯한 동유럽 국가들이 세계사의 무덤 속으로 사라졌다. 소련의 변화와 개방의 물결은 지난날의 왜곡된 진실을 새로이 조명할 수 있게 만들었다. 소련의 북한 소비에트화 과정을 담은 자료들도 15년 전부터 조금씩 공개되기 시작했다.

필자는 모스크바의 옛 소련공산당 중앙위원회, 국방성, 외무성 등의 고문서 보관소에서 잠자고 있던, 한반도 반쪽(북한)의 소비에트화 과정에 대한 소련공산당 중앙위원회 결정서, 국방성 고문서와 대외정책 고문서, 평양의 소련군정 사령부가 작성한 주요 지령·보고서와 같이 실증할 수 있는 구체적인 정책문건들을 발굴했다. 그리고 이를 일일이 살펴 오랫동안 감춰졌거나 왜곡됐던 소련의 북한정권 창출 목적과 배경, 과정 등에 대한 역사적 진실을 찾아내 재조명했다.

특히, 소련군정의 책임자로서 초기 북한정권의 창출을 주도했던 소련군 고위 장성과 장교들을 비롯해 권력의 암투 과정에서 밀려나 타국으로 망명해야 했던 북한의 전직 고위 관리와 혁명가들, 모스크바의 북한 관계 학자들을 만나 생생한 증언을 들었고, 역사적으로 희귀한 자료와 사진 등을 발굴·수집했다. 처음에는 만나는 것조차 꺼리며 문을 열어주지 않던 분들이었지만, 필자의 거듭된 방문과 한반도 현대사를 다시 쓰도록 도와달라는 호소에 닫힌 마음을 열었다. 게다가 이분들은 반세기 동안 고이 간직해온 사진들을 흔쾌히 제공하기도 했다. 이 자리를 빌려 이분들께 깊은 감사 말씀을 올린다.

　필자는 5년여에 걸쳐 발굴한 문서와 관련자의 증언을 통해, 한 쪽 한 쪽 북한 소비에트화 정책과 북한정권 창출의 이면사를 찾아내 재구성했다. 소련의 '한반도 민주기지' 설치 계획과 '김일성 부대' 제88특별정찰여단의 정체, 북한에 위성국을 창설하라는 스탈린의 비밀 지령, 해방 초기 김일성과 박헌영의 관계, 토착 공산주의자인 박헌영 조선공산당 대표 대신 김일성을 선택한 스탈린의 의중, 고당 조만식 선생의 최후, 소련군정의 특별 감시를 당한 연안파 김두봉, 자신에 대한 암살 음모가 있음을 알면서도 남북 연석회의에 참석한 백범 김구 선생, 제2차 남북 지도자 연석회의의 전모, 남한의 5·10총선 평가와 전략과 같은 비화를 담았다.

　하지만 필자 나름대로 공을 들여 찾아내 이 책에 적은 것은 역사의 몇몇 조각에 불과하다. 아마도 이는 소련공산당과 평양주둔 소련군의 각본과 연출에 따라 북한정권이 창출된 과정의 작은 부분일 것이다. 이보다 훨씬 더 많은 역사의 진실은 아직도 깊숙이 묻힌 채 우리의 손길을 기다리고 있다.

　따라서 필자의 이번 작업을 단순히 숨겨진 역사에 대한 발굴로 인식하는 데 그치지 말고, 분단과 이념 대결로 일그러진 우리의 모습에 대한 준엄한 반성이자 다가오는 통일에 대비하기 위한 노력으로 이해해주기를 부탁드린다. 그리고 앞으로 계속해서 더 많은 사료를 찾아내 보완해나갈 것을 독자 여러분께 약속드린다.

2008년 6월 서울 남산 자락에서
김국후

차례

추천사 • 3
책머리에 • 7

제1장 소련군, 일본군 저항 없이 평양 입성 • 13
제2장 소련의 대일전(對日戰) 비화(秘話) • 27
제3장 제88정찰여단, '조선인 출신 정치·군사 지도자 양성소' • 53
제4장 긴박했던 소련군정 초기 4개월 • 85
제5장 신탁통치정국 • 141
제6장 미소공동위원회의 숨겨진 진실 • 163
제7장 북한 최고지도부에 대한 소련의 복심 • 187
제8장 북한의 정당·헌법·정권 창출을 주도한 소련군정 • 215
제9장 소련군정이 기획·연출한 남북 연석회의 • 245
제10장 소련군정이 주도한 초기 북한정권 내각 구성 • 279
제11장 60년 만에 벗겨진 제2차 남북 연석회의의 비밀 • 317

참고문헌 • 348

제1장

소련군, 일본군 저항 없이 평양 입성

총 한 방 못 쏘고 무장해제당한 일본 평양수비대

8월 25일 17시 20분 평양에 도착했다. 평양시내와 근교에 3만 명의 일본 군과 헌병대가 배치돼 있다.

평양에 첫발을 디딘 소련군 극동군 총사령부 제1극동전선 사령부 제25 군(이하 제25군) 특수부대 연대장 라닌(V. M. Lanin) 중좌(우리나라의 중령에 해당)가 직속상관인 제25군 참모장 펜코프스키(V. I. Penkovski) 중장에게 무전으로 장문의 긴급 보고를 하고 있다. 보고 시간은 소련이 대일전(對日戰)을 선포한 지 17일이 지난 1945년 8월 25일 23시.

긴급 보고에는 해방군으로서 북한 지역에 진주한 소련군 제25군 사령관 치스차코프(I. M. Chischakov) 대장을 비롯한 최고 지휘부가 평양에 입성하 기에 앞서 들어간 선발대가 일본군 상황을 파악해 무장해제시키고 고위 장성들을 포로로 붙잡은 과정 등 그때까지 베일에 가려졌던, 일본군의 사전 정지 작업과 평양시민들의 동향이 상세히 담겼다. 라닌 중좌의 긴급 보고는 계속된다.

도착하자마자 일본군에게서 평양과 평양 제2군 부대장 관할 지역 내의 소규모 수비대·부대·창고·헌병대 배치 자료와 함께 대략적인 인원이 밝혀진 관동군 부대와 기관에 대한 자료를 제출받았다. 오늘은 비행장에서 대장 제25군 사령관 치스차코프 친위대장을 가리킨다을 기다리면서 다소 한가한 시간을 보냈다. 그 와중에 일본군 지휘관들에게 제25군 군사회의가 지시한 일본군에 대한 자료와 조건들을 긴급히 제출할 것을 명령했다. 내일부터 일본 장군들을 특정 장소에 집합시켜 평양수비대의 무장을 해제할 계획이다.

지금까지 대부분의 우리 역사에서는 치스차코프 대장이 평양에 도착한 날을 해방된 지 10일이 지난 1945년 8월 25일이라고 기록한다. 아울러 치스차코프 대장은 도착한 이튿날인 8월 26일 당시 북한의 민족 지도자 고당 조만식 선생 등을 만난 것으로 알려졌다.

그러나 이는 날짜의 오류임이 소련군의 공식 문건에서 명백히 드러났다. 1945년 8월 25일은 치스차코프 대장이 평양에 직접 온 날이 아니라 그의 부하인 연대장 라닌 중좌가 먼저 도착해 상황을 파악하고 보고한 날짜이다. 따라서 치스차코프 대장의 실제 평양 입성은 이보다 하루 늦은 8월 26일인 셈이다. 긴급 보고는 계속 이어진다.

평양주둔 일본군 참모부에 긴급 호출을 명령한 일본군 장성들은 평양수비대 사령관 다케나토 중장, 평양지역군 부대장 세가와 소장, 안동군 부대장 나카오 소장, 개성지역군 부대장 아리마 소장, 관동군 학습부장 마스자키 소장, 관동군 식량공급부장 가나우리 소장, 관동군 부참모장 사토 소장 등 7명이다.

▶ 1945년 8월 9일 0시를 기해 소련의 대일전이 개시되자 소련 해군 상륙부대가 블라디보스토크 항에서 각종 무기를 함대에 실으며 출동을 준비하고 있다.

▶ 1945년 8월 25일 소련군 선발대가 평양에 입성하자 시민들이 나와 구경하고 있다.

이 문건들은 아직까지 비밀이 해제되지 않아 소련 국방성 고문서 보관소에서 잠자고 있다. 국방성 고위 관리나 군사(軍史) 연구자 등 특수 비밀취급 인가를 받은 극히 제한된 사람만이 허가를 받아 열람할 수 있다. 게다가 복사나 촬영이 허용되지 않으며 외부 유출은 일절 금지된다.[1]

라닌 중좌의 긴급 보고는 계속 이어진다. 전쟁 지역인 평양시내의 분위기를 전하면서 평양주둔이 초읽기에 들어간 소련군 제25군 사령부가 들어설 건물을 물색하고 있다.

> 평양시내를 잠시 순찰했다. 이 도시는 얀츠이(Yanzwi)소련군 제25군 참모부가 주둔해 있던 소련의 극동 지역 소도시보다 몇 배 낫다. 전차가 다니며, 유럽 시가지를 연상시킨다.
>
> 분위기는 평화롭다. 주민들을 상대로 한 약탈 행위는 목격되지 않는다. 강도질이 발생하지 않도록 대책을 마련할 예정이다.
>
> 평양 지구 일본군 참모부를 방문했다. 참모부에는 아무도 없다. 일부 주민들이 자기 재산은 물론 국가 재산까지 싣고 다른 지역으로 떠나고 있다. 일본군 사단 참모본부도 텅 비었다. 우리 항공대의 타격을 우려해 인근 밭에 자리 잡고 있었기 때문이다.
>
> 제25군 참모부로 쓰기에 적합한 건물이 없다. 내일 다른 건물들을 찾아본 뒤 추가로 보고하겠다.
>
> 평양비행장에는 일본 비행기 120여 대가 있다. 수리하고 있지만, 일부는 고철로 쓸 수밖에 없을 정도로 상태가 좋지 않다.
>
> 어제 비행기로 수송된 중대는 열차편을 통해 즉각 남쪽으로 보냈다. 중대

---

[1] 이들 비밀 문건은 이처럼 까다로운 조건 속에서 구소련 국방성 군사연구소 연구위원 플로트니코프(G. K. Plotnikov) 예비역 대좌(우리의 대령에 해당)가 열람해 한 글자도 빠짐없이 원본과 똑같이 베껴 쓴 필사본들이다. 이들 비밀 문건은 제25군 작전일지 파일 속에 「제25군 육군 참모장 펜코프스키 중장 앞」이라는 제목으로 담겨 있다.

병력만으로는 몹시 부족하다. 증원대를 보내주기 바란다. 나도 병사 13명을 데리고 일을 시작했다.

평양시 1945년 8월 25일 23시, 연대장 라닌[2]

긴급 보고의 어느 구절에도 일본군을 무장해제하고 고위 장성을 포로로 붙잡는 과정에서 저항받았다는 흔적을 찾을 수 없다. 이미 '고양이 앞의 쥐 신세'가 된 일본군을 무장해제하고 포로로 붙잡는 일은 '식은 죽 먹기'였음을 읽을 수 있다.

이에 앞서 소련군 제25군 군사회의[군사위원인 레베데프(N. G. Lebedev) 소장은 평양주둔 소련군정 정치사령관으로서 북한정권 창출의 주역이다]는 이날 오후 '조선주둔 소련군 제25군 대표 육군 중좌 라닌'의 이름으로 일본군 평양수비대장에게 「평양수비대 무장해제 절차」 11개 항목을 명령하라고 라닌 중좌에게 지령한다.

라닌 중좌는 이 지령을 충실히 이행했음을 제25군 참모부 작전부 부부장 쿠트리아체프(Kutriazev) 육군 중좌를 경유해 26일 21시 50분에 제25군 군사회의에 긴급 보고한다.

36년간 한반도를 강제로 점령해 통치하던 북한 지역 일본군이 무장해제되고, 일제 압박에서 해방된 한반도 반쪽에서 소련군정이라는 예기치 못한 비극의 역사가 시작되는 순간이다.

소련군은 일본군 평양수비대에 다음과 같은 무장해제 절차 11개 항을 명령한다.

---

2) 연대장 라닌, 「제25군 육군 참모장 펜코프스키 중장 앞(긴급 보고)」(1945.8.25), 소련 국방성 중앙고문서 보관소(문서번호: F.379, OP.11019, D.9, L.L.32-34).

1. 평양수비대 사령관 다케나토 중장의 휘하에 있는, 평양과 지방에 주둔한 일본군·만주군·헌병대 등 전 주둔군은 내일 1945년 8월 26일 평양 인근에 있는 244보병연대에서 집중적으로 무기를 반납한다. 무장해제 시한은 현지 시각으로 8월 26일 12시이고, 무기를 묶어서 244보병연대에 집결시키는 시한은 1945년 8월 26일 19시이다.

2. 평양수비대 사령관 다케나토 중장, 평양지역군 부대장 세가와 소장, 관동군 학습부장 마스자키 소장, 관동군 식량공급부장 가나우리 소장, 관동군 부참모장 사토 소장, 안동군 부대장 나카오 소장, 개성지역군 부대장 아리마 소장 등 장군 7명 모두는 8월 26일 12시에 평양보병사단 참모부 건물에 집합한다. 장군들은 부관들과 전령병 각 1명과 함께 개인 소지품과 도검을 지참해야 한다.

3. 각 지역사단과 평양보병사단, 관동군 소속 병사와 장교들은 조선주둔 소련군정 사령부의 특별한 지시가 있을 때까지 지정된 배치 지역에 남아 있어야 한다.

4. 현재 일본군이 각종 군사창고(식량, 의복, 포와 병기 등)를 관리하고 있다. 소련군정 사령부 대표들은 창고의 내용물 일체를 인수할 준비 중이다. 창고에 있는 물건을 주민이나 군인에게 약탈당하지 않도록 하는 책임은 일본군 사령부, 특히 평양수비대 사령관 다케나토 중장에게 있고, 식량창고에 대한 책임은 관동군 식량공급부장 가나우리 소장에게 있다.

5. 소련군 부대와 소련 군인을 반대하는 일본군 장교와 병사들의 모든 적대 행동에 대해서는 평양수비대 사령관 다케나토 중장과 해당 범죄자의 지휘관이 책임진다. 소련 군인을 고의적으로 죽인 자는 군사재판에 회부돼 전시형법에 따라 처단한다.

6. 일본 경찰은 이 문서에 따라 지정된 시일 안에 평양에 인근한 244보병연대의 소련군 대표에게 무기를 바쳐야 한다.

7. 특별한 지시가 있을 때까지 평양역장과 부두 관리원이 행선지를 불문하고 화물열차나 화물선을 보내는 것을 금지한다. 단, 8월 26일부터 여객열

차를 사리원까지 보내는 것은 허락한다. 지시를 따르지 않을 경우 평양주둔 일본군 사령부는 물론 평양역장과 부두관리원에게도 군사재판에서 책임을 묻는다.
8. 일본군, 헌병대, 군인가족의 금후 급양에 대해서는 소련군정 사령부가 추가로 평양주둔군 사령부에 통보한다.
9. 일체 기계(통신·공학·항공·포병 등)는 일본군 사령부가 원활한 상태로 정비해 목록에 맞게 소련군정 사령부 대표에게 인계해야 한다. 그리고 모든 항공기를 8월 27일 12시까지 평양비행장에 집결시켜야 한다.
10. 특별한 지시가 있을 때까지는 매일 19시 이후 북조선과 만주의 일본군의 행동 일체를 금지하고, 매일 21시부터 다음날 6시까지 주민들의 통행을 금지한다.
11. 등화관제를 해제하고, 시내에서 전기를 최대한 이용해 조명한다.

조선주둔 소련군 제25군 대표 육군 중좌 라닌[3]

이와 같은 소련군의 명령은 일본군 저항 없이 착착 진행된다. 일본군은 제대로 총 한 방 쏘지 못하고 무기를 반납하거나 무장해제를 당해 모든 지휘관이 포로 신세가 된다.

다음날인 8월 26일 12시까지 일본군이 무기를 반납하고 평양주둔 일본군 고위 장성들이 무장해제되면서 포로가 된 지 6시간 후인 1945년 8월 26일 18시, 대일전 주력부대인 제25군 사령관 치스차코프 대장이 수송기를 타고 평양비행장에 도착한다. 그리고 즉시 소련군 극동사령부에서 준비한 북한주둔 제25군 사령부 설치에 착수했다.

이것이 바로 소련군이 북한정권을 창출하고 1948년 12월에 철수하기까

---

[3] 조선주둔 소련군 제25군 대표 육군 중좌 라닌, 「평양수비대 무장해제 절차」(1945.8.25), 소련 국방성 중앙고문서 보관소(문서번호: F.379, OP.11019, D.9, L.L.35-36).

지 3년 4개월 동안 북한 지역을 통치할 소련군정의 출발점이다.

전사자, 일본군 1만 2,300명 대 소련군 1,400명

세계 전쟁사에서 유례를 쉽게 찾아볼 수 없을 정도로 최단 기간에 벌인 소련의 대일전 성적표는 과연 어떠한가? 60여 년이 흘렀는데도 소련과 일본의 국가 특성 때문인지 지금까지 유독 이 전쟁에 대한 성적표는 구체적으로 밝혀지지 않았다.[4]

북한 지역을 점령한 소련군 제25군 사령부는 극동군 총사령부를 거쳐 소련 국방성에 제25군 전투작전지역에서 작전 수행에 따라 일본군이 입은 손해를 보고한다. 1945년 8월 31일 현재 일본군 전사자(소탕자)는 모두 1만 2,295명으로 장교와 병사를 구분하지 않은 수치이다. 실종자와 부상자는 보고되지 않았다.

일본군 포로병은 장교 5,297명, 하사관 1만 8,125명, 병사 11만 5,238명, 기타 27명 등 모두 13만 8,687명이다. 이를 국적별로 보면 일본인이 13만 3,128명, 조선인 5,059명, 중국인 500명 등이다(<표 1-1> 참조). 한편 1945년 8월 31일 현재 소련군 제25군 사망자는 장교 143명, 하사관 527명, 병사 776명 등 모두 1,446명이다. 그리고 실종자는 장교 3명, 하사관 54명, 병사 95명 등 152명이다. 부상자는 장교 243명, 하사관 1,070명, 병사 1,806명 등 3,119명이다. 사망자와 실종자, 부상자를 모두 합쳐 장교 피해자가 389명, 하사관 피해자는 1,651명, 병사 피해자가 2,677명으로 이를 모두

---

[4] 「1945년 8월 31일 현재 제25군 전투작전지역에서 일본군과 제25군이 입은 손해에 관한 자료」(1945.8.31), 소련 국방성 중앙고문서 보관소(문서번호: F.379, OP.11019, D.9, L.L.179-180). 플로트니코프가 찾아낸 성적표 파일이다. 이 파일도 공식적으로는 비밀이 해제되지 않은 상태이다.

<표 1-1> 1945년 8월 31일 현재 일본군 포로병(단위: 명)

계급	포로 인원
장교	5,297
하사관	18,125
병사	115,238
기타	27
합계	138,687

국적	포로 인원
일본인	133,128
조선인	5,059
중국인	500
합계	138,687

<표 1-2> 1945년 8월 31일 현재 소련군 제25군 인명 손실(단위: 명)

계급	사망자	실종자	부상자	합계
장교	143	3	243	389
하사관	527	54	1,070	1,651
병사	776	95	1,806	2,677
합계	1,446	152	3,119	4,717

주: 1945년 9월 15일 현재 소련군 제25군 전사자는 1,689명으로 집계됨.
자료: 「소련군 제25군 인명 손실」(1945.8.31), 소련 국방성 중앙고문서 보관소(문서번호: F.379, OP.11079, D.9, L.L24).

합하면 4,717명이다. 소련군 사망자와 실종자를 합해도 일본군 전사자의 12.9%밖에 되지 않는다. 더구나 사망자만 놓고 비교하면 일본군이 소련군보다 약 8배나 많다(<표 1-2> 참조).

소련군의 대일전이 '식은 죽 먹기'였음을 단적으로 보여주는 성적표이다. 특히, 제25군은 1945년 8월 31일 현재 일본군 중장 11명, 소장 16명 등 장성 27명을 포로로 붙잡았다고 보고하고 있다. 포로가 된 일본군 장성 명단은 <표 1-4>와 같다. 이와 함께 소련군 제25군은 북조선 지역 내에 주둔한 일본군 병영과 병력 내역을 보고하고 있다(<표 1-5> 참조).

이들 일본군 포로뿐 아니라 도 단위 일본인 고위 행정관리나 경찰관·판사·검사·형무관 대부분도 체포되거나 억류됐다.

과연 이들의 운명은 어떻게 됐을까? 일본인·한국인·중국인 포로들 가운

<표 1-3> 1945년 9월 3일 현재 일본군 포로에게서 노획했거나 제25군이 거둔 전리품

	무기 종류	수량
1	소총	43,290정
2	권총	251정
3	화약	1,265발
4	'포키스' 중기관총	140정
5	경기관총	546정
6	고사기관총	1정
7	50mm척탄포	232문
8	81mm박격포	16문
9	37mm반전차포	30문
10	70mm유탄포	13문
11	75mm(산악·고지)포	36문
12	76mm야전포	19문
13	105mm유탄포	8문
14	105mm대포	16문
15	240mm요새포	12문
16	열차	86량
17	망원경	15개
18	포대경	10개
19	측량용 나침판	6개
20	포대 0.75의 거리측정기	2개
21	경위의	2개
22	수준기	1개
23	76mm대포장탄통	28개

자료: 「포로에게 노획했거나 제25군이 거둔 전리품에 관한 자료」(1945.9.3), 소련 국방성 중앙고문서 보관소(문서번호: F.379, OP.11019, D.27, L.20).

데 개별적·집단적으로 시베리아 등지로 압송돼 군사재판에서 사형을 받았거나 실형을 받아 형무소·집단농장 등에서 강제노역을 하다가 송환된 극히 일부를 제외한 대부분이 형장의 이슬로 사라졌으리라고 막연히 추측될

<표 1-4> 1945년 8월 31일 현재 제25군 전투작전지역에서 붙잡은 일본군 장성 포로

	직책	이름	계급
1	3군 사령관	무라카미	중장
2	3군 참모부장	이케나미	소장
3	127사단 사단장	고가	중장
4	79사단 사단장	이오가	중장
5	5군 후방부장	야노	소장
6	3군 포병대장	미나미	소장
7	3군 위생대장	콘두	수장
8	나남사단 사단장	니소와키	중장
9	128사단 사단장	미치하라	중장
10	129사단 사단장	도미나와	중장
11	122사단 사단장	오하자 호두	중장
12	평양사단 사단장	다케시다	중장
13	평양지역 부대장	쇼가와	소장
14	안동지역 부대장	나코우	소장
15	가이슈 지역 부대장	아리마	소장
16	관동군 교육부장	마스자키	소장
17	관동군 식량공급부장	가누리	소장
18	관동군 참모부 차장	사토	소장
19	관동군 동원부장	사하라	소장
20	관동군 무장 참모부장	나카무라	소장
21	34군 사령관	가시구기	중장
22	34군 참모부장	가와메	소장
23	확인 중	도쿠미	소장
24	확인 중	마츠오하라	중장
25	확인 중	루지가	중장
26	확인 중	우에사카	소장
27	확인 중	나가사마	소장

자료: 「제25군 전투작전지역에서 붙잡은 일본군 장성 포로」(1945.8.31), 소련 국방성 중앙고문서 보관소(문서번호: F.379, OP.11019, D.9, L.L.179-180). 비밀해제가 되지 않은 문건이다.

<표 1-5> 북조선 영내 일본군 병영과 병력 수(단위: 명)

	도시(지방)	일본군 병영	병력 수
1	신의주	1개 대대	564
		1개 고사포중대	900
		병원	30
		지휘부(관리부)	100
		물품창고	100
		소계	1,694
2	평양	1개 보병연대	6,842
		1개 보병연대	6,842
		1개 포병연대	6,434
		의무연대	1,300
		통신중대	840
		병참연대	3,141
		교육중대	600
		신가리촌의 가병사	3,000
		미로코촌의 가병사	1,000
		항공기지	2,000
		고사포중대	500
		무기 수리소 및 제작소	1,000
		별채 무기 제작소	500
		물품창고	100
		헌병대	100
		별도 관리부(지휘부)	100
		소계	34,299
3	지오신	가병사	1,200
		비행장	600
		소계	1,800
4	해주	비행장	350
5	옹진	비행장	600
6	영흥	가병사	1,000
7	원산	요새	400
		헌병대	50
		병원	40
		해상비행장	2,000
		소계	2,490
8	함흥	보병연대	3,000
		2개 항공연대	1,000

		사령관 지휘부	50
		헌병대	50
		소계	4,100
9	쇼신(죠신)	고사포대대	100
10	웅기	가병사	4,000
11	푸네이	가병사	2,000
12	나남	보병연대	3,000
		보병연대	3,000
		기마병연대	500
		산악포병연대	2,000
		병참연대	1,500
		병원	4,000
		소계	14,000
13	가이분	비행장	400
14	가이네이	보병연대	3,000
		의무대대	400
		고사포사단	600
		고사포연대	1,000
		비행기지	1,000
		병원	200
		소계	6,200
15	야오즈멘	가병사	3,000
16	유키	고사포연대	1,000
		헌병대	50
		병원	50
		소계	1,100
17	나진	요새 참모부	100
		고사포중대	500
		물품창고	200
		소계	800
18	시카이	야영	2,000
19	경흥	1개 보병대대	500
20	게이센	1개 보병대대	1,000
총계			82,925

자료: 「북조선 영내 일본군 병영 내역」, 소련 국방성 중앙고문서 보관소(문서번호: F.234, OP.321, L.L.72-73).

뿐이다.

  이들이 최후를 맞은 시기와 규모, 실제 그들의 최후가 어떠했는지 등은 60여 년이 지난 오늘까지 역사의 뒤안길에 묻혀 있다. 하루속히 이 어두운 역사의 베일이 벗겨져야 한다. 이는 곧 러시아에 대한 '역사의 명령'이다.

제2장

소련의 대일전(對日戰) 비화(秘話)

소련군의 대일전 개전 확정 시기, 전투 과정, 원산에서 갑자기 취소된 남하 명령 등을 살펴보자.

스탈린, 참전 두 달 전 군대 파견

1945년 8월 9일 0시를 기해 북한 지역 등에서 일본을 상대로 전쟁을 수행한 소련군 제25군 사령관 치스차코프 대장은 훗날 회고록에서 스탈린에게서 사령관으로 임명받은 과정과 전쟁 준비, 전투 상황 등을 소상히 밝히고 있다. 치스차코프 대장의 회고록을 토대로 당시 상황을 살펴본다.[1]

1945년 6월 24일, 크렘린궁 스탈린 수상 집무실. 당시 나치 독일이 항복함

---

1) 치스차코프, 『조선의 해방: 제25군의 전투행로』(소련과학아카데미 동양학 연구소, 1976), 13~18쪽.

으로써 유럽에서 제2차 세계대전이 끝난 지 불과 한 달 남짓 지났던 시점이라서 모스크바도 역사적인 승리 축하 퍼레이드가 열리는 등 온통 승전 분위기에 휩싸여 있었다. 독일과의 전투에서 3년간 소련군 제6근위군 사령관을 지낸 치스차코프 대장은 스탈린 수상의 부름을 받고 대기실에서 기다리고 있었다. 잠시 후 스탈린이 나타나 집무실로 데리고 들어갔다. 스탈린은 단도직입적으로 많은 질문을 했다.

스탈린　장군은 전쟁 전에 극동에서 근무한 적이 있는가?
치스차코프　네! 있습니다.
스탈린　장군은 어느 전선을 잘 알고 있나?
치스차코프　저는 6년 전 연해주에서 근무했기 때문에 그로데코브에서 핫산에 이르는 국경 지대에 대해 잘 알고 있습니다.
스탈린　치스차코프 동무는 그곳 제25군에서 군단장으로 근무했기에, 일본군과 틀림없이 교전하게 될 제25군 사령관에 장군을 임명하려고 하는데 어떻게 생각하나?
치스차코프　최고 사령관 스탈린 대원수 동지! 감사합니다.
스탈린　이틀 후 비행기 편으로 장군이 근무한 적이 있는 극동으로 가게 될 것이오. 귀관의 성공을 기원하네.
치스차코프　스탈린 대원수 동지! 저는 3년 동안 제6근위군을 지휘해 그들과 친숙해져 있습니다. 극동으로 가기 전 제 부하들과 작별할 시간을 갖도록 허락해주십시오.
스탈린　그렇게 하시오 내일 아침 귀관을 비행기로 보내라는 명령을 안토노프 동무소련군 총참모장에게 전하겠네.

치스차코프 대장과 함께 비행기를 타고 극동으로 향할 장군들은 제25군 부사령관 라구틴(P. F. Lagutin) 중장, 참모장 펜코프스키 중장, 포병사령관

마카로프(G. A. Makarov) 중장, 후방사령관 체렌코프(V. S. Cherenkov) 소장, 통신사령관 보로바긴 소장 등이었다. 이 밖에도 다른 장군과 장교들이 동행했다.

치스차코프는 6월 29일에 극동으로 출발했다. 그들이 탄 비행기는 15~16시간의 비행 끝에 극동 지역 보로시로브 시에서 조금 떨어진 보즈드위젠카 비행장에 도착했다. 약속된 시간에 하바로프스크에 있는 제1극동전선 사령관 메레츠코프(K. A. Merezkov) 원수의 집무실에 도착해 간단한 신고를 마쳤다. 그리고 다음날 집무실에 다시 모였다. 메레츠코프는 이들에게 말했다.

극동의 소련군은 현재 3개의 전선으로 통합돼 있다. 제3극동전선바이칼전선은 마리노프스키(Marinovski) 원수가 지휘하고, 제2극동전선은 푸루카에프(Purkaev) 상급대장이 지휘하며, 제1극동전선은 본인이 지휘한다. 태평양함대는 유미세프 해군 대장이 지휘하고, 극동군 총사령관에는 바실레프스키 원수가 임명됐다.

그는 지휘봉을 들고, 관동군을 격파하기 위한 전체적인 작전 계획이 그려진 지도로 다가가 작전 계획을 소상하게 설명했다.

제군들이 지금 보는 바와 같이 우리 군대는 전체 연장 5,000km 이상, 반경 600~800km의 전선을 형성해 공격하기로 계획돼 있다. 이 작전의 최종 목표인 일본 관동군을 완전히 섬멸하는 데 쓸 수 있는 시간은 제한적이다. 20일 내지 23일을 초과해서는 안 된다. 따라서 공격은 하루 낮밤에 평균 30~40km를 유지해야 한다.

작전 명령을 받은 치스차코프 대장은 자동차를 타고 인근 제25군 사령부에 도착했다. 참모들에게 신고를 받고 제25군 군사회의 군사위원 레베데프 소장, 제25군 제7호 정치부장 그로모프 대좌 등과 일본과의 전쟁을 위한 작전 계획을 세웠다.

치스차코프 사령관은 이 자리에서 동행한 참모들에게 레베데프 소장에 대해 "4년 이상 제25군 군사회의 군사위원으로 일한 능력 있는 정치일꾼이며 제25군의 전투 준비 상태, 아군과 적군의 요새화된 지역의 상황에 대해 잘 알고 있다"라고 소개했다. 이어 그로모프 대좌에 대해서도 "한때 내가 지휘하던 연대의 정치위원으로 '연대의 어머니'라고 불릴 정도로 부대의 정신적인 지도자였다"라며 칭찬을 아끼지 않았다. 레베데프 소장과 그로모프 대좌는 나중에 평양에 주둔하면서 북한정권을 창출하는 주역이 된다.

주력부대 사령관도 모른 소련의 대일전 개시

"유감스럽게도 나는 대일전의 정확한 개시 일자를 모르고 있었습니다. 대일전 개시일을 처음으로 안 것은 1945년 8월 8일이었습니다. 그것도 공식 채널을 통해 안 것이 아니고 '1945년 8월 9일을 기해 소련이 대일 전쟁 상태에 들어갈 것'이라고 소련 정부가 일본에 통보한 공식 성명을 통해서였습니다."

전투 주력부대 사령관이 귀동냥으로 대일전 개시일을 알았다는 '양심선언'은 여러 의미를 함축한다. 우선 대일전 개시 전후 모스크바의 급박한 상황을 말해준다. 또 소련군이 순수 전투장교 집단과 정치장교 집단인 '군사회의'라는 2중 구조로 짜여 있음을 알게 한다.

8월 9일 0시 10분, 메레츠코프 원수의 고주파 무선기의 무전은 국경을 넘어 과업을 수행해도 좋다는 허가가 났음을 전했다. 소련군 제25군 사령관 치스차코프 대장은 시계를 들여다봤다. 정확히 0시 10분, 제25군 부대들은 행동을 개시했다.

소련의 대일전은 이렇게 시작했다. 8월 9일 15시경, 남방을 진격하던 부대가 함경북도 경흥을 점령했다. 그리고 계속 남하했다. 8월 12일, 여명이 밝아올 무렵 태평양함대 함정들이 웅기에 접근해 해병대를 상륙시켰고, 2시간 후 제393사단이 웅기와 나진을 완전 점령했다.

반격에 나선 일본군은 전투다운 전투 한 번 못 한 채 전선이 붕괴됐다. 웅기를 점령한 것은 소련군의 주목할 만한 승리였다. 소련은 일본이 제2차 세계대전이 일어나기 전에 웅기를 해군·공군기지로 만들었음을 알고 있었다. 웅기는 소련의 연해주를 공격하기 위한 일본의 작전기지였다. 웅기 남방 15km 지점 나진항은 북조선에서 가장 큰 해군기지였다. 게다가 웅기·청진과 철도로 연결돼 있어 교통이 편리한 곳이다.

원산에서 취소된 소련군의 남하 명령

소련군은 웅기·나진 점령에 이어 8월 13일, 청진에 상륙했다. 청진 상륙작전은 소련군의 대일전 가운데 가장 치열했던 전투였다. 소련에 살고 있는 고려인 3세로는 유일하게 소련군의 태평양함대 정찰국 직속 해병대 중위로 이 전투에 참전한 정률[2]은 2007년 가을 서울을 방문했을 때 "1945년 3월부터 8월까지 5개월 동안 블라디보스토크에서 상륙작전 훈련을

---

[2] 89세. 원산·함흥시 소련군 위수사령부 교육부 차장, 북조선문학예술총동맹 부위원장, 김일성대학 노문학부장, 문화성 제1부상 등을 지내다 1956년 '소련파'로 몰려 숙청되자 소련으로 망명했다. 현재 카자흐스탄 알마티에 거주하고 있다.

받은 뒤 이 전투에 투입됐다"라며 "웅기·나진·청진 상륙작전 중 청진 전투가 가장 치열했고 소련군의 희생도 가장 컸다"라고 회고했다. 그는 소련이 1945년 5월 9일 대독일전이 끝나기 전부터 시베리아 철도를 통해 병력을 극동 지역에 수송하는 등 대일전을 준비했음을 증언한다.[3]

레베데프 소장도 "대일 전투 중 청진 전투가 가장 어려웠으며 청진시 해방에는 소련 함대의 역할이 컸다"라고 회고했다.[4] 전 북한 문화성 제1부상 정률의 증언은 계속된다.

"8월 9일 블라디보스토크에서 멀지 않은 루스키 오스트로프라는 해군기지에 가서 리오노프 대위 지휘하에 있는 태평양함대 정찰국 직속 해병부대에 배치됐습니다. 9일과 10일은 항공대와 해군이 웅기·나진·청진·원산을 동시에 맹폭격했지요. 웅기에 있는 일본군 부대 시설이 폭격기에 맞아 불타고 있는 틈을 타 11일 오전 10시경 어뢰정 6척과 함께 해병대 60명이 웅기항에 상륙했고, 12일에는 나진항에 상륙했습니다. 작전이 시작되기 전 함대 사령관이 웅기와 나진은 일본군의 주요 해군기지여서 격렬한 전투가 될 것이라고 했지만 사실상 전투가 없었습니다.

13일 오전 11시쯤 청진에 상륙하는 과정에서 일본군 1개 연대와 격렬한 전투를 벌였습니다. 특히, 일본군이 미츠비시 제철소로 가는 청진철교를 사수하려고 안간힘을 쏟아 14일 아침부터 14시간 동안 치열한 전투를 벌였습니다. 이 때문에 우리 해병대원 60명 중 30명을 잃기도 했지요.

그러나 소련군의 무차별 함포 사격으로 전세를 뒤집었고, 8월 15일 오후 4시경 제25군 선봉대가 청진에 도착했습니다. 우리는 이때까지 해방 소식을 몰랐습니다. 그러나 일본군 가운데 가장 막강해 사실상 조선을 통치했다

---

3) 정률과의 인터뷰(서울, 2007.10).
4) 레베데프와의 인터뷰(모스크바, 1991.10.18).

고 알려진 나남사단이 끝까지 저항했습니다. 그래서 청진 전투는 18일에 끝났습니다.

이날 우리 부대는 청진 형무소에 수용된 정치범 100여 명을 석방했습니다. 그리고 제25군 부대는 즉시 청진시 위수사령부를 설치했습니다. 며칠 뒤에는 공산당과 민족 진영 인사들이 청진시 인민위원회를 구성했습니다. 유일하게 조선말을 하는 내가 이 과정에서 통역을 맡았습니다.

그러나 전쟁을 개시하기 전 원산에서 동해안을 따라 속초·삼척·포항·부산까지 남하하라는 명령과는 달리 8월 20일에 느닷없이 철수하라는 명령이 떨어져 청진에서 블라디보스토크로 되돌아갔습니다. 그리고 8월 25일, 우리 부대는 다시 원산항에 상륙했습니다. 원산시는 이미 제25군 부대가 점령해서인지 한산했습니다. 며칠 후 원산시에도 위수사령부가 설치됐습니다."

태평양함대 소속 해병 상륙부대 제1진에 내려진 남진 명령은 왜 갑자기 취소됐을까? 정률은 "그 배경에는 소련과 미국 간 합의가 있었을 것"이라며 "이때 사실상 한반도의 38도선이 확정된 것 같다는 느낌을 받았다"라고 회고했다. 정률의 회고는 계속된다.

"원산에 들어가보니 이미 소련군이 조직한 원산시 인민위원회가 활동하고 있더군요. 위원장은 강계덕 씨가 맡았고 조선공산당 원산시당은 위원장이 공석이었습니다. 얼마 후 서울에서 이주하가 올라와 제1비서를, 소련에서 들어온 고려인 2세 한일무6·25전쟁 당시 조선인민군 해군 항공사령관가 제2비서를 맡았습니다. 나는 평양의 군정 사령부 명령에 따라 원산시 인민위원회 교육부 차장을 맡으면서 주로 소련군 원산시 위수사령관 흐레노프 소좌우리의 소령의 통역을 담당했습니다."

원산에 머물게 된 정률은 1945년 9월 18일 원산항을 통해 입북한 김일성

일행을 맞이하게 된다. 정률은 9월 중순경 치스차코프 제25군 사령관이 원산에 내려와 조선공산당 원산시당 제1비서 이주하를 만나 나누었던 대화를 소개했다(정률이 통역을 맡았다).

> **치스차코프** 당신이 공산당원이라는 것을 무엇으로 증명할 수 있는가?
> **이주하** 사령관은 공산당원이라는 것을 무엇으로 증명할 수 있는가?
> **치스차코프** 나에게는 소련공산당 당원증이 있다. 귀하는 당원증이 있는가?
> **이주하** 공산주의자인지 여부는 신념으로 판단해야 하며 당원증은 형식에 불과하다. 당신은 소련공산당사를 잘 알 텐데, 레닌과 그의 전우들도 지하운동 시절 당원증이 없었다.

정률은 "천하의 소련군 친위대장 치스차코프 대장이 일제 강점기에 지하에서 공산주의 운동을 했던 일개 조선공산당 청년 이주하의 논리적이고 명쾌한 답변에 부하들 앞에서 판정패당했습니다"라며 "이때부터 이주하는 소련군정 지도부에 미운털이 깊이 박혔지요"라고 회고했다.

그런데 왜 치스차코프는 9월 중순 원산에 내려갔을까? 이를 놓고 일부 역사는 9월 19일 김일성의 입북을 마중하기 위해서라고 보거나, 또 다른 역사는 김일성 입북을 앞두고 사전에 준비 상황을 점검하러 간 것이라고 주장하고 있다. 그러나 김일성이 원산항에 들어올 때 마중하러 간 정률은 물론 김일성과 함께 입북했던 전 조선인민군 작전국장 유성철 중장은 훗날 타슈켄트에서 필자와 만나 이를 모두 부인했다.[5]

특히, 제25군 정치 사령관 레베데프 소장도 훗날 모스크바에서 필자에게 "김일성이 '당 중앙스탈린'으로부터 장차 북조선 지도자로 내정받아 입

---

5) 유성철과의 인터뷰(우즈베키스탄 타슈켄트, 1991.10.25). 유성철은 1956년 북한에서 소련파로 몰려 구소련으로 망명한 뒤 타슈켄트에서 살다가 사망했다.

북했다고 하더라도 대장이 대위 입북을 마중 나갔다는 것은 소련군을 모독하는 소설"이라고 일축했다. 정률의 회고는 계속된다.

"이런 가운데 이주하는 1945년 말 모스크바 삼상회의 결과 한반도의 신탁통치 문제가 터졌을 때, 원산시 인민위원장 강계덕과 공산당원들을 데리고 소련군정 원산시 위수사령부를 찾아와 신탁통치 반대 의사를 분명히 했습니다. 위수사령부는 그를 감시 대상으로 찍었고, 이를 견디지 못한 이주하는 당 중앙 박헌영과 동료들이 있는 서울로 내려가시만 6·25선생이 발발하기 직전 죽게 됩니다."

이주하의 최후에 대해서는 뒤에서 다루기로 한다. 다시 치스차코프 대장의 회고를 보자.6)

9일째가 되는 8월 16일 만주의 심장부와 북조선으로 150~200km를 돌파했다. 22일에는 평양 외곽에 진주하고, 23일에는 38도선인 개성까지 남하했다가 38도선 이북으로 후퇴했다. 8월 24일에는 평양 지역에 각 병과를 연합한 공수부대가 투입됐고, 북조선 전 지역에서 일본군은 항복했다.

치스차코프 대장은 자신이 치른 대일전을 이렇게 결론지었다.

극동의 여러 전투에서 우리는 강력한 저항을 받았다. 관동군은 일본 제국주의자들이 가장 사랑하는 아들 같은 군대였다. 만주와 조선에서 일본 점령자들은 관동군의 총검으로 자신의 정권을 유지하고 있었다. 관동군은 소련을 반대하는 칼의 임무를 수행했다. 일본은 중국, 미국, 영국과의 전쟁에

---

6) 치스차코프, 『조선의 해방, 제25군의 전투행로』, 50, 58쪽.

들어가면서 만주와 조선, 내몽고, 남부 사할린 등 소련 국경에 인접한 지역에 자기들 보병부대의 상당 부분을 계속 유지하고 있었다. 공산당이 지도하는 소련군과 소련 인민은 일본 제국주의의 이러한 환상을 부순 것이다.

소련군정 사령부의 주둔 지역이 뒤바뀐 이유

치스차코프의 이와 같은 결론은 당시 소련이 내세운 대일전에 대한 '대내외적 명분'이었다. 1945년 8월 25일, 소련군 제1극동전선 사령관 메레츠코프 원수는 치스차코프 제25군 사령관에게 "9월 1일경 제25군 참모부를 함흥으로 옮기라"라고 지시한다. 그러나 치스차코프는 이런저런 이유를 들어 "평양으로 옮겨야 한다"라고 건의했다. 메레츠코프는 즉석에서 이 건의를 받아들였다. 그리고 "8월 26일에 곧장 평양으로 가서 그곳에 있는 3만 명의 일본 수비대에 대한 무장해제를 감독하라"라고 명령했다. 치스차코프는 펜코프스키 참모장에게 참모부 이동에 관한 것을 일임하고 평양으로 이동했다.

소련군정 정치사령관을 지낸 레베데프 소장은 훗날 모스크바 자택에서 가진 필자와의 인터뷰에서 "함흥에 제25군 사령부를 두라는 지시는 극동군 고위 지도부가 조선에 대한 상식이 부족했기 때문입니다. 평양은 행정·산업·군사·교육·종교 등이 집합된, 역사적으로 조선의 제2의 도시라고 할 수 있습니다. 정치장교인 내가 치스차코프 대장에게 정치·군사 등 전략적인 차원에서 중요한 지점이라고 건의한 결과 제25군 사령부 주둔지가 함흥에서 갑자기 평양으로 바뀌었습니다"라며 배경을 설명했다.[7]

이 대목은 앞에서 언급한, 8월 25일 평양에 첫발을 디딘 특수부대 연대

---

[7] 레베데프와의 인터뷰(모스크바, 1991.6.11).

장 라닌 중좌가 제25군 참모장 펜코프스키 중장에게 긴급 보고한 소련 국방성 비밀 문건 내용에서 그대로 드러난다. 제25군 군사회의는 이미 제25군 사령부를 평양에 설치할 계획을 세워놓고 라닌 중좌에게 사령부로 사용할 건물을 물색하라고 지시하고 있음이 이를 뒷받침한다. 다시 치스차코프 대장의 회고로 돌아간다.

8월 26일 오후, 소련군 제25군 사령관 치스차코프 대장이 평양비행장에 도착했다. 북한 역사는 이날을 소련군이 평양에 입성한 날로 기록하고 있다. 치스차코프 대장은 숙소로 직행할 계획이었으나 마중 나온 라닌 중좌의 권유에 따라 비행장에 모여든 조선인들에게 짤막한 연설을 한다. 북한 지역을 점령한 소련군 대표의 첫 메시지이다.

친애하는 동지들, 볼셰비키 당과 소련 정부가 일본 침략자들로부터 해방시키라고 우리를 이곳에 보냈습니다. 우리는 정복자가 아니라 해방자로서 이곳 당신들에게 왔습니다.
우리는 우리의 질서를 당신들에게 강요하지 않을 것입니다. 지금 당신들 인민은 이 나라의 주인입니다. 당신들의 손으로 권력을 장악하십시오. 그리고 당신들의 미래를 건설하십시오.
우리는 당분간 당신들을 보호할 것이며 당신들의 새 생활 건설을 도울 것입니다.

연설을 끝낸 치스차코프는 곧바로 숙소인 평양시내 철도호텔로 향했다. 숙소에 도착하자마자 라닌 중좌에게 일본군 평양수비대 사령관 다케나토 중장을 불러오라고 지시한다. 전날 라닌 부대에 의해 무장해제를 당하고 사실상 포로가 된 다케나토 중장은 30분 후 고양이 앞에 끌려간 쥐처럼 긴장한 모습으로 치스차코프 대장 앞에 나타났다. 치스차코프 대장이 피의자를 심문하듯 다케나토 중장에게 준엄한 표정으로 질문했다.

치스차코프 우리에게는 일본군 사령부로부터 평양과 평양 교외에 약 3만 명을 헤아리는 일본군과 500~600명 단위로 부대를 이루고 있는 많은 수의 헌병이 있다는 정보가 있습니다.[8] 장군! 조선에 이와 같은 많은 헌병이 존재하고 있는 까닭을 무엇으로 설명하겠습니까? 일본 식민주의자들이 조선에 만들어놓은 체제의 불안정이 이유 중 하나가 아닌가요? 조선 인민은 조선에서 실시한 당신들의 정치에 분개해 폭동을 일으켰고 결국 이 상황이 많은 헌병의 수요를 야기한 것이 아닙니까? 이는 명백한 사실입니다.

다케나토 (무기력한 표정으로) 나는 군인이며 정치는 관여하지 않았습니다. 나는 그저 조국의 이익을 수호할 따름입니다.

치스차코프 조선 빨치산과의 전투는 얼마나 자주 일어났습니까?

다케나토 시도 때도 없이 일어났습니다. 우리는 조선에 2개의 군, 즉 10개 사단과 많은 수의 헌병과 경찰을 두고 있었습니다. 이것으로 빨치산 운동에 대항하기에 충분했습니다. 우리를 격파할 수 있는 것은 우리의 항복을 받은 당신의 군대처럼 오직 잘 무장된 정규군뿐이었습니다.

치스차코프 대장은 「일본군의 무장해제 절차」 등을 다케나토 중장에게 통보한 뒤 돌려보냈다. 그가 통보한 무장해제 절차 등은 앞에서 기술한, 라닌 중좌가 펜코프스키 참모장에게 긴급 보고한 내용과 일치한다. 평양에 주둔한 소련군은 8월 29일 평양시내 각 공장과 기관들에 대한 접수를 끝냈다.

---

8) 앞서 언급한, 라닌 중좌가 평양에 도착해 펜코프스키 참모장에게 긴급 보고한 내용과 일치한다는 점에서 이 자료가 치스차코프에게 보고된 것으로 보인다.

▶ 1945년 8월 26일 평양에 입성한 소련군 제25군 사령관 치스차코프 대장이 민족지도자 조만식 선생(왼쪽)을 처음으로 만나 북조선 문제를 협의하고 있다. 하루 전 평양에 들어와 일본군을 무장해제시킨 소련군 특수부대장 라닌 중좌의 모습도 가운데 보인다.

소련군 지도부, 입북 전 '김일성 장군' 예습

여기서 한 가지 의미 있는 대목이 있다. 치스차코프는 평양에 들어오기 전에 이미 김일성의 빨치산부대 전투에 대해 충분한 지식을 가졌다는 점이다. 치스차코프 대장은 다케나토와의 대화에서 조선인 빨치산 전투와 관련해 다음과 같이 말했다.

나는 1930년대 초부터 조선과 중국에서 빨치산 운동이 강하게 전개됐다는 사실을 알고 있었습니다. 1931년 만주령에서 김일성의 지도 아래 창설된 빨치산부대는 일본 제국주의자에 대한 조선 인민의 전쟁에 대한 기초를 마련했지요. 이 빨치산 운동에는 노동자, 농민, 지식인이 포함돼 있었습니다. 조선의 여러 지역에서 공산주의 집단이 지하 활동을 전개했습니다.

　이 정도면 비정치 군인인 그가 '김일성의 빨치산 전투'에 대해 충분한 지식을 지니고 평양에 왔음이 명백하다. 이는 평양의 소련군정 지도부 누구도 평양에 들어가기 전 김일성에 대한 사전 지식을 전혀 접하지 못했다는 지금까지의 역사적 기술을 정면으로 뒤집는 것이다.
　치스차코프가 다케나토에게 던진 조선의 빨치산 전투에 대한 질문도 자신이 알고 있는 지식을 재확인하기 위한 것으로 볼 수 있다. 특히, 전투만을 지휘하는 순수 군인인 치스차코프가 '김일성의 빨치산 전투'에 대해 사전에 충분히 알고 있었던 것으로 미뤄볼 때 평양주둔 소련군정 정치사령관 레베데프 소장과 같은 정치장교들이 사전에 이 사실을 알고 평양에 왔을 것임은 당연하다.
　김일성에 대한 '진짜, 가짜' 문제를 떠나 장차 그를 북한 지도자로 키운 주역들이 사전에 김일성에 대한 충분한 정보를 갖고 평양에 들어갔음이 사실이라면, 문제 접근에 새로운 방향을 제시할 수 있다. 치스차코프의 회고는 계속 이어진다.
　이날 밤 치스차코프는 다케나토를 보내고 갓 창설된 평안남도 인민위원회 위원들을 숙소인 철도호텔로 초청했다.9) 치스차코프는 북조선에서 소비에트화를 진행시키기 위해 당면한 공동사업과 무엇보다도 도시와 농촌에서 치안 임무를 맡을 경찰 조직 문제를 협의할 필요가 있다고 판단했다. 이 자리에는 고당(古堂) 조만식을 비롯한 조선건국준비평남위원회(이하 건

---

9) 소련군은 이튿날인 8월 27일 평남 인민위원회를 평안남도 인민정치위원회로 명칭을 바꿨다. 그리고 소련군정 사령부는 일본이 갖고 있던 행정권을 인민정치위원회와 같은 자치단체가 직접 이양받도록 조치했다. 물론 이와 같은 조치는 대내외적인 명분 축적의 일환이었으나, 당시 북한에 있었던 고당 조만식의 입장에서 보면 바람직한 일이었을지도 모른다.

준) 측과 조선공산당 평남도당을 표방하는 현준혁 일파가 참석했다. 치스차코프 옆에는 라닌 중좌가 배석했다.10)

조만식, "당신들은 해방군인가, 점령군인가?"

평양주둔 소련군정 정치사령관 레베데프 소장은 훗날 모스크바 자택에서 가진 필사와의 인터뷰에서 "내남이 시작되자마자 소만식이 지스차코프 대장에게 '소련군은 점령군이냐, 해방군이냐'라고 묻더랍니다. 당황한 나머지 '나는 전투밖에 모르는 순수한 군인이니 정치 문제는 곧 평양에 올 전문가 레베데프 장군에게 물어보라'며 미뤘다고, 치스차코프가 평양에 도착한 내게 당시 대담 분위기를 전해주더군요"라고 말했다.11)

치스차코프는 정치 문제나 인민들의 민생 문제 등에 대해서는 전문지식이 부족했다. 이 때문에 군사회의 동지들 없이 자신과 라닌 중좌만으로는 답변할 수 없을 정도로 북조선에는 일이 많으며 복잡하다고 느꼈다. 그는 이들과의 대화를 중단하고 "8월 29일에 계속 대화하자"라며 돌려보냈다. 그리고 8월 28일, 레베데프 장군을 수석으로 하는 군사회의 위원들을 평양에 데려오도록 명령했다.

8월 28일 저녁 무렵, 제25군 군사회의 군사위원 레베데프 장군, 후르소프(I. S. Fursov) 장군, 그로모프 대좌 등 정치 전문가들을 위시한 장군과 장교들이 평양으로 날아왔다. 레베데프 장군 등의 도착은 제25군 사령부와 군사회의를 평양으로 옮겨 소련군정이 본격적으로 시작됐음을 의미한다. 제25군 병력은 12만 5,000여 명이었고, 1945년 8월 28일 평양에 주둔한

---

10) 치스차코프, 「조선의 해방, 제25군의 전투행로」, 65쪽.
11) 레베데프와의 인터뷰(모스크바, 1991.10.18).

<표 2-1> 소련군 제25군 군사회의와 참모부

직책	성명	계급	비고
군사령관	치스차코프	친위대장	
군사위원	레베데프	소장	
군사위원	후르소프	소장	
군부사령관	라구틴	친위중장	
참모장	펜코프스키	중장	
정보부대장	일레인스키	대좌	8월 16일까지
정보부대장	체르노비(Chernobi)	친위대좌	8월 17일부터
포병사령관	마카로프	친위중장	
군단박격포지휘관	미하일로프(Mihailov)	대좌	
기계화부대 부사령관	니콜라예프(Nikolaev)	대좌	
통신사령관	보로바긴(N. P. Boroviagin)	소장	
후방사령관	체렌코프	소장	
남부군			
사령관	차닌(Chanin)	소장	
참모부장	시누코프(Sinukov)	대좌	
기동대장	카멘치코프(Kamenchikov)	소좌	

자료: 「소련군 제25군 군사회의와 참모부」, 소련 국방성 중앙고문서 보관소(문서번호: F.379, OP.11419, D.8, L.6).

소련군 제25군 군사회의와 참모부는 <표 2-1>과 같이 구성됐다.

1945년 8월 29일, 제25군 군사회의 군사위원 레베데프 소장은 평양주둔 소련군 제25군 사령부에서 조만식을 비롯한 평남 인민위원회 위원들을 처음으로 대좌했다. 이들과 소련군정의 관계를 정립하려는 자리였다.

그러나 소련군정과 조만식의 관계는 출발부터 미묘했다. 해방이 됐으니 자주독립국가를 세워야겠다고 생각하는 완강한 민족주의자 조만식과 접경 국가를 공산국 소련의 위성국으로 만들려는 소련군 사이의 간극은 컸다.

그래서 한반도의 운명을 가르는 신탁통치 문제가 제기될 때까지 소련군정과 조만식은 협력과 갈등의 복잡한 정치 방정식을 연출해갔다. 레베데프와의 회담에 평남 인민위원회에서 몇 명이 참석했는지는 정확히 확인되지 않는다.

평남 인민위원회 행정부서는 1945년 9월 8일 결정됐다. 당시 평남 인민위원회 위원 32명의 명단은 다음과 같다.

위원장   조만식건준
부위원장   현준혁조선공산당, 오윤선건준
건준위원   김병연, 이윤영, 홍기주, 김광진, 정기수, 김익진, 노진설, 장리욱, 최아립, 조명식, 박현숙, 한근조, 김병서, 이종현
조선공산당 측 건준위원   김유창, 김용범, 송창렴, 장시우, 이주연, 장종식, 문태영, 이관엽, 이성진, 허의순, 한재덕, 박정애 외 3명

레베데프 장군은 필자와의 인터뷰에서 이날 회담 참가자 중 조만식, 김용범, 박정애, 최아립 등 4명의 이름을 뚜렷이 기억했다. 김용범은 1945년 10월 13일 조선공산당 북조선 조직국(우리 역사는 조선공산당 북조선 분국이라고 쓰고 있으나, 소련 고문서에는 모두 북조선 조직국으로 표기한다)을 개설할 때 제1비서를 맡았고, 박정애는 김용범의 부인으로 일제 치하 지하에서 공산당 운동을 하다 투옥돼 해방과 함께 평양 형무소에서 풀려난 거물급 공산주의자이다. 박정애는 소련 사람 못지않은 유창한 소련 말 구사 능력으로 오래전부터 소련공산당 지령에 따라 조선 정세를 소련 정보기관에 보고하는, 소련공산당의 '조선 내 핵심 세포'였다.

레베데프 소장은 필자와의 인터뷰에서 "나는 물론이고 치스차코프, 로마넨코와 같은 평양주둔 소련군정 최고지도부도 평양에 들어오기 전부터 박정애에 대한 신상 정보를 알고 있었습니다"라면서 "그래서 박정애는 소련군 지도부의 신임을 받았고 북조선여성동맹을 결성토록 해 초대 위원

장이 되어 사회주의 여성 혁명을 주도케 하고, 북한정권 창출 과정에서 소련군정과 김일성의 가교 역할을 맡아 노동당의 핵심 간부로 성장했습니다"라고 회고했다. 이날 회담의 통역은 박정애와 평양에서 '승리'라는 양조장을 경영하고 만주에서도 활동한 실업가 최아립이 맡았다.

역사는 미래의 거울, 북한 역사를 보자

여기서 잠시 독자의 이해를 돕기 위해 앞으로 등장할 평양주둔 소련군정 사령부의 고위 장성과 장교, 북한정권에서 고위직으로 있다가 '소련파'로 숙청돼 소련으로 망명한 고려인 2세들의 생생한 증언을 듣고 희귀자료들을 발굴하게 된 배경과 과정을 소개하고자 한다.

1980년대 말, 동독을 비롯해 동유럽의 소련 위성국들이 도미노 현상처럼 붕괴됐다. 서울에서도 '이제 우리도 통일이 다가오고 있다'는 분위기가 지배적이었다. 당시 필자가 몸담고 있던 중앙일보사는 이런 국내외 정세를 분석한 결과 언론도 통일을 대비해야 한다고 판단해, 국내 언론사로서는 처음으로 편집국에 북한부를 신설했다. 사회부 차장으로 사건 데스크에 이어 행정 데스크를 맡고 있던 필자는 북한부 근무를 자원했다.

필자를 비롯한 팀원들은 통일에 대비해 먼저 무엇을 해야 할 것인지를 고민했다. 우선 한국 현대사를 공부했다. '36년간 일제 치하에서 해방되자마자 한반도는 왜 두 쪽으로 나뉘었는가, 북한주둔 소련군은 과연 해방군이었는가 점령군이었는가, 소련은 왜 33세의 청년 김일성에게 한반도의 반쪽을 맡겼는가, 조만식을 비롯해 끝까지 북한에 남아 민주주의와 민족통일 운동을 주도했던 민족 진영 인사들의 최후는 어떻게 됐는가'와 같은 질문들이 해결되지 않은 채, 우리 현대사의 절반은 역사의 뒤안길에 묻혀 있었다.

따라서 '역사는 미래의 거울'이라는 평범한 진리를 좇아, 통일에 대비하는 길목에서 매몰되고 왜곡된 역사를 복원하는 작업에 나섰다. 필자는 1991년 6월부터 1993년 12월까지 2년 6개월 동안 러시아에 장기간 출장을 떠났다. 모스크바를 비롯해 타슈켄트, 알마티, 상트페테르부르크, 민스크, 하바로프스크, 블라디보스토크 등 러시아 전역을 다니며 북한정권을 창출한 주역이었던 소련군정의 고위 장교들을 최초로 만났다.

아울러 해방과 함께 소련의 명령으로 북한에 들어가 김일성을 도와 소련 공산주의를 이식히면서 당과 군 간부, 장관, 차관 등 고위직을 맡아 일하다가 '소련파'로 몰려 숙청된 뒤 소련에 망명한 고려인 2·3세들과 그들의 가족 등을 만나 소련군정과 북한정권 수립 과정을 취재했다.

이 과정에서 지금까지 역사의 뒤안길에 묻혀 있던 민족 지도자 조만식과 춘원 이광수의 최후를 밝혀냈고, 비운의 혁명가 박헌영의 외동딸을 모스크바에서 찾아내 박헌영의 혁명 발자취 등을 재조명하기도 했다.

특히, 이들에게서 생생한 증언을 들었을 뿐 아니라 소련공산당 붕괴 이후 비밀이 해제됐거나 아직까지 해제되지 않은 러시아 국방성·외무성 등의 고문서와 당시 북한의 희귀자료나 관련 사진 등을 발굴하기도 했다.

이 책에서는 지금까지 필자가 발굴한 자료 가운데 당시 취재 시점, ≪중앙일보≫의 연재(「(秘錄) 조선민주주의인민공화국」) 시기나 제작 과정과 같은 사정 때문에 미처 발표하지 못했거나, 미흡했던 소련군정에 관한 희귀 고문서와 자료들을 집중 분석하고 재조명을 시도했다.

1991년 6월 11일 오전 11시, 모스크바 시 비루소프 거리 2 주택 14를 방문했다. 이곳은 1945년 8월 28일 평양에 들어가 1948년 12월 28일까지 평양주둔 소련군 제25군 군사위원(정치사령관이라고도 불렸다)으로 재임하면서 조선민주주의인민공화국을 창출한 주역이었던 정치군인 레베데프 소장의 자택이다. 북한 지역 점령에 이어 북한정권을 창출한 소련군 장성들 가운데 유일하게 생존해 있는 장성이었다(1993년에 90세로 사망했다).

우여곡절 끝에 그를 만났다. 당시 88세로 거동이 어려워 부인이 부축해 침대에서 응접실 소파까지 나왔다. 그러나 기억력은 젊은이 못지않았다. 기억나지 않은 대목은 자신의 비망록을 참고하며 역사의 진실을 털어놓았다. 통역은 소련군정 정치사령관 시절 그의 통역을 맡았고 후에 북한 외무성 부상을 지내다 모스크바로 망명해 소련 아카데미 동양학연구소 책임연구원인 박왈렌친(한국 이름 박길용) 박사가 맡았다. 필자는 본격적인 인터뷰에 앞서 장군을 만나기 위해 서울에서 모스크바까지 찾아온 목적과 의미 등을 정중하게 예의를 갖춰 설명했다.

"장군, 이제 동유럽의 소련 위성국들도 붕괴되고 소련공산당 붕괴도 초읽기에 들어갔습니다. 21세기를 눈앞에 둔 지금 세계정세가 급변하고 있습니다. 기자가 장군을 만나게 된 것도 그 좋은 예가 될 것입니다. 장군은 오늘의 북한정권을 창출한 주역 중 유일하게 살아계신 분입니다.

해방과 함께 3년 동안 평양주둔 소련군정 정치사령관인 장군의 발자취 하나하나는 바로 우리 현대사의 반쪽입니다. 그러나 이 반쪽의 진실은 냉전시대에 역사의 뒤안길에 묻혀 숨겨지고 왜곡돼왔습니다.

우리는 이제부터라도 진실들을 찾아내 올바른 역사를 찾아야 합니다. 그리고 이 역사를 거울 삼아 우리의 미래를 개척해야 할 것입니다. 그러므로 저에게는 장군에게 역사의 진실을 밝혀낼 인터뷰를 요구할 권리가 있고, 장군은 인터뷰 요청에 성실히 응해야 할 의무가 있다고 생각합니다.

장군은 전쟁터에서 총만 들고 싸우는 단순한 군인이 아니라 군에서 레닌-스탈린주의를 실천하는 고위 정치장교였습니다. 역사의 진실을 세월 속에 묻지 말고 역사 앞에 내놓는 당당한 인텔리 정치장교가 돼주시기를 간절히 바랍니다. 노구이시지만 건강이 허락하는 순간까지 제게 말씀해주시고, 자료와 사진 등을 주시면 왜곡하지 않고 진실하게 기록하겠습니다."

노장군은 고개를 끄덕이더니 옆방 서재에서 대학 노트 크기의 작은 비망록을 들고 와 "생애 처음으로 자본주의 기자, 특히 남조선 기자를 만납니다"라며 말문을 열었다. 질문하지도 않았는데 평양에서 조만식을 처음 만나 오고간 대화 내용부터 꺼냈다.

조만식, "소련군대가 조선에 온 목적은?"

레베데프 장군은 "역사는 1945년 8월 29일부터 시작됐습니다. 우리는 평양에 들어가기 전부터 인민들이 조만식을 추앙하고 있다는 정보를 접했지요. 나의 숙소인 철도호텔로 조만식이 찾아왔습니다. 전날 치스차코프 사령관이 나에게 그를 만나볼 필요가 있다고 했습니다. 통역은 박정애에게 맡으라고 지시해뒀다고 하더군요"라며 조만식과의 대좌를 다음과 같이 회고했다.

> 레베데프 우리 소련군 대표 치스차코프 대장을 만나 시원한 대답을 듣지 못했다고 들었다. 그분은 정치 분야는 잘 모른다. 이해해달라.
> 조만식 소련군대가 조선에 온 목적은 어디에 있는가?
> 레베데프 소련군대는 조선 해방을 위해서 왔다. 영토 확장 등에 목적을 두지 않는다. 조선 인민들이 자유롭고 인간답게 살기를 바랄 뿐이다.
> 조만식 …….
> 레베데프 지금 평양의 정세는 어떤가?
> 조만식 친일파가 준동하고 있는 가운데 공장들은 가동이 중단돼 노동자들은 떠돌고 있으며, 식량이 절대적으로 부족하다. 이 밖에 토지제도 미비나 문맹자 문제 등이 산적해 있다.
> 레베데프 그렇다면 그와 같은 문제들을 어떻게 했으면 좋겠는가?

조만식 기본 정치노선은 민주주의여야 하고, 자본주의에 입각한 경제제도를 채택해야 한다. 교육을 통해 인민을 깨우쳐야 하고, 피압박 민족의 한을 자주독립국가로 풀어야 한다. 그리고 이 모든 것을 위해 종교·언론·집회·결사의 자유 등이 보장돼야 한다.

레베데프 앞으로 서로 협력해서 그런 사업들을 해나가자.

조만식 (조용히 고개를 끄덕인다)

레베데프는 "조만식의 거침없는 말을 듣고 이와 같은 정치적 소신과 식견 때문에 인민들의 추앙을 받고 있다는 생각이 들었습니다"라고 회고했다.

소련군이 평양에 입성한 첫날, 제25군 사령관 치스차코프 대장에 이어 레베데프 정치사령관을 차례로 만난 조만식의 소련군정에 대한 기본 인식은 무엇이었을까? 해방 당시 조만식의 측근으로서 민주당 청년부장으로 활동했던 박재창(93세)은 "막강한 소련군대에 대항할 수는 없는 것이고, 그렇다고 남쪽으로 내려가 버리면 한반도 반쪽을 그대로 소련에 진상하는 꼴이 돼버린다고 선생은 판단했던 것"이라며 "일단 소련군정과 함께 일하되 잘못된 점에 대해서는 비폭력으로 저항하자는 것이었습니다"라고 설명했다. 박재창은 조만식과 소련군정에 대해 "모스크바 삼상회의에서 신탁통치를 결정하기 전인 1945년 12월 말까지 겉으로는 협력 관계였지만 속으로는 갈등 구조였습니다"라고 회고했다.[12]

필자는 자리에서 일어나며 조만식이 말했던 '북한의 경제상황'을 당시 소련군정은 어떻게 파악했느냐고 물었다. 레베데프 장군은 "각 시·도 위수사령부에서 조사한 자료가 있을 것"이라며 갖고 있던 수첩을 넘기면서 답변했다.

---

12) 박재창과의 인터뷰(서울, 2007.12).

"해방 전 북조선에서는 군수품을 위주로 한 중공업이 비교적 발전했습니다. 그러나 공장 기계들 대부분은 일본의 침략 전쟁 수행을 보장하고, 제국주의 독점업체들의 최대 이윤을 추구하기 위해 극도로 혹사돼 노쇠했습니다. 그뿐 아니라 일본은 패망 당시 북조선에 있는 산업 시설을 고의적으로 파괴했습니다. 수풍발전소를 비롯한 19개 소의 수력 발전소들을 파괴했거나 조업을 중단시켰으며, 64개 소의 탄광과 광산들을 완전 침수시켰고, 178개 소의 탄광과 광산들을 부분적으로 침수하거나 파괴했습니다.

특히, 북조선 공업에서 가장 중요한 자리를 차지하는 청진제철을 비롯해 황해제철소, 강선제강소, 청진방적공장, 흥남비료공장, 성진제강소, 남포제련소 등 수십 개의 주요 공장을 파괴했고, 철도 운수 부문에서 기관차의 80%를 파괴했습니다. 이들 산업시설 복구가 시급했고 낙후된 농업과 경공업 발전 등 인민경제를 위해 시급한 과제들이 산적해 있었습니다."

그러나 레베데프 장군은 "우리가 조사한 북조선 인민들의 민생 문제는 조만식이 말한 것 이상으로 심각했지만, 당장 시급한 것은 정치 지도자 양성과 정권기관 창설, 치안 문제 등이었습니다"라고 회고했다.

레베데프 장군은 인터뷰가 끝날 무렵 엄지손가락을 가리키며 '조만식', 새끼손가락을 가리키며 '김일센'이라고 말하고 다시 왼손을 머리 위로 올리고 오른손으로 허리 부분을 가리키며 조만식이 왼손의 위치라면 김일성은 오른손 위치라고 비유하며 두 사람의 인물 역량을 비교하기도 했다. 그 후 필자는 레베데프 장군을 1992년 11월까지 모두 다섯 차례 만나 단독으로 인터뷰했다.

붉은 곰 발톱 숨긴 첫 포고령

평양에 입성한 치스차코프 사령관은 「조선 인민에게」라는 제목의 포고령 제1호를 발표한다.

조선 인민들이여! 붉은군대와 동맹 군대들이 조선에서 일본 약탈자들을 몰아냈다. 이제 조선은 자유국이 됐다. 그러나 이는 오직 조선 역사의 폐지가 될 뿐이다.

화려한 과수원은 사람의 노력과 고려(顧慮)의 결과이다. 이와 같이 조선의 행복도 조선 인민이 영웅적으로 투쟁하며 꾸준히 노력해야만 달성할 수 있다. 일본 통치하에서 살던 고통의 시일을 추억하라! 담 위에 놓인 돌멩이와 조약돌까지도 괴로운 노력과 피땀을 호소하지 않았는가?

당신들은 누구를 위해 일했는가? 왜놈들이 고대광실(高臺廣室)에서 호의호식하고, 조선 사람들을 멸시하며, 조선의 풍속과 문화에 굴욕을 강요한 것은 당신들이 더 잘 안다. 이러한 노예적 과거는 다시 돌아오지 않을 것이다. 진저리 나는 악몽과 같은 과거는 영영히 없어져 버렸다.

조선 사람들이여 기억하라! 행복은 당신들의 손안에 있다. 당신들은 자유와 독립을 찾았다. 이제는 모든 것이 죄다 당신들에게 달렸다.

붉은군대는 조선 인민이 자유롭게 창작적 노력에 착수할 만한 모든 조건을 마련했다. 조선 인민 자체가 자기의 행복을 창조하는 자가 돼야 할 것이다. 공장과 제조소 주인, 상업가, 기업가들이여! 왜놈들이 파괴한 공장과 제조소들을 회복시켜라. 새 생산 기업소들을 개시하라. 상점들을 열어라. 붉은군대 사령부는 모든 조선 기업소들의 재산 보호를 담보하며, 그 기업소들의 정상적 작업을 보장하기 위해 백방으로 원조할 것이다.

조선 노동자들이여! 영웅심과 창작적 노력을 발휘하라. 조선 사람들의 훌륭한 민족성 중 하나인 노력에 대한 애착심을 발휘하라. 진정한 사업으로서 조선의 경제적·문화적 발전에 대해 고려하는 자여야만 어머니의 나라 조선의 애국자가 되며 충실한 조선 사람이 된다.

해방된 조선 인민 만세.

붉은군대 사령부[13]

포고령은 일제 식민지 치하에서 고생했던 북한 주민을 위로하고 의지를 불러일으키는 등 감성적으로 호소하고 있다. 소련군의 포고령은 말할 것 없고 소련군 지도부가 조만식과 같은 민족 진영 인사들을 만났을 때도 미국 언론의 1945년 8월 25일자 보도 내용과 비슷한 "조선 북부는 소련군이, 경성 이남은 미군이 일본군 무장해제가 완료되고 새로운 정부가 수립될 때까지 치안 유지 목적으로 임시 주둔한다"라는 내용의 언급은 하지 않았다.

말하자면 소련군은 '해방군'이나 '점령군'으로서 향후 진행할 정치일정 등에 대해서는 일체 언급하지 않고 있다. 그야말로 시베리아의 붉은 곰이 발톱을 숨긴 포고령이었다.

---

13) 치스차코프, 「포고령 1호 조선 인민에게」.

제3장

제88정찰여단,
'조선인 출신 정치·군사 지도자 양성소'

소련군, 대일전 개시 전 '북한지역 위수사령부 설치 계획' 수립

평양에 도착한 제25군 지휘부는 참모장 펜코프스키 중장을 중심으로 일본이 사용했던 평안남도 도청에 군정 사령부를, 각 도·시·군에 위수사령부를 설치한다. 평양·함흥·신의주 등 주요 도시 위수사령부에는 대좌를, 중·소도시에는 중좌와 소좌를 각각 위수사령관으로 배치했다.

초기 지역 위수사령부에는 군사부·보안부·교육부·산업부·사회노동부·농업부 등을 뒀다. 사령관과 각 부장은 소련군 장교가 맡았지만 부사령관은 하바로프스크에 있는 소련군의 특수부대 제88특별정찰여단(이하 '제88정찰여단'으로 표기) 출신 조선인들이 맡고, 각 부 차장은 소련군 출신 조선인과 소련의 명령으로 입북한 재소 고려인 2·3세들이 맡았다.

결정·명령·지휘 책임은 소련 장교가, 공산당 조직과 주민들의 동향 파악은 제88정찰여단의 '빨치산' 출신이, 군과 주민 간 가교 역할과 통역은 소련군 출신 고려인이 맡는 이른바 삼각 구조였다.

그야말로 지역 위수사령부는 도·시·군 인민위원회와 조선공산당 시·도·군당 등 당·정과 사법·경찰권의 지휘·감독권을 쥔 무소불위의 군 기관이었다. 위수사령부의 임무에는 일본군의 재산과 무기를 파악하고 보전하는 것도 포함됐다.

평양주둔 군정 사령부와 도·시 위수사령부를 설치할 계획은 제25군이 북한 지역을 점령한 이후 평양에 입성한 뒤 세운 것이 아니고, 대일전 개시 전 소련에서 사전에 치밀하게 준비해온 것이었다. 특히, 소련군은 대일전 개시 한 달여 전인 1945년 7월 6일, 하바로프스크 부근에 있는 소련군 제88정찰여단에서 소련군 대위 계급장을 달고 대대장으로 있었던 김일성을 비롯해 빨치산 출신 조선인들을 북한주둔 도·시 소련군정 위수사령부 부사령관으로 활용할 계획을 세웠다.

이 계획은 소련군 극동 총사령부 참모부 정찰부대장 치브린(Chivrin) 소장과 제2극동전선 참모부 정찰부대 부부대장 안쿠지노프(Ankujinnov) 대좌가 공동으로 세운 뒤, 소련군 극동 총사령관 바실레프스키 원수에게 보고해 재가받았다. 이와 같은 계획이 담긴 비밀 문건[1]은 소련군의 대일전과 평양주둔 소련군정 등에 관해 지금까지 공개된 문건 가운데 (작성 시점을 기준으로 했을 때) 최초 문건으로서 주목할 만한 대목들이 담겼다.

즉, 소련군의 대일 전투 지역이 북한 지역으로 국한돼 있으며, 소련군은 북한 지역에서 일본군을 몰아내 해방시키는 데 그치지 않고 점령군으로 남아 김일성을 비롯해 제88정찰여단 소속 항일 빨치산 출신 조선인을 적극적으로 활용해, 이 지역을 자신들의 '민주기지'이자 위성국으로 건설하려는 의도가 있음을 쉽게 읽을 수 있다. 특히, 뒤에서 상세히 다루겠지만 이는 1945년 9월 '북한에 민주정권을 창설하라'는 스탈린의 비밀지령과 맥을 같이하는 대목이다.

---

1) 소련군 극동사령부 참모부 정찰부대장 소장 치브린, 제2극동전선 참모부 정찰부대 부부대장 대좌 안쿠지노프, 「소련원수 바실레프스키 앞」(1945.7.6), 소련 국방성 중앙고문서 보관소(문서번호: F.2, OP.19121, D.2, L.L.3-4).

소련군 극동 총사령부는 제88정찰여단에 있는 조선인 88명과 소련 국적 조선인 15명 등 전체 조선인 103명 중 47명을 북조선의 시·도 위수사령부 부사령관으로, 15명을 군정 사령부와 위수사령부 통역관으로, 37명을 지방 자위대와 기타 기관에 이용하라고 지령하고 있다.

  특히, 제1빨치산부대장 대위 김일성을 평양시 부사령관, 제2정치부대장 김책 대위를 함흥시 부사령관, 제2빨치산부대장 강건을 청진시 부사령관으로 각각 임명하라고 지시했다. 이 밖에 중국인인 제88정찰여단장 저우바오중(周保中) 대좌를 창춘 시 부사령관, 제3빨치산부대 정치부대장 상서우젠(張壽錢) 소좌를 하얼빈 시 부사령관, 여단 정치부 지도원 린준윤 대위를 심양 시 부사령관에 각각 이용하라고 지령하고 있다.

스탈린, 1945년 6월 제88정찰여단 창설 직접 지시

  33세의 젊은 나이로 한반도의 반쪽을 거머쥔 김일성이 3년여 동안 근무했던 소련군 제88저격정찰여단은 언제, 누구의 지시에 의해, 어떤 목적으로 창설됐을까? 우리 역사는 지금까지 이에 대한 명쾌한 답을 찾지 못했다. 소련 국방성의 제88정찰여단 창설에 대한 문건들이 '비밀'에 묶여 지금까지 해제되지 않은 채 잠자고 있었기 때문이다. 이런 가운데 전 소련 국방성 군사연구소 연구위원 플로토니코프(Plotonikov) 대좌가 최근 소련 국방성 중앙고문서 보관소에서 제88정찰여단 창설 등에 관한 '비밀 파일'을 찾아냈다. 그가 관련 문건들을 원본 그대로 옮긴 필사본을 저자에게 제공해 제88정찰여단 창설 66년 만에 우리 역사의 베일이 벗겨지게 된 것이다. 이 비밀 문건들에 따르면 제88정찰여단은 1942년 6월 스탈린의 직접 지시에 따라 창설됐다. 제88정찰여단과 관련된 비밀 문건들을 구체적으로 분석해보자.

소련군이 사실상 북한 전역을 점령한 1945년 8월 24일, 소련 제2극동전선군 제88정찰여단장 저우바오중 대좌(창설 당시에는 중좌)는 소련 극동군 총사령관 바실레프스키 소련원수에게 긴급 보고서를 보낸다.[2] 저우바오중은 보고서 서두에서 제88정찰여단의 창설 목적, 창설 시기, 창설 지령자, 여단 규모와 정치적 의의 등을 상세히 적고 있다.

> 제88정찰여단장으로서, 귀하의 부하로서, 그리고 중국공산당 당원으로서 귀하에게 다음과 같이 보고합니다. 나에게 위임된 제88정찰여단은 1942년 6월 스탈린 동지의 직접 지시에 따라 창설됐습니다. 초기에는 여단에 400여 명의 전투병과 장교들이 있었고, 이외에도 러시아와 나나이족으로 구성된 150여 명의 전투병과 장교들이 있었습니다. 중국 동지들 대부분은 중국공산당원이거나 공산주의청년동맹이하 공청원들이며, 만주에서 일본 강점자들에 맞서 빨치산 운동에 참가한 지도자들입니다. 극동전선군 군사위원회가 여단을 직접 지도했습니다. 극동전선군 군사위원회는 중국 민족군인이 주력인 여단에 크게 주목했으며, 이 때문에 특별한 역할과 정치적 의의를 여단에 부여했습니다.

저우바오중이 지목한 중국 동지들 속에는 '김일성 부대' 80여 명도 포함된 것으로 봐야 한다. 김일성을 비롯한 조선인 대부분이 제88정찰여단에 들어가기 전 만주에서 중국공산당원이나 공청원으로서 빨치산 운동을 했기 때문이다. 따라서 저우바오중은 조선인을 별도로 구분하지 않고 중국 대원 속에 포함했다고 볼 수 있다.

---

[2] 제88정찰여단장 대좌 저우바오중, 「소련 극동군 총사령관 소련원수 바실레프스키 동지 앞」(1945.8.24), 소련 국방성 중앙고문서 보관소(문서번호: 소련, F.2, OP.12378, D.1, L.L.1-3).

조선인 빨치산, 100여 명 정치·군사 지도자 훈련

이어 저우바오중은 제88정찰여단의 창설 목적, 지난 3년간 여단의 활동과 준비 상태 등을 보고한다. 그는 창설 목적에 대해, "중국과 조선을 강점하고 있는 일제와의 전쟁에 대비해 이들 지역에서 빨치산 투쟁을 전개하고 군사·정치 전문가를 양성한다"라며, "1945년 6월, 이 과업이 완성됐다"라고 강조한다. 이는 지금까지 우리 역사에 드러나지 않았던 중요한 의미를 지닌다. 소련이 1942년부터 극동 지역 한반도에서 일제 침략자들을 몰아내고, 동유럽에서처럼 소련공산당의 위성 국가를 세우기 위해 군사·정치 지도자를 양성해왔음을 밝혀주는 대목이기 때문이다. 따라서 33세의 소련군 대위 김일성이 북한 지도자가 된 것도 결코 우연이 아니었다. 스탈린이 치밀하게 구상한 사전 계획에 따라 창설된 제88정찰여단에서 장차 한반도(북한)의 군사·정치 지도자로 김일성을 훈련시켰음이 이 문건에서 명쾌하게 드러난다. 저우바오중이 보고한 제88정찰여단의 창설 목적 등을 자세히 보자.

　　소련 영토 내에 있는 제88정찰여단은 폴란드·체코슬로바키아 등 빨치산 부대들의 모범에 따라 군사·정치 전문가 양성이 핵심이었습니다. 그뿐 아니라 중국 인민의 해방을 위해 일제를 몰아내는 투쟁에 붉은군대와 함께 적극 참가하기 위해 군부대인 여단도 준비했습니다. 여단에는 소련공산당의 협력과 여단 정치위원회의 총체적인 지도 아래 그들과 밀접한 접촉을 가지며 독자적으로 활동하는 중국공산당과 공청이 있습니다. 참고로 여단에서의 중국공산당 활동은 중국 문제에 관한 중국공산당 중앙위원회의 총 정치노선에서 출발했습니다. 여단의 중국공산당원 중에는 과거 만주의 중국공산당 4개 주 위원회 성원들도 있습니다. 중국공산당 단체는 여단에서 1943년까지 만주 지방 지하단체와 당 빨치산들과 연계를 맺고 있었습니다.

3년간 여단 장병들의 정치·교양사업은 극동전선군 군사위원회의 특수 강령에 따라 진행됐습니다. 전투를 준비하면서 병사와 하사관들을 전쟁 때 부대장이나 대대장이 되도록 준비시키며 만주의 중국 주민들 속에서 정치 사업을 전개할 수 있도록 하고, 나나이족 병사를 군부대장으로 양성할 과업이 세워졌습니다. 1945년 6월에 이 과업은 모두 완료됐습니다.

제88정찰여단, 대일전 참전 계획 전면 취소

그리고 제88정찰여단장 저우바오중은 자신들은 일제 침략자들을 몰아내는 전투에 참가할 날만을 기다렸으나, 1945년 8월 9일에 소련이 일제에 선전포고를 한 뒤 제88정찰여단의 작전 계획이 모두 취소돼 대일전에 참전하지 못했다고 밝히고 있다. 오늘날 북한 역사가 주장하고 있는 것과 달리 '김일성 부대'가 있는 제88정찰여단이 대일전에서 총 한 방 쏘지 못했음이 소련 국방성 문건으로 명확히 드러난다. 다시 저우바오중의 보고서를 보자.

3년간 여단 대원들은 소련에 대한 무한한 충성심 속에서 자유와 독립을 위한 중국 인민의 민족해방투쟁의 위업을 달성하기 위해 레닌·스탈린의 민족정책을 옳게 이해하면서 중국과 소련 인민들 간 친선의 정신을 길러왔습니다. 여단 대원들의 정치적·도덕적 상태는 건전하며 전투태세도 잘 갖춰져 있습니다. 3년간 대일 전투를 준비한 병사·하사관·장교들은 일제 침략자들을 몰아내는 투쟁에 적극 참가할 수 있는 날만을 기다렸습니다. 마침내 그날이 찾아왔습니다. 금년 8월 9일 소련이 일본에 선전포고를 했습니다. 전체 여단 대원들은 일본 사무라이들을 몰아내기 위한 투쟁에 나서라는 전투 명령이 하달되기를 기다렸습니다. 그러나 대일 전투작전이 개시된

지 4일 후 여단의 대일 작전 계획이 전면 취소됐고 현재까지 여단을 이용하지 않고 있습니다. 이러한 상태는 여단 대원들의 전의를 상실시켰고, 만주에서 중국 인민을 일제의 압박에서 해방하는 역사적 순간에, 특히 중국 대원들을 실망시켰습니다. 여기에다 앞으로도 여단 이용에 대한 명확한 전망을 갖고 있지 못한 상태입니다. 그동안 제2극동전선 정찰국장 소르킨(Sorkin) 소장에게 여러 차례 문의했고, 소르킨 소장을 통해 제2극동전선 사령관 푸르카에프(Purkaev) 대장에게도 보고했으나 지금까지 여단 대원들을 활용할 계획을 받지 못하고 있습니다. 따라서 나는 원수에게 제88정찰여단 활용 여부에 대해 회답해주실 것을 요청합니다.

해방 후 제88정찰여단 본부 만주 장춘 이전 건의 묵살

끝내 소련의 대일전에서 총 한 방 쏘지 못한 제88정찰여단장 저우바오중은 소련 극동군 총사령관 바실레프스키 원수에게 제88정찰여단의 활용 계획 세 가지를 건의하고 이에 대한 회답을 요청한다. 이는 ① 소련군의 질서 유지 업무에 신속히 협력하기 위해 제88정찰여단 본부를 만주의 장춘으로 옮기고, 만주에서 장차 민주인민정권의 기반이 될 반일 민주단체를 조직할 것, ② 여단 핵심이 만주에서 인민군대를 창설하기 위해 사전 준비하게 할 것, ③ 전체 중국공산당원들을 만주에서 단합시켜 모든 진보적 민주단체 지도자들을 이에 인입시키는 사업을 전개하고, 일제 침략자들을 반대하는 단일 만주인민전선을 창설할 것 등이다. 그리고 반동분자들과 종파분자들을 분쇄하는 투쟁을 진행하고 소련, 소련 인민, 위대한 스탈린 원수에 대한 우의와 사랑의 정신으로 중국 인민을 교양하는 사업을 추진할 것 등을 건의한다. 그리고 저우바오중은 "만일 귀하가 이상과 같은 나의 건의를 받아들이지 못한다면 중국 대원들과 여단 내 러시아 동지들을 중국공산당 중앙위원회의 직속이나 제8중화인민공화군 사령관 주더(朱德) 직속으로 배치해주기를 바랍니다"라고 요청했다. 그러나 그의 건의는 전면 묵살됐다. 소련군은 대일전 한 달여 전인 1945년 7월 6일에 이미 제88정찰여단을 이용할 계획을 세워놓고 있었기 때문이다.3)

'김일성 부대' 80명 북한주둔 소련군 위수사령부에 급파

이런 가운데 소련 국방성은 대일전에 참전하지 못한 제88정찰여단의 '김일성 부대'를 북한에 파견하기로 결정하고 제88정찰여단장 저우바오중에게 북조선에 보낼 제2극동전선 제88정찰여단 제1대대 명단을 보고하라고 긴급 지령한다(<표 3-1> 참조). 김일성 부대 80명은 북한의 주요 도시에 주둔한 소련군 위수사령부의 부사령관에 배치된다. 훗날 이들은 북한에서 '빨치산파'로 불렸다.

그리고 제88정찰여단장 저우바오중과 참모장 치린스키는 1945년 8월 29일 "북조선에 파견될 김일성 부대원 가운데 17명에게 장교 칭호를 수여할 계획이니 그 명단을 보고하라"라는 지령에 따라 명단을 보고한다(<표 3-2> 참조).

또 이들은 이틀 후인 1945년 8월 31일에 "조선에서의 사업을 위해 제88정찰여단에 있는 소련 출신 조선인을 북조선에 파견할 계획이니 명단을 보고하라"라는 지령을 받은 뒤 명단을 보고한다(<표 3-3> 참조). 이 지령도 1945년 9월 '북한에 민주정권을 창설하라'는 스탈린의 비밀 지령과 맥을 같이하는 대목이다.

---

3) 치브린·안쿠지노프, 「소련군 극동사령부 총사령관 소련원수 바실레프스키 앞」.

<표 3-1> 북조선에서 일하게 될 제2극동전선 제88특별불경여단 제1대대 명단

	직위	계급	중국이름	출생연도	입당연도	학력	조선이름	파견지역	비고
1	대대장	대위	진지첸	1912	1932	중졸	김일성	평양시	수상
2	부관	상사	주안찬제	1905	-	무학	-	평양시	
3	부관	하사	찬산하오	1919	1936	3학년	강상호	평양시	군중정치국장, 중장
4	저격수	하사	진이	1921	1942	4학년	김일	평양시	부주석
5	소대장 부관	상사	민쥔주	1912	1932	중졸	임춘추	사리원	강원도당 위원장, 최고인민회의 상임위 서기장
6	소대장 부관	특무상사	진전툰	1923	1931	2학년	김진득	사리원	
7	제1대대	상사	리진안	1924	1943	3학년	이지운	남포	
8	소대장	중위	진란지	1910	1931	7학년	김진수	남포	
9	소대장	중위	리윈하오	1910	1934	4학년	이영호	개성	해군사령관
10	분대장	상사	츠이인데	1918	1937	7학년	최인덕	개성	사권장
11	소대장	소위	진베이이	1910	1935	2학년	김덕위	개성	
12	저격수	병사	주다오즈	1919	1935	2학년	주도일	개성	군사위원
13	대대참모	특무상사	비오테신	1910	1932	6학년	박정산	신의주	
14	소대장 부관	상사	슈에진쥬	1910	-	2학년	서현섭	신의주	비급원, 사회과학원 법학연구소 실장
15	의무병	병사	순전산	1922	1942	2학년	순진산	신의주	
16	통신 분대장	상사	리우순	1925	1942	2학년	이오송	신의주	민경대혁명학원장, 중장
17	중대장	특무상사	츠이앙진	1915	1936	2학년	최용진	해주	민족보위성 부상, 상장
18	저격수	상등병	진자오훼	1912	1934	4학년	김상호	해주	군수총참모장, 소장
19	부소대장	상사	우잔유이	1916	1937	4학년	오진우	안주	인민무력부장
20	대대장 연락병	상등병	츠이민제	1916	1932	2학년	최민철	안주	사타장
21	소대장	특무상사	츠이산	1906	1932	2학년	최현	개성	민족보위성 부상

번호	직책	계급	러시아명	생년	입당	학력	한국명	출생지	비고
22	저격수	병사	진빈수	1921	-	3학년	김병수	개성	포병학교장
23	저격수	병사	진첸코	1920	-	3학년	김성구	개성	김일성 보좌관
24	저격수	병사	진민준	1910	1938	2학년	김명준	개성	정무원 보좌관
25	중대 선임하사	상사	진운산	1912	1932	4학년	김운상	개성	정무원 수산위원장
26	저격수	상등병	츠이산완	1923	1943	3학년	최창완	개성	원산수산대학장
27	저격수	병사	진지민	1905	1936	3학년	김지명	개성	외사부장
28	대대 군사정치위원 대위	상등병	안지	1906	1932	중졸	안길	청진	
29	저격수	상등병	셰윤진	1918	-	3학년	석윤국	청진	비당원, 정무원 전체공업부장
30	저격수	상등병	진룬헤	1908	-	3학년	김영화	청진	사단장
31	소대장	특무상사	츠이중고	1914	1933	4학년	최준국	원산	여단장
32	저격수	상등병	디더우전	1914	1939	2학년	이두천	원산	군관학교장
33	부소대장	상사	한이쥬	1913	1935	3학년	한익수	원산	중국인
34	저격수	병사	주인훠주어	1917	1936	3학년	-	무산	인민군총양소장
35	군의관	하사	리쥰주	1901	1931	4학년	이봉수	무산	부수상
36	저격수	병사	우쥰유이	1907	1937	2학년	오덕우	무산	
37	소대장	특무상사	바오롄즈에	1913	1936	6학년	박성절	개성	부수상
38	저격수	상등병	진유진	1908	1934	2학년	김유길	개성	
39	정치부대대장	대위	진제	1902	1930	중졸	김제	함흥	
40	저격수	특무상사	디이쥬에	1919	1937	2학년	이의수	함흥	정치국위원, 검열위원장
41	소대장	병사	디자주	1914	1938	3학년	이철수	함흥	만경대학원장
42	저격수	상사	슈이즈제	1911	1932	중졸	서철	원산	중국인
43	소대장	특무상사	진룬란	1916	1939	3학년	김용연	원산	제88정찰여단 김일성 부관, 인민군 박물관장, 중장
44	소대장	상사	슈이린사오	1917	1936	5학년		훈춘	
45	저격수	상등병	따마삐레	1920	1943	2학년	태병렬	훈춘	

번호	계급	중국명	출생	입당	학년	한글명	출신지	비고
46	저격수	리즈쥰산	1923	1945	3학년	이중산	훈춘	여성, 제88정찰여단 군의소
47	소대장	후안순직	1918	1942	2학년	황순희	해산	집단군사령관, 탱크사령관
48	저격수	류성순	1913	1936	3학년	류정수	해산	제88정찰여단 김일성 부관, 인민군 차수
49	의무병	디두이	1920	1942	3학년	이두이	해산	중국인
50	분대장	츠안벤세	1912	1939	3학년	-	고산	
51	분대장	쟈오첸조	1916	1935	5학년	조정철	고산	남해지구 정치부사령관
52	기관총수	진춘데	1921	1936	2학년	김중렬	고산	황순희 남편
53	의무병	주안순제이오	1922	1937	2학년	-	단천	
54	저격수	리인산	1911	1936	2학년	이은삼	단천	
55	의무병	류진지	1913	1935	2학년	유천세	해주	
56	의무병	인진쥬	1909	1934	2학년	안금수	해주	
57	저격수	우정유인	1923	1945	3학년	오창원	덕성	
58	분대원	바오친춘	1914	1935	3학년	박정춘	해주	미검북
59	저격수	인테이훈	1911	1935	3학년	유성철	해주	
60	저격수	한산루	1905	1937	2학년	-	개성	

주: 1) 입당연도는 중국공산당에 들어간 연도를 말한다.
2) 비고에는 입북 후 북한정권에서 맡은 직책을 필자가 찾아서 첨가했다.
3) 학년은 인민학교 재학 기준이다.

자료: 제88특별정찰여단장 저우바오중, 참모장 치린스키, 「북조선에서 임하게 될 제극동전선 제88특별정찰여단 제1대대 명단」(1945.8.25), 소련 국방성 중앙고문서 보관소문서번호. D.2, OP.1921, D.2, L.L.14-15).

<표 3-2> 제88특별정찰여단의 장교 칭호 수여자 명단(조선인)

	직위	계급	중국이름	출생연도	조선이름	비고
1	조선인부대	상사	주안찐체	1905	-	군중정치구장
2	조선인 부대	하사	찐산하오	1919	강상호	국가 부주석
3	저격수	하사	찐이	1921	김일	
4	부관	상사	린쭌주	1912	임춘주	강원도당 위원장, 최고인민회의 상임위원회 서기장
5	부관	특무상사	찐쩐둔	1923	김진득	
6	조선인 부대	상사	리찐윈	1924	이자운	
7	조선인 부대	상사	조이인떼	1918	최인덕	함흥지구 군단사령관
8	부관	특무상사	우쩐유이	1916	오진우	인민무력부장
9	부관	상사	찐윈산	1912	김윤상	정무원 수산위원장
10	저격수	병사	찐제고	1920	김정구	중앙 호위대장, 중장
11	저격수	병사	찐쩐민	1905	김진명	
12	부관	상사	한이슈	1913	한이수	고등교육성 부상
13	의무관	하사	리훈주	1909	이봉수	
14	조선인부대	상사	바오체제	1913	박성철	국가 부주석
15	의무관	상사	주안완세	1912	-	
16	의무관	하사	자오체제	1916	조정철	
17	부분대장	병사	바오찐춘	1914	박장춘	

주: 비고에는 입북 후 북한정권에서 맡은 직책을 필자가 찾아서 참가했다.
자료: 제88특별정찰여단장 저우바오종, 참모장 지린스키, 「제88특별정찰여단의 '조선인' 장교 칭호 수여자 명단」(1945.8.29), 소련 국방성 중앙고문서 보관소문서번호. D.2, OP.19121, D.2, L.18.

<표 3-3> 제88특별정찰여단에 있는 소련 출신 조선인 명단

	직위	계급	소련이름	출생연도	학력	입당 여부	조선이름	비고
1	군의관	의무소좌	이와실리포도로위츠	1901	대졸	당원	이동화	보전성 부상
2	소대장	특무상사	박니콜라이	1911	중졸	당원	박금남	공병구장
3	의무병	상사	문예리옌테산드로위츠	1915	고졸	당원	문일	김일성 비서
4	분대장	상등병	김아나똘리	1916	중졸	당원	김파	
5	중대장	상사	-	1917	5학년	비당원	정학준	
6	경리부 서기	상사	-	1918	중졸	당원	유성철	작전구장, 중장
7	서기	상사	김과벨옐샨드로비즈	1914	중졸	당원후보	-	함흥에서 유격대를 비난해 총살
8	서기	상사	-	1912	중졸	당원	이천석	
9	무전병	상등병	-	1928	중졸	당원	전학준	포병참모부 참모장
10	무전병	상등병	-	1915	7학년	당원	김정암	
11	무전병	상사	최표도르	1914	6학년	비당원	최표덕	땅크사령관, 중장
12	저격수	병사	-	1913	중졸	비당원	김봉률	
13	소대장	상사	김일세이	1916	중졸	비당원	김장구	정찰구 부구장
14	무전병	상등병	-	1918	중졸	당원	이중진	통신구장

주: 1) 입당 여부는 소련공산당에 들어있는지 여부를 의미한다.
2) 비고에는 입북 후 북한정권에서 맡은 직책을 필자가 찾아서 첨가했다.
3) 학년은 인민학교 제학 기준이다.

자료: 제88특별정찰여단장 저우바오중, 참모장 시린스키, 「조선에서의 사업을 위해 브이츠크 준 제88특별정찰여단에 있는 소련 출신 조선인 명단」(1945.8.31), 소련 국방성 중앙고문서 보관소문서번호. D.2, OP.19121, D.2, L.15).

제3장 제88정찰여단, '조선인 출신 정치·군사 지도자 양성소' 65

한편 제88정찰여단이 정식 부대 명칭을 받은 것은 1942년 8월 3일이었다. 소련군 극동전선 참모본부 동원조직부는 극동전선 정찰국장에게 "인민군사위원회 부위원장 샤덴코(Shadenko)에게 7월 30일자로 국경 전선지대에 형성된 중국대원들을 제88정찰부대로 명명했음을 보고한다"라는 전보를 보낸다.[4] 그리고 1942년 8월 13일, 소련군 극동전선군 사령관 대장 아나나센코는 제88정찰여단의 전투작전 개시에 따른 활용 방안을 승인한다.[5] 이 활용 방안에는 제6중대장 폴리카르토프(Polikartov) 대위가 전투작전 진행의 책임을 지고 중국인과 조선인 가운데 소규모 빨치산부대를 조직해 이들을 빨치산 투쟁에 투입시키기로 했다. 문건에는 조선에 투입될 제1대대('김일성 부대')는 ① 대대장에 김일성을 임명하며(조선어로 김일성이라고 쓰여 있음), ② 제1대대 제1중대는 55명으로 편성됐고 중대장은 박정산(중국명 바오데산)이며, ③ 제2중대장은 최용진(중국명 츠이윤진)이라고 쓰여 있다. 문건 마지막 부분에 대대장 진지첸(김일성과 '金日成')이라는 사인이 되어 있다. 이외에도 제88정찰여단은 하바로프스크 인근 크라스나야 레츠카 역 근처 무치나야의 브야츠크 촌에 배치된다고 기록돼 있다.

소련군, 전쟁 후 제88정찰여단의 '김일성 부대' 활용 지령

이 문건에 기록된 제88정찰여단 인원은 장교 149명, 하사관 358명, 병사 847명 등 총 1,354명이다. 지금까지 우리 역사에는 1941년 소련이 대일전

---

[4] 제1급 후방군 조직 및 편성부장 글라자체프(Glazachev), 부(部)수석보좌관 대좌 잘린(Jalin), 대대본부 군사위원회 벨로프(Belov), 「극동전선군 정찰국장 앞」(1942.8.3), 소련 국방성 중앙고문서 보관소(문서번호: F.2, OP.17582, D.1, L.L.1-2).
[5] 아나나센코, 「극동전선군 제88특별정찰여단의 전투작전 개시에 따른 활용 방안」(1942.8.13), 소련 국방성 고문서 보관소(문서번호: F.2, OP.17582, D.1, L.L.8-12).

<표 3-4> 제88정찰여단 계급별·민족별 병력(단위: 명)

계급	병력 수
장교	149
하사관	358
병사	847
합계	1,354

민족	병력 수
중국인	373
조선인	103
나나이족	316
러시아인	462
기타	100
합계	1,354

을 위해 창설한 제88정찰여단 병력이 200여 명으로 알려져 있으나 공식 문건에서 처음으로 1942년 6월에 창설됐고 인원은 그 6배임이 드러났다. 이를 민족별로 보면 중국인 373명, 조선인 103명, 나나이족 316명, 러시아인 462명, 기타 100명 등이다.

이들 중 중국인 빨치산 215명, 만주국 병사 64명 등은 만주 지역 사업에 활용하고, 시 주둔 사령부 부사령관으로 115명, 지방 자위대나 기타 기관에 153명, 나머지는 지방 주민 자격으로 각각 활용한다. 또 소련 국적을 지닌 중국인 94명 중 우수한 사람은 붉은군대 통역관으로 선발하고, 나머지 나이가 많은 대원들은 제대시킨다. 또 각 도·시 위수사령부 부사령관에 임명된 중국인이나 조선인 하사관과 병사들에게 장교 칭호를 주고, 대도시 위수사령부 부사령관에 임명된 장교들의 승진을 승인했다.

이들은 일본 침략자들을 물리치는 싸움에서 공훈을 세웠다. 또 여단의 중국인이나 조선인 장교 25명을 양성하기 위해 헌신적으로 노력한 50명의 빨치산 대원들과 함께 일본 강점자들을 물리치는 싸움에서 만주 빨치산 대원들에게 도움을 줬다. 훗날 이들을 소련군에 인입시킨 제2극동전선 참모부 정찰부대의 일부 대원들에게는 정부 표창을 추천했다.

그리고 이들 중 극동사령부에 배치할 후보자들을 선발했고, 이들은 제1극동전선 164명, 제2극동전선 80명, 바이칼 호 동부전선 100명이었다.[6]

소련군 극동전선 사령부 총사령관 바실레프스키 원수의 재가를 받은 이 계획 중, 특히 제88정찰여단의 김일성을 비롯한 빨치산 출신과 소련 국적 조선인들에 대한 '이용 명령'은 대일전이 완전히 끝난 직후 하바로프스크에 있는 소련군 제2극동전선 사령부(사령관 푸르카예프 대장)가 실행에 옮긴다. 당시 소련군 극동 총사령부 참모부 대좌로 부관(나중에 소련공산당 중앙위원회 국제부 부부장)을 지낸 코바렌코(I. I. Kovarenko)는 모스크바에서 필자에게 "대일전에 대비해 만주와 조선에 있는 일본군 정찰을 주 임무로 1942년 창설된 제88정찰여단은 공식적으로 극동군의 어느 전선 사령부에도 속하지 않지만, 제2극동전선 사령부가 제88정찰여단과 가까운 하바로프스크에 있었기 때문에 제2극동전선 사령부의 명령을 많이 받은 편이었습니다"라고 말했다.7)

소련군 극동전선 총사령부(속칭 바실레프스키 사령부) 정찰부장 치브린 소장은 1945년 9월 2일에 예하 제2극동전선 참모부 정찰부대장 소르킨 소장에게 "소련군 최고사령부 극동전선 참모부는 최근 3년간 제2극동전선 제88정찰여단에 속했던 만주 빨치산 출신 중국인들과 조선인들을 동지가 지휘하는 전선에 파견하라"라고 지령한다. 김일성이 입북하기 16일 전 소련군으로부터 제88정찰여단의 '김일성 부대' 입북 명령이 공식적으로 떨어진 것이다. 이는 "김일성 장군이 위대한 소련군대와 함께 조선해방전쟁에 참전했다"라는 북한 역사와는 달리, 제88정찰여단의 '김일성 부대'가 소련군의 대일전에 참전하지 않았음을 명확히 밝혀준다.

이어 치브린 소장은 "소련군이 만주국과 북조선을 점령하고 있는 동안 우리 군사령부의 활동 지역 내 질서 유지와 현지 주민에 대한 영향력을

---

6) 치브린·안쿠지노프, 「소련원수 바실레프스키 앞」(1945.7.6), 소련 국방성 중앙고문서 보관소(문서번호: F.2, OP.19121, D.2, L.L.3-4).

7) 코바렌코와의 인터뷰(모스크바, 1992.5.7).

강화하기 위해 이들 80명을 사령부 공식 기구와 도·시·군 소재지 위수사령부 부책임자로 임명하거나 지방 자위대와 주민 속에 투입시켜 이용하라"라고 지령한다. 조선 내 파견 지역과 숫자를 명기하고 '김일성 부대' 등의 입북 이후 구체적인 활용 방안을 지시하고 있다. 제88정찰여단 소속 '김일성 부대'와 소련 국적 조선인들의 파견 지역은 다음과 같다(괄호 안 숫자는 인원수이다).

웅기(2), 회령(2), 무산(2), 청진(3), 혜산진(3), 고시오(2), 카잔(3), 강계(3), 길주(2), 단천(2), 희천(2), 신의주(4), 정주(2), 신안주(2), 하유(2), 함흥(3), 경창(2), 평양(4), 진남포(2), 사리원(2), 해주(3), 데츠첸(3).[8]

이 지령에는 소련군의 '북한 점령 사업'에 제88정찰여단 소속 빨치산 출신 조선인과 소련 국적 조선인을 적극 이용하겠다는 의지만 담겨 있을 뿐, 향후 이들 중 한 사람(김일성)을 북한 지도자로 양성하겠다는 언급은 없다.[9]

이에 앞서 제2극동전선 정찰부대 부부대장 안쿠지노프 대좌는 1945년 8월 27일 제2극동전선 사령관 푸르카예프(Purkaev) 상급대장에게 김일성을 비롯해 빨치산 출신과 소련 국적 조선인 103명이 있는 제88정찰여단의 장교, 하사관, 병사들에 대한 서훈을 상신해 256명에게 훈장과 공훈 메달을 수여한다. 안쿠지노프 대좌는 서훈 상신에서 "이들은 만주에서 일본 침략자들에 반대해 빨치산부대에서 다년간 투쟁해왔고, 대원들의 교육·교양 사업에 헌신성과 성실성을 발휘하여 전투 및 정치 훈련에서 우수한

---

[8] 「제88정찰여단 군인들이 파견된 동북 지역(만주)과 북조선 영내 군사령부 주둔 지역에 대한 지령」, 소련 국방성 중앙고문서 보관소(문서번호: F2, OP.12378, D.1, L.47).
[9] 치브린, 「제2극동전선군 사령부 참모부 정찰부대장 소르킨 소장 앞」(1945.9.2), 소련 국방성 중앙고문서 보관소(문서번호: F.2, OP.17582, D.2, L.23).

성적을 거뒀다"라고 언급했다.

이들의 서훈에서 가장 급이 높은 '붉은 기 훈장' 수여자 18명 중 첫 번째로 여단 참모장 육군 중좌 치린스키(T. N. Chirinski), 두 번째로 여단장 저우바오중, 다섯 번째로 진지첸(김일성의 중국이름) 대위가 들어 있다. 김일성이 9월 하순 평양에 처음 모습을 드러냈을 때 왼쪽 가슴 양복 위에 달고 있는 훈장이 바로 이 붉은 기 훈장이다.

또 조국전쟁 훈장 제1급은 반간첩부장 라코프스키(L. N. Rakovski) 소좌를 포함해 6명, 조국전쟁 훈장 제2급은 여단 참모부 제1부대장 폴리카리오프(M. S. Polikariov) 소좌, 정치부대장 말리제프(S. G. Malizev) 소좌를 포함해 22명, 붉은 별 훈장은 중대장 아파나센코프(I. Afanasenkov) 대위를 비롯해 48명이며, 위훈 메달 31명, 공훈 메달 131명 등이다.10)

스탈린, 김일성 입북 전 직접 면접 후 낙점

제88정찰여단에 대한 이들 비밀 문건을 다시 정리하면 소련군은 중국과 조선의 해방 전후를 대비해 1942년부터 군사·정치 전문가를 양성하기 시작했고, 대일전 개시 한 달여 전부터 제88정찰여단에 있는 빨치산 출신 '김일성 부대'를 북한 지역 점령 이후 활용할 계획을 세웠다. 이 계획에 따라 이때부터 '김일성 부대'는 특별 관리에 들어간다. 그리고 9월 2일 '입북하라'는 공식 명령이 떨어졌다. '김일성 부대'는 이 명령이 떨어진 지 16일 후인 9월 18일 원산항을 통해 입북해 소련군의 지시대로 각 도·시

---

10) 소련군 제2극동전선군 사령부 정찰부대 부부대장 안쿠지노프 대좌, 「제2극동전선군 사령부 사령관 상급대장 푸르카예프 앞」(1945.8.27), 소련 국방성 중앙고문서 보관소 (문서번호: 원천 NO.3445).

로 분산돼 도·시 위수사령부 부책임자를 맡는다.

퇴역 후 모스크바에서 노년을 보내고 있던 제2극동전선 제7호 정치국장 메크레르(Mekler) 중좌는 "평양에 들어가기 전 제88정찰여단에서 김일성·김책 등 빨치산 출신 조선인들을 일일이 면접했습니다. 그리고 빨치산 활동 경력, 지도력, 소련에 대한 충성도, 학력, 조선에서의 기반, 건강 상태 등을 체크해 사령부에 보고했지요"라고 증언했다. 그는 제88정찰여단 방문 시점에 대해 "그때는 평양에 들어가기 전이었습니다"라며 한사코 밝히기를 끼렸다.[11]

제25군 사령관 치스차코프 대장이 회고록에서 평양에 입성하기 전 '김일성 빨치산부대'에 대한 충분한 정보를 갖고 있었다고 밝힌 점 등을 종합하면 메크레르 중좌의 '김일성 부대' 면접은 소련의 대일전 개시 이전으로 보인다. 그렇다면 비밀 문건 내용대로 제88정찰여단에 있는 '김일성 부대'를 북한 점령 이후 소비에트화하는 과정에서 '단순 일꾼들'로 활용할 계획이었을까?

메크레르는 "면접 목적은 장차 북한의 지도자 후보를 고르는 것이 아니었고 상부로부터 그와 같은 언질도 없었습니다. 다만 '언제부터 빨치산 운동을 했는가', '조선에 들어가면 무슨 일을 하고 싶은가' 등을 체크해 상부에 보고했을 따름이었죠"라고 회고했다.[12]

그러나 그의 면접 체크 리스트는 단순한 일꾼으로 활용하기 위한 면접이라기에는 몹시 굵직굵직한 것들이다. 누가 봐도 '지도자 감'을 찾는 면접이다. 메크레르 중좌가 김일성보다 먼저 평양에 들어가 준비하고 김일성이 평양에 들어온 이후 활동 등을 보면 더욱 그렇다.

메크레르 중좌는 동료인 고려인 2세 강미하일 소좌와 함께 9월 초순

---

11) 메크레르와의 인터뷰(모스크바, 1991.6.15).
12) 치스차코프, 『조선의 해방, 제25군의 전투행로』, 65쪽.

평양에 들어가 김일성이 입북한 뒤 해야 할 정치 훈련 프로그램을 준비했다. 그리고 김일성이 입북하자 그를 데리고 비밀리에 지방을 순회하면서, 소련군 환영대회 연설, 생가 방문, 조만식과의 만남 등 '항일투사 민족영웅 김일성 장군' 만들기의 주역을 맡았다.

그렇다면 소련군은 한낱 정치장교 메크레르 중좌의 면접 보고서에 의존해 33세의 소련군 대위 김일성을 장차 한반도의 반쪽인 북한의 지도자로 낙점했을까? 이런 의문에 대해 당시 소련군 극동군 총사령부 정치국 소좌로 사령관 바실레브스키 원수의 부관을 지낸 코바렌코[13]는 지금까지 역사에 드러나지 않은 새로운 사실을 증언하고 있다.[14]

그는 일본어에 능통해 바실레프스키 사령관의 일본어 통역을 전담했다. 그의 경력 중 특이한 것은 1945년 말 한때 시베리아에서 정보장교로 일본군 포로병을 관리하는 책임을 맡기도 했다는 것이다. 그러나 그는 일본군 포로병 실태에 대해서는 "죽을 때까지 가져가야 할 직업 비밀"이라며 함구했다. 코바렌코의 증언을 보자.

"김일성이 입북하기 보름 전인 1945년 9월 초순, 스탈린이 김일성을 비밀리에 모스크바로 불러 크렘린궁과 별장에서 단독으로 만나 그를 북한의 최고 지도자 후보로 낙점한 후 그를 믿고 평양에 보낸 것입니다.

김일성의 모스크바 행은 극동군 총사령관 바실레프스키 원수가 비밀리에 모스크바의 지령을 받아 시행했기 때문에 극동군 총사령부 내에서도 군사

---

13) 1920년에 태어난 코바렌코는 소련의 정보기관인 내무인민위원부〔NKVD: 1946년에 내무부(MVD)에서 국가공안부(MGB)로, 1954년에는 다시 국가공안위원회(KGB)로 명칭이 바뀜〕소속 장교로 군에 입대해, 1941년부터 1950년까지 극동군 정치국에서 일하다가 대좌로 예편했다. 그 후 소련공산당 중앙위원회 국제부 부부장을 지내다 1988년에 퇴역했다.
14) 코바렌코와의 인터뷰(모스크바, 1992.5.8).

위원 치킨 상장 등 극히 일부만 알고 있는 '절대 비밀'이었습니다."

이와 같은 증언은 소련군 제25군 지도부가 평양에 들어가기 전 이미 '김일성의 빨치산 경력'을 알았음을 드러낸다. 특히, 소련군 대위 김일성이 평양에 들어오자 '각별한 예우'를 하면서 '민족의 영웅 김일성 장군' 캠페인을 벌였고, 그에게 일사천리로 당과 행정권을 맡김으로써 북한의 소비에트화를 추진한 과정 등의 배경을 말해준다. 코바렌코의 증언은 계속된다.

"군용 수송기는 하바로프스크 군용 비행장에서 김일성을 태우고 모스크바로 떠났습니다. 스티코프(Shtykov)는 우스리크 사령부에 있었고 하바로프스크의 정보기관 호위 요원들이 동행했습니다.
바실레프스키 원수는 모스크바로 가기 위해 하바로프스크 비행장에 나타난 김일성을 만난 적이 없습니다. 원수가 대위를 만날 수는 없지요.
모스크바를 다녀온 뒤 김일성이 사령관실에 나타나 잠깐 인사하고 갔습니다. 모스크바로부터 바실레프스키 사령관에게 보고된 '크렘린궁 동향'에 따르면 스탈린은 김일성과 4시간 동안 대좌했습니다.
'스탈린주의'를 설파하고 여러 질문을 통해 지도자가 될 수 있는지를 탐색한 스탈린은 즉석에서 '이 사람이 좋다. 앞으로 열심히 해서 북조선을 잘 이끌어가라. 소련군은 이 사람에게 적극 협력하라'고 지령했습니다."

스탈린이 김일성을 모스크바로 불러 '앞으로 북조선을 잘 이끌어가라'고 했다는 코바렌코의 이 같은 증언은 1945년 9월, 북조선에 민주정권을 창설하라는 스탈린의 비밀 지령과 맥락을 같이하는 대목으로 해석할 수 있다.
스탈린이 김일성을 만났다는 사실이 극비리에 극동군 총사령관 바실레프스키 원수의 입을 통해 극동군 총사령부 군사위원 치킨(Chikin) 상장, 제1극동전선 사령관 메레츠코프 원수, 제1극동전선 군사위원 스티코프 상장과 같은 핵심 지휘부에 전달됐다.

이때부터 당 중앙(스탈린을 지칭)의 의중을 읽은 극동군 총사령부를 비롯해 예하 제1극동전선 최고지도부가 김일성에 대해 관심을 기울이기 시작한다. 바실레프스키 원수의 지시에 따라 스티코프가 움직인다. 그리고 평양의 제25군 군사위원 레베데프 소장에게 지령이 떨어진다.

레베데프 소장은 "김일성이 평양에 들어오기 며칠 전이었습니다. 스티코프가 전화로 '제88정찰여단의 대위 김일성을 평양에 보낼 계획이니 그가 살 주택과 경호원을 준비하고 그를 평양시 위수사령부 부사령관에 임명한 후 지방 순찰 등 정치 훈련을 시키라'고 지시했습니다"라고 회고했다.15) 다시 코바렌코의 회고를 보자.

> "스탈린의 김일성 면담에 앞서 1945년 8월 말 모스크바 소련공산당에서 하바로프스크의 극동군 총사령부에 '북조선에 인민위원회를 조직하기 위해 빨리 지도자를 찾아 보고하라'는 지령이 떨어졌고, 지령은 다시 평양의 제25군 사령부에도 하달됐습니다.
>
> 평양주둔 소련군 제25군 사령부는 '공산당원이 지도자가 돼야 순리이지만 북조선에 들어와 보니 조선공산당 지도자 박헌영은 서울에 있고 북조선에는 믿을 만한 공산당원이 없다'고 극동 사령부에 보고했습니다.
>
> 결국 하바로프스크에 있는 국가공안부(KGB) 총국은 북한에 주둔한 정보장교들의 보고와 메크레르 중좌의 제88정찰여단 조사보고서 등을 종합한 결과, 김일성이 가장 적합한 인물이라는 보고를 모스크바 소련공산당에 올렸습니다. 결국 이 보고가 스탈린의 마음을 움직인 것 같습니다.
>
> 김일성이 모스크바를 다녀온 후 극동군과 하바로프스크의 정보기관 등 일각에서는 준비된 공산당원인 박헌영이 지도자가 돼야 한다는 의견도 있

---

15) 레베데프와의 인터뷰(모스크바, 1991.6.11).

었습니다. 이와 함께 당시 미국이 미국에 살고 있는 이승만을 데리고 남한에 들어갈 것이라는 현지 정보에 따라 우리도 소련에 살고 있는 허가이·남일·박창옥 등 고려인 출신들을 '지도자 후보'로 데리고 들어가자는 주장도 있었습니다.

그러나 스탈린이 처음부터 김일성을 낙점했고, 한번 결정하면 끝까지 밀고 나가는 최고사령관의 고집을 꺾을 수 없다는 결론에 도달했습니다."

결국 '군부의 정직된 보고'를 바탕으로 소련공산당 중앙위원회가 제88 정찰여단에 있는 김일성 대위를 스탈린에게 추천한다. 이렇게 하여 북한의 지도자 후보는 내부적으로 일찍이 김일성으로 굳어졌다.

코바렌코는 장교 시절 김일성과 모두 다섯 차례 만난 인연이 있다고 회고했다. 코바렌코의 회고는 계속된다.

"소좌 시절인 1942년 소련군 극동군구연해주군구로 불림 정치국 제7호 정치국국장 메크레르 중좌에서 일할 때, 제88정찰여단을 다섯 차례 방문해 제2차 세계대전 소식과 일본·중국의 정세에 관해 강의했고, 그때마다 김일성을 만났으나 안중에 두지 않았습니다. 러시아어로 진행된 나의 강의는 중국어로 통역됐고, 김일성은 러시아어를 못해 중국어를 쓰고 있었습니다.

또 극동군 총사령부가 해체되고 제1·2극동전선이 통합돼 극동군구로 바뀐 1946년 초 참모부에서 일하면서, 한반도 정세를 파악하고 예하 부대인 평양의 제25군 사령부 제7호 정치부의 활동을 감찰하기 위해 평양에 내려가서는 김일성을 만나 격려하기도 했습니다.

이 밖에 1968년 평양에서 열린 공산당 국제행사 때 소련공산당 중앙위원회 국제부 간부였던 나는 소련공산당 중앙위원회 정치위원이자 사상 담당 비서 수슬로프(M. A. Suslov)를 수행했습니다. 행사장에서 김일성을 만났고, 옆의 고위 관리가 다가와 '수상님의 정치 수업 때 도와주셔서 감사하다'며 정중하게 인사하고 갔습니다."

'소련군 대위 김일성' 입북 후 소련군 장군에게 신고

1945년 9월 19일 오전, 소련 군함 한 척이 원산항 앞바다에 조용히 들어와 닻을 내렸다. 전날 소련 땅 블라디보스토크 항을 출발한 소련 군함 푸카조프(Pukajov) 호에는 소련군 제88정찰여단에 있던 빨치산 출신 조선인들과 소련 국적 고려인 2·3세 등 80여 명이 타고 있었다.

특히, 이 군함에는 '전설적인 항일 빨치산 투사 김일성 장군'이 타고 있었지만 이를 알고 있는 사람은 극소수뿐이었다. 김일성의 도착은 소련군의 전략상 은밀하게 이뤄져야 했던 것이다. 평양주둔 제25군 사령부는 극동전선 사령부가 지령한 대로 따라 김일성이 입북하기 전 원산과 평양에서 그를 맞을 만반의 준비를 해놓고 있었다. 원산항에서 김일성을 맞이할 인사들은 물론 원산에서 그들이 묵을 숙소, 평양으로 타고 갈 열차, 평양의 주택, 경호원 등도 준비됐다. 원산항에는 소련군 원산시 위수사령관 흐레노프 소좌를 비롯해, 소련군 태평양함대 정찰국 직속 해병대 중위로 웅기·나진·청진 등지에서 대일전에 참가했다가 원산시 인민위원회 교육부 차장을 맡고 있던 정률 등 소련군 장교들, 원산시 인민위원장 강계덕과 원산시 인민위원회 간부들이 나가 이들을 맞이했다.

평양주둔 제25군 정치사령관 레베데프 소장은 "원산시 위수사령관이 평양 사령부에 김일성이 도착했다고 보고해 치스차코프 사령관이 평양으로 보내라고 지시했습니다. 김일성이 도착한 지 2~3일 후 그의 부관 문일 고려인 2세로 김일성과 제88정찰여단에서 근무하다 함께 입북, 1948년까지 김일성 비서로 있다가 소련으로 귀국한 뒤 사망했다이 김일성을 데리고 사령부를 찾아왔더군요. 그때 김일성이 소련 군복에 대위 계급장을 달고 있기에 인민에게 거부감을 줄 수 있으니 즉시 떼라고 지시했습니다"라고 회고하면서 당시 문일의 통역으로 처음 김일성과 나눈 대화 내용을 소개했다.16)

> 김일성 장군님! 제88정찰여단 대대장 대위 김일성입니다. 우리들이 북조선에 온 목적은 정당이나 사회단체에 침투해서 공산주의 사상을 전파하는 것입니다. 이를 위해 우선 북조선에서 공산당을 조직하고 싶습니다. 장군께서 도와주십시오.
> 레베데프 우리는 당신이 오랫동안 만주 동북 지방에서 빨치산 항일 투쟁을 한 사실을 잘 알고 있다. 북조선에서 공산주의 사상을 실천하겠다니 옳은 일이다. 그러나 조선에는 이미 공산당이 있다. 서울에 당 중앙 박헌영이 있고 북조선에도 함흥의 오기섭 등이 공산당 활동을 하고 있다. 그러나 남조선처럼 활발하지는 않다. 모스크바의 소련공산당과 협의해보자.
> 김일성 장군님! 부탁이 하나 있습니다. 우리 빨치산부대도 일본과의 해방전쟁에 참전한 것으로 해주십시오. 우리는 여러 번 이 전쟁에 참전할 수 있도록 하바로프스크 사령부에 건의했으나 번번이 좌절됐습니다.
> 레베데프 그게 무슨 말인가? 조선을 해방시킨 것은 제25군과 태평양함대뿐이다. 제88정찰여단 빨치산부대의 단 한 명도 대일전에 참전하지 않았고 총 한 번 쏘지 않았다. 절대로 역사를 바꿀 수 없다.

레베데프 소장은 "김일성이 자신을 소개한 순간 '바로 이 사람이 김일성이구나'라는 생각이 뇌리를 스쳤습니다. 상당히 유능하고 박력 있는 지휘관처럼 보였으며 매우 쾌활한 얼굴이어서 인상적이었거든요"라며 "문일이 '김일성이 타고 다닐 수 있는 자동차가 필요하다'고 요청해 해방 전

---

16) 레베데프와의 인터뷰(모스크바, 1991.6.11).

일본 고위 관리가 타고 다녔던 자동차까지 제공했습니다"라고 회고했다.

이후 제1극동전선 사령부 지령에 따라 미리 준비해둔 주택과 소련군 경호원들이 김일성에게 배치됐고, 김일성은 평양시에 있는 평안남도 위수사령부 부사령관에 임명됐다. 같은 빨치산파 김책은 함흥 위수사령부 부사령관에 배치됐다. 북한에서 내무성 부상 등을 지내다 소련으로 망명한 강상호 씨는 "그러나 각 시·도 위수사령부 부사령관으로 배치된 빨치산파들은 현지에 적응하지 못하고 얼마 뒤 모두 철수하고 말았습니다"라고 증언했다.17)

김일성이 비밀리에 평양에 들어오자마자 그를 에워싼 군인들은 제1극동전선 제7호 정치국 장교들이었다. 바로 국장 메크레르 중좌를 비롯해 차장 고려인 2세 강미하일 소좌 등 훈련된 정치장교들이었다. 이들은 '김일성이 평양에 가면 은밀하게 지방 순찰 등 정치 지도자 훈련을 시키라'는 특명을 받고 김일성이 입북하기 보름 전인 1945년 9월 초순 미리 평양에 들어와 대기하고 있었다.

특히, 평양에 들어오기 전 하바로프스크의 제88정찰여단에서 김일성을 사전 면접해 소련군 극동 총사령부에 보고하기도 한 메크레르 중좌는 입북한 김일성을 데리고 은밀하게 지방을 순찰하면서 북한 정세를 파악했다. 김일성이 북한 주민에게 첫선을 보인 '소련군 환영대회' 진행의 주역을 맡기도 했습니다. 또 김일성을 데리고 평양의 요정에도 드나들면서 조만식과 김일성의 만남을 주선하고 서울의 박헌영을 평양으로 불러 김일성과 대좌시키는 등 남북 좌익 세력의 갈등을 봉합하기도 한 초기 '김일성의 정치담당 교사'였다.

유태계 출신인 메크레르는 1946년 9월 초까지 1년 동안 평양에 머물면서 소련군의 북한 소비에트화 프로그램에 따라 조선공산당 북조선 조직국과

---

17) 강상호와의 인터뷰(모스크바, 1991.5.18).

▶ 김일성(왼쪽)이 입북 1주일 후인 1945년 9월 26일 평양시내 한 음식점에서 소련군정 제7호 정치국장 메크레르 중좌와 조선공산당 조직 문제 등을 협의하고 있다. 이 사진을 제공한 메크레르는 당시 김일성이 중요한 문제를 협의할 때마다 줄담배(소련제)를 피웠다고 기억했다.

조선민주당, 조선신민당, 천도교청우당 등 정당을 창당하고 신문사와 방송국을 세워 북한 주민에게 마르크스-레닌-스탈린주의를 전파했다. 김일성을 '민족영웅'으로 부상시켰으며, 민주청년동맹과 여성동맹 등 사회단체를 조직·지도하는 등 북한정권 창출에 있어 핵심 정치장교 중 한 사람이었다.

그 후 그는 모스크바로 돌아가 대좌로 예편했고, 경제학 박사가 되어 소련과학아카데미 동방학연구소 책임연구원을 지내기도 했다. 메크레르의 회고는 계속된다.

"'제88정찰여단의 김일성을 면접하라'는 명령을 받았을 때 정치장교의 감각으로 그를 북조선으로 보내 활용하려는 계획을 어느 정도 감지했습니다. 특히, 김일성이 평양에 왔을 때 '은밀하게 주요 지방을 다니면서 지역

인사들에게 인사시켜라', '김일성의 정치적 리더십과 인민들의 반응을 보고 하라'와 같은 지령을 받았습니다. 이 과정에서 상부가 장차 북한 지도자 중 한 사람으로 김일성을 지목하고 있음을 알았습니다.

 그러나 이때까지 김일성은 북한 지도자로 지명되지 않았습니다. 빨치산 출신 중 누가 지도자가 될 줄 몰랐고, 소련군이 평양에 들어와 보니 조만식을 선두로 하는 조직이 있어 그의 영향력에 놀랐습니다. 정치장교들의 입장은 김일성이든, 조만식이든 소련공산당이 선택한 대로 따라갈 뿐이었지요."

메크레르는 김일성이 모스크바에서 스탈린으로부터 '북한 지도자'로 낙점을 받고 입북한 사실[18]에 대해서는 새카맣게 모르고 있었다. 필자가 코바렌코를 만난 것은 메크레르를 만난 후였다. 그래서 얼마 후 다시 메크레르를 만나 코바렌코의 증언을 그대로 전달했다.

 그러자 그는 손뼉을 치며 "그러면 그렇지, 당시 김일성의 태도가 나를 비롯한 소련군 고위 장교들 앞에서 너무 당당했습니다"라며 "당 중앙의 동향은 절대 비밀이어서 명령대로 집행해야만 하는 정치장교는 알 수 없었지만, 코바렌코 같은 극동군 총사령관 부관장교라면 충분히 돌아가는 낌새를 알 수 있었을 것"이라고 말했다. 메크레르의 회고는 이어진다.

"10월 초순부터 나의 '감'은 현실로 다가왔습니다. 정치장교들은 레베데프 정치사령관 방에 모여 북조선 인민에게 김일성을 '항일 빨치산 투쟁 민족영웅'으로 부상시키는 방안을 논의했습니다. 그 결과가 10월 13일 평양 공설운동장에서 '소련군 환영대회'(북한의 역사는 '김일성 장군 환영대회'라고 기록)를 개최하기로 한 것입니다.

 이 자리가 처음으로 인민에게 전설의 김일성 장군을 선보여 부상시킨다

---

18) 코바렌코와의 인터뷰(모스크바, 1992.5.7).

▶ 1945년 10월 평양공설운동장에서 열린 '소련군 환영대회'에서 김일성이 첫 연설을 하고 있다. 연단 주변에는 소련군의 경비가 삼엄하다.

는 정치 캠페인이었지요. 외형상으로는 조만식이 이끄는 평남 인민위원회가 주관하는 행사였지만, 실질적으로는 처음부터 끝까지 소련군정 사령부가 기획과 연출 모두를 맡았습니다."

이 부분에 대해 소련군정 정치사령관 레베데프 소장과 증언이 일치한다. 레베데프 소장은 "솔직히 말하면 이날 대회에서 김일성이 읽은 연설 원고는 우리 사령부에서 작성해준 것"이라며 "심지어 김일성이 입은 양복과 구두 모두 강미하일 소좌 것이었습니다"라고 말했다. 이어 그는 "대회 전날 밤 김일성이 양복 왼쪽 가슴 부분에 소련 훈장을 차고 나타났기에 '소련 훈장이기 때문에 군중에게 나쁜 인상을 줄 수 있으니 떼라고 지시했습니다"라고 회고했다. 그러나 김일성은 이 대회에서 연설이 끝난 후 만경대 생가를 방문할 때 소련 훈장을 달고 가는 등 한참 동안 달고 다녔다.

대위가 소장의 지시를 묵살한 것이다. 어디서 나온 배짱일까? 이와 같이 김일성의 튀는 행동에 대해 레베데프 장군은 "소련, 특히 스탈린에 대한 충성심을 과시하려는 소영웅심리로 이해했습니다"라고 회고했다. 레베데프 장군은 특히 "우리는 김일성의 진짜 이름이 '김성주'라는 사실을 알고 있었지만 '항일 빨치산투쟁 민족영웅 김일성 장군'을 상징하게 하고자 김일성 이름을 그대로 사용했습니다"라고 '양심선언'에 가까운 '진실'을 털어놓았다. 레베데프 장군의 회고는 계속된다.

> "모란봉 군중대회평양 공설운동장의 김일성 환영대회에는 5만~6만 명의 군중이 모였습니다. 주석단에는 치스차코프, 나, 로마넨코, 조만식, 김일성 등이 앉았습니다. 이 대회에서 조만식도 연설했습니다. 조만식은 연설에서 '조선을 해방시켜준 소련군에 감사한다'며 '민주 조선을 위해 투쟁하겠다'고 말했습니다.
>
> 마지막으로 김일성이 연설했습니다. 사회자가 '김일성이 연설한다'고 말하자 군중이 '김일성 장군 만세'라고 외치며 주석단으로 몰려와 경비군인들이 몽둥이로 군중을 몰아내는 소동이 있었습니다.
>
> 김일성의 연설이 끝난 후 군중 속에서 '가짜 김일성이다'라며 소동이 났습니다. 메크레르 중좌와 강미하일 소좌가 김일성을 데리고 그의 출생지인 만경대를 찾아가 가족·친지 등을 공개하고 이를 신문과 방송을 통해 대대적으로 보도했습니다. 그러자 '가짜 김일성' 논란이 가라앉았습니다."

소련공산당, 스탈린에게 김일성 추천

레베데프 장군은 "소련군은 항상 전면에 나서지 않고 인민들이 추대하는 형식을 취했습니다"라며 이 대회에 의미를 부여했다. 레베데프 장군에게 코바렌코 전 소련공산당 중앙위원회 국제부 부부장이 "스탈린이 김일성을 모스크바로 불러 낙점한 후 평양으로 보냈습니다"라고 증언했는데, 이러한 사실을 알고 있었는지, 알았다면 언제였는지 물었다. 레베데프 장군은 직답을 피하면서, 소신 있는 주장을 폈다.

지금까지 우리 역사는 김일성을 스탈린에게 추천한 것은 소련군이었다고 쓰고 있다. 그러나 레베데프 소장은 "당 중앙이 '김일성을 북조선 지도자로 추천·양성하라'는 특별한 지시를 내린 적이 없었고 '당 중앙'에 김일성을 추천한 것은 소련공산당입니다"라고 주장했다.

그는 또 "소련군대가 '누구를 북한 지도자로 하자'고 한 사실이 없으며 자세한 내막은 스티코프 장군이 잘 알고 있을 것입니다"라면서 "나를 비롯한 우리 군은 집행자로 김일성을 지도하고 지도자가 될 수 있도록 노력했을 뿐이고 우리군(軍)에게 명령한 자는 소련공산당볼셰비키 중앙위원회였습니다"라고 강조했다.[19] 레베데프 소장은 특히 "북한정권 창출 과정에서 어느 것 하나 군정이 단독으로 결정하거나 집행할 수 없었고 모두 하바로프스크 사령부극동사령부를 지칭를 거쳐 모스크바의 소련공산당 중앙위원회의 지령에 따라 진행됐습니다"라고 밝혔다.

평생 군사회의 군사위원을 지내며 단련된 정치군인답게 의미 있고 차원 높은 답변을 했다. 레베데프 장군의 이와 같은 주장을 다시 풀어보면, 소련공산당의 지시에 따라 정보기관과 군이 김일성에 대한 정보자료를 올리면 이를 분석하고 판단해 스탈린에게 추천하고, 스탈린이 이 자료를 중심으로 김일성을 직접 면담해 북한 지도자로 낙점했다는 결론이 나온다. 설령 스탈린의 직접 지시가 없더라도 군 지도부가 여러 채널을 통해 크렘린궁의 분위기를 파악하고 소련공산당의 직접 지시를 받아 김일성을 북한의 지도자로 키운 것으로 해석할 수 있다.

---

19) 레베데프와의 인터뷰(모스크바, 1991.6.11).

'김일성 부대' 소련군 제88정찰여단 해체

'김일성 부대'가 떠난 후 하바로프스크로부터 70킬로미터쯤 떨어진 브야츠크 촌에 있던 소련군 제88정찰여단은 어떻게 됐을까? 소련군 극동사령부는 1945년 10월 12일 제2극동전선 정찰부대장 소르킨 소장에게 제88정찰여단 인수위원회를 구성해 해체 작업에 착수하라고 지령한다. 이에 따라 참모부 아니킨(Anikin) 중좌를 위원장으로 한 제88정찰여단 정치부장 세레긴(Seregin) 중좌, 여단 참모장 대리 이아츨레프(Iatzlev) 중위 등으로 제88정찰여단 인수위원회를 구성해 10월 15일부터 해체 작업에 들어간다. 인수위는 1945년 12월 11일까지 해체를 끝내고, 제2극동전선 동원조직부에 다음과 같이 보고한다.

  인수 당시 제88정찰여단 병력은 장교 197명, 하사와 병사 662명 등 총 859명이었다. 그중 256명은 중국인의 경우 만주, 조선인은 조선에 장기 파견 중이고, 211명은 연령과 학업을 이유로 제대해 남은 인원은 392명이다.
  동원조직부 지령에 따라 이들 중 병사는 블라디보스토크, 하바로프스크 비행장, 하바로프스크 제100창고 등에, 장교들은 제2극동전선 인사부, 정치부원들은 바이칼 호 동부와 아무르군구 정치국 관리 아래 뒀다. 만주에서 빨치산 운동에 참여한 중국인 장교·하사관·병사 등은 전역시켰다.
  여단의 사무·고문서 등은 바이칼 호 동부와 아무르군구 군사회의 군사위원의 명령에 따라 제2극동전선 정치국에 인계했다. 여단 군기는 모스크바 중앙박물관에 넘겼다.[20]

---

[20] 제88정찰여단 인수위원회 위원장 중좌 아니킨, 「제2극동전선군 제88정찰여단 해체 통지서」(1945.12.11), 소련 국방성 중앙고문서 보관소(문서번호: F.2, OP.12318, D.1, LL.68-69).

제4장

긴박했던 소련군정 초기 4개월

소련군정의 엔진 '정치사령부'

평양의 제25군 사령부에 이어 도·시·군에까지 위수사령부 설치를 끝낸 소련군정 지휘부는 1945년 9월에 접어들면서 본격적인 북한 정세 파악에 나선다. 그러나 북한 정세는 파고들수록 복잡하게 엉켜 있었다.

평양에서는 1945년 8월 17일 조만식을 비롯해 22명의 지도자가 평양건국준비위원회를 조직했고 함경북도를 제외한 북한 각 지역에서도 자치위원회, 인민위원회 등 자연발생적인 정권기관이 우후죽순처럼 등장했다.

특히, 북한 지도자를 지목하지 못한 상황에서 조만식 등 민족 진영이 주류를 이룬 가운데, 북한 지역의 토착 공산세력들은 박헌영을 비롯한 조선공산당 핵심이 서울에 있는 데다가 당 역사가 짧아 많은 갈등을 겪고 있었다.

이런 가운데 소련이 북한에 대해 실시할 정책은 다중 구도였다. 즉, 군사적 점령과 군정 실시라는 현실적 목표, 북한을 소비에트화한다는 내면적 목표를 설정했다. 이 때문에 소련군정은 조만식과 같은 민족주의 지도자들의 협력이 필요했고, 국내파 공산주의자들을 주목하기도 했지만 가장 중요한 것은 그들과 직접 연계된 공산주의 조직이었다.

레베데프 정치사령관은 "우리 사령부(정치사령부)는 거의 매일 밤샐 정도로 바빴다. 일손이 모자라 극동사령부에 정치일꾼들을 보강해달라고 긴급 요청하기도 했습니다"라고 회고했다. 당시 정치·정보 등을 총괄하며 북한 정권 창출에 핵심 엔진 역할을 했던 소련 제25군 군사회의(소련군정 정치사령부라고 불림)에는 군사위원 레베데프 소장을 비롯해 후르소프 소장이 있었고 제7호 정치국장 그로모프 대좌, 제7호 정치부 부국장 이그나치프 대좌, 특수 정보부대장 일레인스키(Ileinski) 대좌와 같은 전문장교들과 제7호 정치국 장교들이 포진했다.

9월 초순 제1극동전선 사령부 제7호 정치국장 메크레르 중좌와 강미하일 소좌가 평양에 도착해 합류했다. 특히, 소련군정이 설치됐으나 북한 지역의 여러 사정으로 북한의 소비에트화 프로그램이 가닥을 잡지 못하자 동경 주재 소련 대사관에서 근무하던 발라사노프(G. A. Balasanov)가 날아와 제25군 사령부 직속 정보참모팀(당시 사령부 내에서는 발라사노프 참모부라고 불림)을 만들어 핵심 역할을 맡았다.

그는 외형상으로는 소련 외무성 소속 외교관이었지만 스탈린 시대 무소불위의 막강한 권력을 가진 소련 정보기관 내무인민위원부(NKVD) 소속 현역 대좌이다. 그는 일본의 정세 등을 분석해 모스크바에 보내 소련의 대일전 준비에 결정적인 역할을 했다. 평양에 들어와서도 남북한 정세 분석과 판단, 북한 지도자 선정과 '민주기지 건설' 과정 등에 깊숙이 관여한 실세 정보장교이다.

1946년 3월부터 평양의 소련군정 정치고문 발라사노프 팀에서 일했던 소련의 최고정보기관 국가공안부 일본과(일본과에서 한국 문제를 다뤘음)소속 고려인 2세 김이노겐치(1949년 5월 평양에서 철수)는 "대일전쟁 후 모스크바·극동·평양의 소련 군부에서, 소련군 극동 총사령관 바실레프스키 원수, 제1극동전선 사령관 메레츠코프 원수, 제1극동전선 군사위원 스티코프 상장, 제25군 사령부 군사위원 레베데프 소장, 제25군 사령부 정치고문 발라사노프 대좌 등은 북한정권 창출 '5인방'으로 불렸습니다"라고 증언했다.[1]

소련군 극동군구 사령부[2]와 평양의 제25군에는 대장을 비롯해 고위 장성들이 많았으나 일개 대좌가 '5인방'에 낄 수 있었던 것은 발라사노프 팀의 한반도 정세 분석 때문이었다. 이러한 분석에 따라 수립된 전략은 극동의 소련군 수뇌부를 좌지우지했고, 그 판단과 전략이 소련공산당과 외무성·국방성 수뇌부를 거쳐 최종적으로 '당 중앙'인 스탈린을 움직일 수 있었기 때문이다.

또 서울 소련영사관에 부총영사로 있던 샤브신(A. I. Chabchin)이 1946년 여름부터 평양의 발라사노프 팀에 합류해 핵심 역할을 담당한다. 샤브신도 외형상으로는 외교관이지만 소련 정보기관 소속 중좌로 1939년부터 서울 주재 소련 총영사관 부총영사로 있으면서 일제하의 한반도 정세를 모스크바에 보고하고 조선의 인텔리에게 사회주의의 우월성을 주입시키는 것이 주 임무였다.

샤브신의 부인이자 서울 주재 소련 총영사관 도서관장(소련 외무성 소속)이었던 쿨리코아(Kulikoa)는 "우리는 해방 후 모스크바 본부와 평양의 제25군사령부의 지령에 따라 박헌영·이승엽·이강국·김삼룡·오기섭·이주하 등 남북의 조선공산당 인사들을 지원하면서, 미군정과 이승만·김구 등 우익 진영의 동향을 파악해 보고했습니다. 샤브신은 박헌영과 거의 매일 만나 남북 문제를 협의했습니다"라고 증언했다.[3]

---

[1] 김이노겐치와의 인터뷰(모스크바, 1991.9.18).
[2] 1946년 초, 소련군 극동군 총사령부는 해체되고 제1·2극동사령부를 합쳐 극동군구가 됐다.
[3] 쿨리코아와의 인터뷰(모스크바, 1991.10.17).

이 밖에 모스크바의 정보기관에서 일하던 고려인 2세 김이노겐치와 남세명 씨 등이 긴급히 평양으로 날아와 발라사노프 팀에 합류한다. 초기에 소련이 북한 지역에서 소비에트화를 진행하는 과정에서 장성도 아니라 대좌에 불과한 발라사노프의 영향력이 어느 정도였는지는 당시 소련의 대외 정책 고문서에서 군데군데 나타난다.

체계 있는 소비에트화 위해 민정 담당 부사령관 신설

앞에서 기술했듯 소련군은 진주와 동시에 일본군의 항복과 행정권 이양을 완료하고 무장해제한 일본군·경찰관과 행정 수뇌급을 모두 억류하는 등 종래의 일제 세력을 철저히 제거했다. 그 뒤 북한 사회질서의 진공 상태를 메우기 위해서 민족주의적 토착 세력을 등용하지 않을 수 없었다.

이는 당시 북한에 공산주의 조직이 일천했고, 출옥한 공산주의자더라도 제대로 훈련받고 조직에서 활동하던 자는 거의 없었기 때문이다. 아울러 평안남도를 중심으로 기독교 기반이 오랫동안 확고했기 때문에 공산주의 세력으로 사회주의 혁명을 일거에 성취하기에는 기본 여건이 갖춰지지 않았다. 그래서 소련군정은 전략상 보수적인 민족주의 세력도 등용해 과도기적 체제를 갖출 수밖에 없었다.

이런 가운데 1945년 10월 17일 소련 외무성은 "평양주둔 제25군 사령부에 민정관리국을 창설하고, 11월 상순까지 조선의 민주적인 주민들 가운데 25~30명을 선정해 평양에 '북조선 민간자치 임시위원회'를 구성하라"라고 제25군 사령관 치스차코프 대장에게 지령한다. 이 지령은 소련 외무차관 로조프스키 이름으로 하달된다.

이에 앞서 소련군 제1극동전선 사령관실에서는 사령관 메레츠코프 원수, 제1극동전선 군사위원 스티코프 상장, 발라사노프[4] 등 3명이 머리를 맞대고 앉아 북조선의 현안을 심도 있게 논의한다. 이들은 지금까지 평양 주둔 소련군이 파악한 북조선 정세를 분석하고, 소비에트화를 체계적으로 진행하기 위해서는 북조선주둔 소련군정 사령부 내에 민정 담당 부사령관을 두고 민정 담당 부사령관 휘하에 소련 인민경제 각 분야 전문가들과 정치고문들로 구성된 업무기구를 창설하는 것이 시급하다는 데 의견을 같이했고, 이를 모스크바에 보고한다.

이 보고는 소련군 총참모장 안토노프와 총정치국장 쉬킨의 합의를 거쳐 소련공산당 정치국원 겸 외무장관 몰로토프에게 보고된다. 그리고 곧바로 승인이 떨어진다. 즉시 평양주둔 제25군 사령관 치스차코프 대장에게 지령이 하달된다. 지령은 소련이 제2차 세계대전 이후 동유럽에서 자신들의 위성국 정권을 세우면서 활용했던 소련 방식의 인민위원회 구성과 선거방법 등을 제시하고 있다.

로조프스키 외무차관이 치스차코프 대장에게 지령을 보낸 것은 1945년 10월 17일이었다. 북한 지역을 점령한 소련군은 그동안 평양의 군정 사령부에 이어 각 도·시·군에 위수사령부를 설치했고, 민족 진영 지도자 조만식에게 '전략적 협력'을 얻어냈으며, 박헌영이 이끄는 서울의 조선공산당 동향 등 남북 정세를 파악한 상태였다.

특히, 소련군은 원산항을 통해 비밀리에 입북한 김일성을 평양으로 불러 은밀하게 지방 순찰과 같은 정치활동을 시킨 후 '소련군 환영대회'에서 북한 주민에게 첫선을 보인 것을 시작으로, 수면 위로 부상시켜 정치 무대에 본격적으로 등장시켰다. 그리고 북한 지역 5도 인민대표자대회와 조선

---

4) 계급은 육군 대좌이지만 정보기관 소속이어서 각종 문건에 자신의 소속을 밝히지 않았다. 발라사노프는 동경 주재 소련대사관에서 근무했다. 그가 지도하던 제25군 사령부 직속 정치자문기구가 북조선에서 민주개혁을 실시하는 데 매우 큰 역할을 했다. 1946년 가을부터 발라사노프의 부관이 된 샤브신은 1939년부터 1946년 여름까지 서울 주재 소련 총영사관 부총영사로 근무했다.

공산당 북조선 조직국을 창설했다.

이때는 소련이 북한에 건설하고자 하는 공산주의 혁명의 '민주기지', 즉 위성 정권 창출을 위한 1단계 기초공사를 나름대로 이뤄놓은 시점이었다. 그 때문에 이 지령은 소련이 북한에 자신들의 위성 정권을 세우기 위해 평양주둔 소련군정에 민정기관을 두고, 소련에서 각 분야 전문가들을 불러들여 정치 체제를 구축해 민생 정책을 펴겠다는 전략이 담긴 첫 지령이다. 로조프스키 외무차관의 지령을 보자.

> 민간 자치 임시위원회는 각 도·시·군 자치활동을 임시로 지도한다. 그리고 리 인민위원회 위원장(촌장)과 면·군·시·도 인민위원회 위원 선거를 실시할 임무를 부여한다. 선거는 금년 11~12월 중에 실시한다.
> 민간 자치 임시위원회 내에 산업·농림·상업·재정·교통·체신·사법·교육·보건·보안 등 10개 총국을 둔다. 민간 자치 임시위원회와 10개 총국의 활동은 북조선주둔 소련군정 사령부의 상시적인 통제를 받아야 한다.

이 지령에 따라 1945년 11월 19일 북조선 5도 연락기관으로 '북조선 행정총국'이 평양에 설치됐다. 책임자는 평남 인민정치위원회 위원장인 조만식이 겸임했다. 로조프스키 외무차관의 지령은 계속된다.

> 임시위원회 내에 창설되는 행정총국에 대한 통제와 협조를 위해 북조선 주둔 소련군정 사령부 내에 민정 담당 부사령관 직책을 마련하라. 그리고 민정 담당 부사령관 휘하에 소련 인민경제 각 분야 전문가들과 정치 고문들로 구성된 업무기구를 창설하라.

외형상으로는 북한 인민 대표들로 구성된 임시 인민위원회가 행정총국을 관장하는 것처럼 하고, 실질적으로는 임시 인민위원회와 행정총국을 소련군정이 통제하겠다는 의도를 그대로 드러내고 있다. 인민위원회 체제에서 공산당이 인민위원회를 지배하는 소련식 스탈린 체제를 갖추고 있다.

이에 따라 평양주둔 제25군 사령부에는 직제에 없는 민정 담당 부사령관이 탄생한다. 소련군 제1극동전선 사령관 메레츠코프 원수는 극동군 총사령관 바실레프스키 원수와 상의해 북한 지역 대일 전투에 참여하지 않았지만 초기 평양에 들어와 군정을 돕고 있던 제35군 군사위원 로마넨코 소장을 소련군정 민정 담당 부사령관에 정식으로 임명한다. 당시 평양에서는 로마넨코를 민정사령관으로 부르기도 했다.

또 로조프스키는 "재무인민위원회와 소련 국립은행의 대표들로 구성된 권위 있는 위원회가 현지에서 조선중앙은행을 창설하고 이 은행에 차관을 제공하는 문제를 해결할 수 있도록 전권을 부여해 조선에 파견한다"라고 지령했다. 북한에서 정권 창출에 앞서 금융권 장악을 위한 조선중앙은행 설립을 예고하고 있다.[5]

이 지령에 따라 1945년 11월까지 소련군에서 경제의 모든 분야, 즉 공업·농업·수송·재정·통신 등의 전문가들과 교육·문화·보건·사법 분야 담당 전문가들이 입북해 로마넨코가 지휘하는 민정관리국 등에 배치된다. 이들 중에는 소련 거주 고려인들도 상당수 있었다. 특히, 공업 분야는 전문가인 코루쿠렌코 대좌 휘하에 야금학자, 과학자, 전기기술자, 지질학자 등이 포진돼 공장과 기업체 가동을 맡았다.

민정관리국은 모든 사업을 인민 정권기관인 인민위원회와 접촉해 실시했다. 민정관리국은 경제적인 측면만 지도한 것이 아니었다. 민정관리국 안에 지방주민부, 출판지도부, 교육·문화지도부, 보건지도부를 뒀다. 이들

---

[5] 로조프스키,「소련군 총참모장·총정치국장과 합의를 본 다음 몰로토프 외무인민위원에게 제출할 외무인민부위원의 지령 초안」(1945.10.17), 소련 대외정책 고문서 보관소(문서번호: F.0102, OP.1, D.5, L.L.7-8).

<그림 4-1> 북한정권을 창출한 소련공산당(볼세비키)과 소련군 체계도

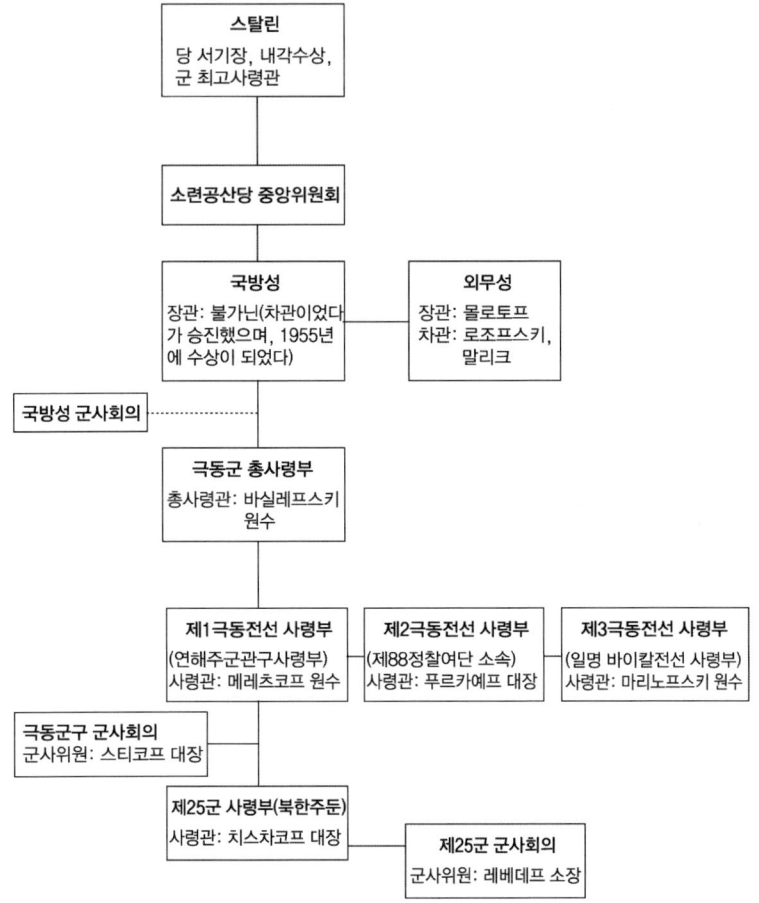

자료: 필자가 1991년 6월 모스크바에서 소련군 제25군 정치사령관 레베데프 소장, 제7호 정치국장 메크레르 중좌 등과 인터뷰한 내용을 토대로 작성.

부서 모두는 이그나치프 대좌의 지휘를 받았다.

1945년 9월에 이들 사업을 위해 소련 전문가 그룹과 함께 평양에 들어온 이그나치프 대좌는 중대 정치위원, 연대 정치국서기, 연대 정치위원, 사단

<그림 4-2> 북한주둔 소련군 제25군 체계도

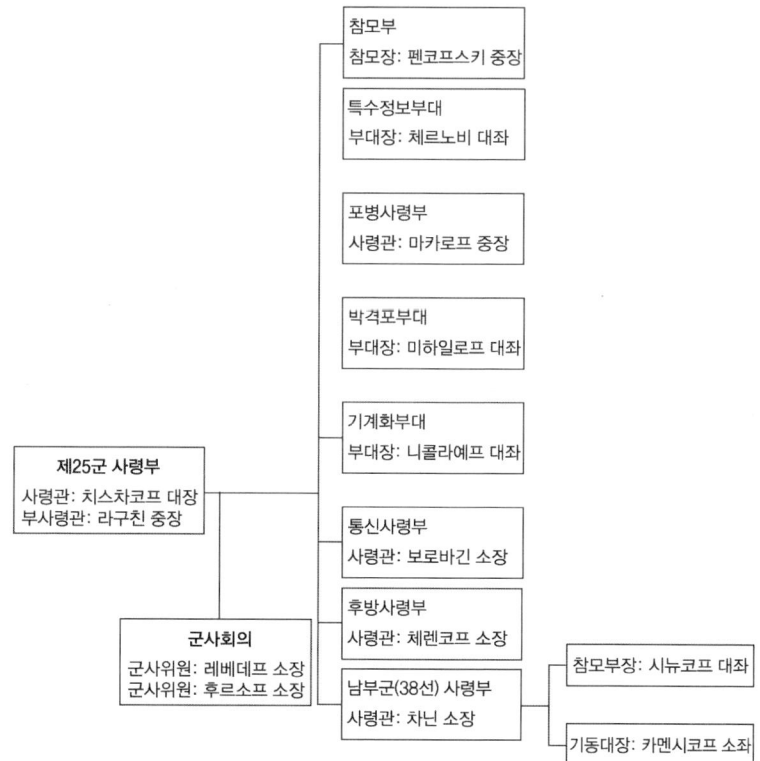

자료: 소련 국방성 군사연구소 연구위원이었던 플로토니코프 대좌가 필사한 비밀 문건인 「제25군 군사회의와 참모부」, 소련 국방성 중앙고문서 보관소(문서번호: F.379, OP.11419, D.8, L.6)를 토대로 작성.

정치부장, 군단 정치위원, 군 정치부장을 지내며 단련된 소련군의 정치장교이다. 그는 북한정권이 수립된 이후 예편해 평양 주재 소련대사의 고문으로 남아 일하다가 6·25전쟁 중 평양이 폭격될 때 사망했다.[6]

---

6) 이는 소련군정 정치사령관 레베데프 소장의 증언이다. 레베데프와의 인터뷰(모스크바, 1991.10.18).

<그림 4-3> 북한주둔 소련군정 사령부 조직도

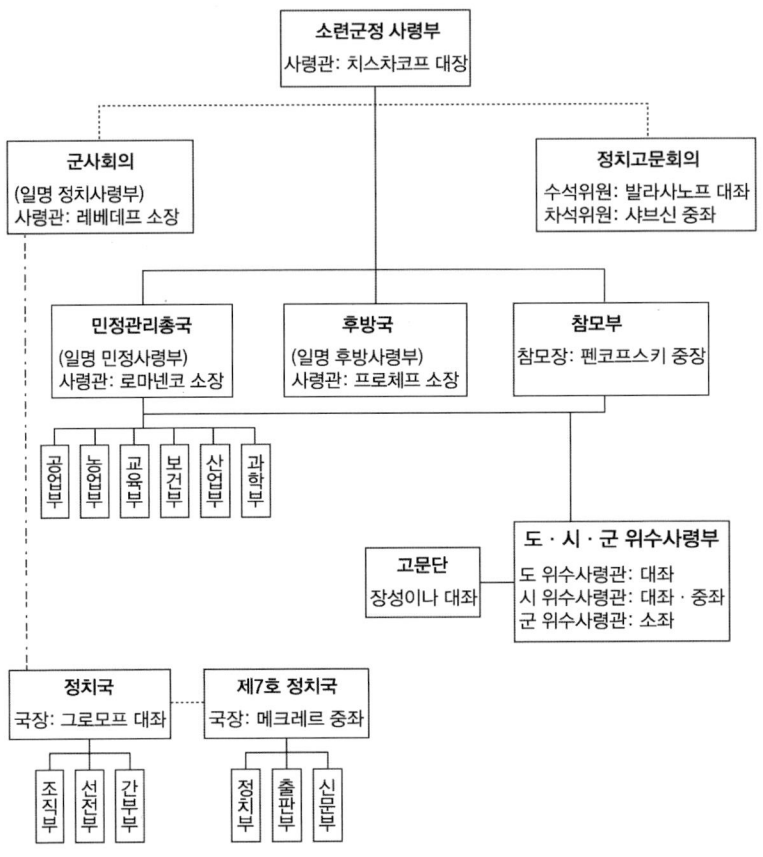

자료: 필자가 1991년 6월 모스크바에서 소련군 제25군 정치사령관 레베데프 소장, 제7호 정치국장 메크레르 중좌 등과 인터뷰한 내용을 토대로 작성.

소련군정의 고문정치

민정사령부와 위수사령부의 관계는 어떠했을까? 로마넨코 소장이 지휘하는 민정사령부는 각 도에 파견된 대좌급 고문들을 통해 위수사령부 활동을 지도했다. 민정사령관의 직속인 이들은 각 도에서 소련군정 사령부를 대표했다. 각 도에 파견된 고문들은 사단 정치부장, 군단 정치기관의 일꾼들로 치밀하게 짜여 있었다.

예를 들면, 평양에서는 군 참모부의 정치위원이었던 코로레프 대좌, 청진은 사단 정치부위원이었던 구레비치 대좌, 함흥은 사단 정치위원이었던 데민 대좌, 원산은 쿠주모프 대좌, 해주는 사단 정치위원 코뉴호프 대좌가 각 도의 고문을 맡았다. 고문들은 인민위원회의 지도사업을 각 도 위수사령부를 통해서 실시했다. 따라서 각 도 위수사령관은 고문에 예속돼 있었다. 말하자면 각 도 고문은 민정관리국의 지시를 받아 위수사령부와 인민위원회를 지휘하는 각 도의 군 최고 지도기관 역할을 했다.[7]

소련에서 온 고려인들, 김일성 전위대 역할

소련은 평양에 소련군정을 설치하면서, 소련 전역에 살고 있는 고려인 2·3세 가운데 대학 교육을 받은 정치·경제·정보·교육·기술·문화 등 분야별 전문가 56명을 모아 평양으로 보낸다. 이들은 초기에 제25군 사령부와 로마넨코 민정사령부, 시·도 위수사령부, 5도 행정총국 등에 배치돼 지휘관 통역과 북한 정세 파악, 소비에트화 전략 수행, 마르크스 - 레닌주의 교육과 치안 등을 맡는다.

해방 이후 소련의 명령으로 1945년 8월부터 1948년까지 모두 다섯 차례에 걸쳐 소련에 거주하던 고려인 전문가 428명이 북한에 급파됐다. '소련파'로 분류됐던 이들은 1948년 북한정권이 수립되기까지 당, 인민위원회, 군, 대학, 언론, 문화단체 등에서 핵심적인 역할을 담당한다. 그리고 북한

---

7) 같은 자료.

에 소련의 공산주의를 이식하고, 김일성이 권력을 장악하는 과정에서 전위대 역할을 한다.

1945년 9월 중순 평양에 들어간 박왈렌친(전 북한 외무성 제1부상)은 "치스차코프 대장, 레베데프 소장, 로마넨코 소장, 이그나치프 대좌 등 소련군정 지도자들은 소련 각 지역의 고려인 2·3세 전문가 그룹이 몇 단계로 나뉘어 입북할 때마다, 가장 먼저 '김일성이 장차 북한의 지도자가 될 인물이니 소련에서 나온 사람들은 모두 그를 도와 협력하라'고 지시했습니다. 대민 접촉할 때도 김일성을 부각시키라고 강조했습니다"라고 증언했다.[8]

이들 '소련파' 대부분은 북한정권 수립 후 평양에 잔류한다. 1950년대 말까지 북한정권에서 부수상, 장관, 당 간부, 차관, 교수, 사회단체장 등 고위직을 맡아 일하다가 숙청돼 지금까지 생사를 모르거나 소련으로 망명해서 한 많은 세월을 보내다 대부분 사망했다.

소련군정은 초기부터 '소련파'를 정부와 당, 각 사회단체의 부책임자에 앉혀 외형상으로는 부책임자이지만 책임자를 감시하면서 조직의 실권을 장악하게끔 했다. 이들 중에는 허가이·남일·박창옥 등 정치 지도자급 인사 10여 명도 포함돼 있다. 입국 시기별 재소 고려인 2·3세 그룹 주요 명단은 다음과 같다.

〈제1진〉
- 직접 무기를 들고 소련군에 소속돼 대일전에 참가한 고려인들 정률소련군 해병 중위, 문화성 부상, 최종학소련군 대위, 최홍국소련군 대위, 정학준소련군 군관, 최왈렌친소련군 상위, 최표덕소련군 중좌
- 적지인 조선에 파견돼 첩보 공작을 하던 중에 해방을 맞이한 소련 국적 고려인

---

8) 박왈렌친과의 인터뷰(모스크바, 1991.5.9).

이나 1945년 8월 29일 소련군 진주 때 평양에 도착한 고려인들 김원길, 박창옥, 이학룡, 한일무, 김성훈, 김찬, 강미하일소련군 소좌, 오기찬소련군 대위, 이봉길, 조기천시인, 전동혁시인, 김원봉, 김세일작가, 김성화, 박기호
- 김일성 부대와 함께 입북 이동화소련군 소좌, 김봉률, 유성철후에 인민군 중장, 인민무력부 작전국장, 박길남, 문일김일성 비서

〈제2진〉
- 1945년 11월 평양 도착(53명) 이준일, 박영빈노동당 간부부장, 김일, 박태섭, 허학철, 천율, 천의완, 박길용, 박춘, 김단, 엄승열, 한성천, 오표돌, 서호리스, 박태준

〈제3진〉
- 1945년 12월 입북 허가이내각 부수상, 노동당 중앙위원회 부원장, 박의완내각 부수상, 남일인민군 총참모장, 내각 부수상, 외무상, 김제욱군총정치국장, 노동당 평남위원장, 김승화내각 사무국장, 건설상, 기석복《노동신문》주필, 문화성 부상, 김찬재정성 부상, 조선은행 총재, 김열도당 위원장, 내각 사무국장, 방학세사회안전상, 최고재판소장, 박휘준내각 사무국장, 김영수도 인민위원회 위원장, 농업성 부상, 박영도당 위원장, 이동건외무성 부상, 허빈도당 위원장, 허익중앙당학교 교장, 김태영최고재판소 소장, 김동철최고재판소 부소장, 김학인재정성 부상, 정국록민주조선사 주필, 정전위원회 수석대표, 김철우인민군 군사위원, 천치억도로관리국장, 유도승산업성 부상, 김영삼전기성 부상, 박창식자강도 인민위원장, 고희만중앙당 부장, 임업상, 이춘백군정찰국장, 박덕환외무성 국장, 주소대사관 참사, 안동수사단 정치부장, 박일김일성대학 부총장, 김기석석탄관리국장, 장철인민군 후방국장, 김영태노동당 청년부장, 상업성 부상, 장남익김책공대학장, 현희안조소친선협회 기관지 주필, 이용석농업성 부상, 김춘삼내무성 부상, 엄일내무성 과장, 주광무내무성 예심처장, 전일38선여단 정치부장, 김만석내무성 비밀통신부장, 소장, 김영활최용

건 비서, 이희준내각 간부국장, 최철환내각 사무국장, 방춘걸최고인민회의 상임위 경리부장, 장이완국가계획위원회 부위원장, 박창옥내각 부수상, 군단 군사정치위원, 강상호내무성 부상, 정전위 수석대표, 장학봉인민군 군관학교장

⟨제4진⟩

- 1946년 여름 입북(36명) 장익환교육성 부상, 김동학최고검찰소 부소장, 박원무전기성 부상, 김파베르교육성 고등교육국장, 김학인내각 호위처장, 장주익과학원 서기장, 김혜경여성. 후방총국장. 장시우 비서, 김이노겐치건설성 부상, 정철우기갑여단장, 이문일조선통신사 사장, 남봉식방송위원회 위원장, 평양방송국장

⟨제5진⟩

- 1947~1948년 입북(80명) 박병률강동정치학원 원장, 오기홍체신성 부상, 박라오니드수송대 대장, 김칠성해군 참모장, 장돈야여성. 김일성대학 교수, 강소피아여성. 당 중앙학교 교수, 심수철인민군 간부국 부국장, 이황룡인민군 병기국장, 김용수출판지도국장, 박태준노동성 부상, 허익고급당학교장, 김택영사법성 부상, 박일영체코 주재 북한대사, 김광무역성 부상, 지용수군재정부국장, 남창섭내무성 경비국 정치부장

제25군 사령관 제7호 명령 발표 안 한 사연

소련 국방성 고문서 보관소의 극동군 파일 속에는 발표되지 않은 1945년 10월 10일자 「북조선주둔 소련 제25군 사령관 명령 제7호」 원본이 남아 있다.[9]

---

9) 북조선주둔 소련군 제25군 사령관 친위대장 치스차코프, 소련군 제25군 참모부장 친위중

A4 용지 크기 2장으로 된 이 명령은 서문에 "붉은군대는 만주와 북조선에서 일본군을 무찔렀다. 분쇄된 일본군은 항복하지 않을 수 없었다. 30여 년간 일제의 식민지였던 북조선은 해방됐다. 붉은군대는 침략자들을 물리치기 위해 북조선 땅에 들어섰다. 붉은군대는 조선에 소련식 질서를 확립하거나 조선 영토를 빼앗는 것을 목적으로 삼지 않는다. 북조선 인민들의 개인 재산과 사회 재산은 소련군정이 보호하고 있다"라고 적었다. 다음과 같은 명령 7개 항이 담겼다.

1. 일제 잔재를 완전히 숙청하며 민주주의와 공민의 자유 기초를 공고히 하는 것을 목표로 삼는 모든 반일 민주정당의 창당과 활동을 북조선 영내에서 허용한다.
2. 북조선 근로인민에게 직업동맹·보험은행·문화단체 등을 자유롭게 조직할 수 있는 권리를 제공한다.
3. 각종 종교단체의 의식을 허용한다.
4. 1항과 2항의 반일정당과 민주단체들은 당과 단체의 규약과 강령을 해당 지역 자치기관과 군사령관에게 등록하고 당과 단체의 지도부 명단을 제출해야 한다.
5. 북조선 내에 있는 모든 무장부대는 해체하되 무기, 탄약, 군사장비는 소련군정 사령부에 반납한다.
6. 인민들의 치안을 유지하기 위해 임시 지방위원회각 시·도 인민위원회를 지칭는 소련군정 사령부와 합의된 인원수의 경찰을 조직할 수 있다.

장 펜코프스키, 「북조선주둔 소련군 제25군 사령관 명령 제7호」(1945.10.10), 소련 국방성 중앙고문서 보관소(문서번호: F.234, OP.3213, D.524, L.L.160-163). 이 명령 문건 제목 밑에 "제1극동전선 군사회의와 국방성 차관 불가닌(N. A. Bulganin)의 승인 아래 발표할 준비가 되어 있다"라고 적혀 있으나, 이 명령은 발표되지 않았다는 메모가 표지 한 구석에 적혀 있다.

7. 북조선 인민들이 평화로운 노동을 계속하기 위해 공업·상업·공공기업 등의 정상적인 작업을 보장하며, 소련군정이 사회질서를 유지하도록 소련군정의 요구와 명령에 협조해줄 것을 호소한다.10)

이 명령은 치스차코프 사령관의 1호 명령에 비교하면 구체적이고 진행 중이거나 진전된 부분이 많다. 그런데 이 명령은 어째서 발표되지 않았을까? 그리고 발표되지 않은 명령 초안을 영구 보관으로 분류해 비밀 문건 파일 속에 둔 이유는 무엇일까? 그 이유는 소련군이 북한 지역에서 소비에트화를 진행하는 과정을 보면서 추론할 수밖에 없다. 우선 이 명령의 서문에서 "붉은군대는 조선에 소련식 질서를 확립하거나 조선 영토를 빼앗는 것을 목적으로 삼지 않는다"라는 부분이 눈에 띈다. 이 명령 가운데 정당과 단체 결성의 자유 등은 소련군의 소비에트화 프로그램에 따라 1945년 11월부터 제한적으로 보장됐다.

스탈린의 북조선 민주정권 창설 지령

북조선을 점령하고서 1개월가량을 보낸 평양의 소련군정 사령부는 나름대로 북조선 정세를 파악했다. 그리고 이를 토대로 준비해온 프로그램에 따라 차례대로 시스템화해 군정의 가닥을 잡아나갔다.

김일성의 입북을 전후해 평양의 소련군정 사령부는 급박하게 돌아간다. 무엇보다 급한 일은 북조선에 소련의 위성 정권을 창출한다는 큰 틀의 전략을 세우고, 장차 이 정권을 이끌어갈 지도자를 양성하는 데 있었다. 아울러 소련의 위성 정권과 지도자 양성의 토양이 될 정당과 사회단체를

---

10) 같은 자료.

▶ 1945년 겨울 평양주둔 소련 제25군 사령관 치스차코프 대장(왼쪽)이 소련군정 민정사령관 로마넨코 소장(오른쪽)등 참모들과 소련의 한반도 '민주기지' 설치를 논의하고 있다.

조직하는 과제도 시급했다.

이들 과제는 소련군 극동전선 총사령부와 평양의 군정 사령부 차원의 구상이 아니었다. 모스크바 크렘린궁의 소련군 최고사령관 스탈린의 지령이었다. 소련군 최고사령관인 스탈린 대원수는 1945년 9월 21일 "북조선에서 민주정당·사회단체들의 광범한 블록에 기반을 둔 부르주아 민주정권을 창설하라"라고 지령했다.

즉, 소련군이 북한을 점령한 지 한 달도 되지 않은 시점에서, 북조선에 자신들의 위성 정권을 세우겠다는 최고사령관의 확고한 의지를 주둔군 군정 사령부에 보낸 것이다. 이 지령은 지금까지의 우리 역사를 재해석해야 할 정도로 의미 있는 내용이다. 대부분의 우리 역사가 해석하는 것처럼 소련이 서울의 미군정 동향을 위시해 한반도 정세를 살펴가면서 북한에 자신들의 '민주기지'를 건설해간 것이 아니라, 점령 초기부터 북한만이라도 단독 정권을 세워 한반도의 '민주기지'로 키워가려 했다는 확고한 의지를 담은 '역사적인 지령'이라고 볼 수 있기 때문이다.

문제의 지령은 지금까지 단독 문건으로 드러나지 않았다. 다만 핵심 실력자인 소련군 총정치국장 쉬킨 대장이 외무인민위원(외무장관) 몰로토프에게 보낸 「북조선 정세에 대하여」라는 제목의 보고서 내용에 이와 같은 지령이 있었음을 확인할 수 있다.

이 보고서는 쉬킨 소련군 총정치국장이 몰로토프 외무장관에게 보고한 후, 1945년 12월 25일 외무인민부위원(외무차관) 로조프스키에게 같은 내용이 담긴 사본을 다시 보고한 것이다. 보고서는 특히 소련 국방성 비밀 문건 내용에서 이와 같은 지령을 내린 사람이 스탈린임을 보여준다.

쉬킨은 보고서에서 "1945년 9월 21일자 최고사령부의 지령에 언급된, 북조선에서 민주정당·사회단체 등의 광범한 블록에 기반을 둔 부르주아 민주정권 창설을 겨냥한 노선이 대담하게 관철되지 못했다"라고 강조하고 있다. 보고 과정이 흥미롭다. 소련군에서 막강한 실세인 총정치국장 쉬킨이 외무차관 로조프스키를 거치지 않고 곧바로 외무장관 몰로토프에게 보고했다. 이는 그만큼 이 문건이 중요함을 의미한다.

따라서 몰로토프는 소련공산당과 스탈린에게도 지령에 대한 결과를 보고했으리라고 짐작된다. 뒤늦게 로조프스키 차관이 어디에 보고하려던 것인지는 모르지만, 쉬킨에게 보고서 사본을 요청하기도 했다.[11]

---

11) 소련군 총정치국장 쉬킨, 「외무인민부위원 로조프스키 동지 앞」(1945.12.25), 소련 외무성 고문서 보관소(문서번호: N.200227).

소련공산당, 서울의 소련영사관에 "여운형에 대해 보고하라" 지령

"북조선에 민주정권을 창설하라"라는 스탈린의 지령이 떨어진 가운데 모스크바의 소련군 지도부는 평양의 소련군정 지도부에 "서울의 미군정 동향과 조선건국준비위원회 위원장 여운형에 대해 보고하라"라는 긴급지령을 하달한다.

이 지령에 따라 서울 주재 소련영사 폴리안스키(Polianski)는 1945년 10월 5일 A4 용지 5장 분량의 「미군정 동향보고서」를 작성해 평양의 소련군정 정치사령관 레베데프 소장에게 보고한다. 레베데프 소장은 이를 극동군 총사령관 메레츠코프 원수와 극동군구 군사회의군사위원 스티코프 대장, 극동군구 참모부장 크루치노프(Kruchinov) 중장 등 3명에게 보고한다. 이 보고서는 다시 메레츠코프 원수 등 3명의 이름으로 모스크바의 국방성 차관 불가닌 상급대장과 붉은군대 총참모장 안토노프 상급대장에게 보고한다. 이 보고서는 서울의 미군정과 여운형에 대해 다음과 같이 보고한다.

1. 미군은 군정기구를 강화했다. 과거 일정 때의 행정관리기구와 통치기구 모두가 남아 있다. 차이가 있다면 각 부처장이 일본인 대신 미군장교로 바뀌었다는 점뿐이다. 서울의 미군정은 아놀드 장군이 지휘하고 있다. 상공부, 교통 체신부, 철도 운수부, 농림부, 재정부 등 과거 일본 총독부 부처가 계속 활동하고 있다. 각 도에도 미군장교의 지휘하에 도청이 계속 활동하고 있다. 총독부나 도청 관리들은 예전 그대로이다.
2. 1945년 9월 15일자 신문에 따르면, 미국인들은 이승만 임시정부를 인정하지 않는다. 각 신문은 중국에 있는 임시정부 대표들이 참가하는 군사정권 집회가 10월 20일 진행될 것으로 보도한다.
3. 기업이 가동되고 있다. 이 기업들에서는 이전 기술자들이 계속 일하고 있다. 미국인들은 모든 전문가를 옛 자리에 그대로 두고 있다.

4. 각지에 철도가 정비·운영되고 있다.
5. 재정체계는 일정 때와 마찬가지이다. 조선은행이 발행한 은행권이 유통된다. 미국인들은 점령군 화폐를 발행하지 않았다.
6. 편집자동맹을 결성해 모든 신문을 미군정의 통제하에 뒀다. 1주일에 1번씩 군정 책임자 아놀드 장군이 편집자들을 모아놓고 어떤 문제를 보도해야 할지를 지시한다. 이외에도 군사검열제가 존재한다.
7. 모든 정당·동맹·사회단체들을 면밀히 등록시키고 있다.
8. 북조선 각지에서 오는 모든 사람들의 신분을 검열하고 있다.
9. 제24군단장의 지시에 따라 전체 일본군 병사가 (무기 없이) 일본으로 송환된다. 매일 4,000명씩 보낸다. 일부 일본군 포로병들은 가족들이 조선에 있는 경우 놓아준다. 소문에 따르면 남조선에서는 일본군 병사들이 아직 무장해제되지 않았으며, 부산을 제외하고는 미군이 없다고 한다.
10. 방첩특무기관은 모든 기관과 기업에서 반미감정을 품은 사람들을 검사하는 작업을 펴고 있다.
11. 군인들과 기술장비를 실은 상륙용 화물선이 인천항에 계속 들어온다. 1945년 9월 29일 인천항에는 배수량이 3,000~4,000톤 되는 상륙용 군함 35척이 들어왔고, 배수량 2만 톤의 순양함 2척, 배수량 8만 톤의 수송선 8척, 의료선 2척이 있다. 부두에는 상륙용 군함 3척이 있고 나머지는 돛을 내리고 있다.
12. 아놀드 군정 사령관은 9월 23일 편집자회의에서 "나의 임무는 가까운 시일 안에 조선을 자유롭게 하는 데 있다. 조선 인민은 군정의 지휘하에 일해야 하며, 군정의 영향하에 자신의 활동을 전개해야 한다"라고 말했다. 미군은 출판·신앙·언론·집회의 자유를 허용한다. 그러나 일부 신문은 조선인에게 불리한 기사를 쓰고 있다. 예를 들어, 일본인과 조선인 간 적대관계가 높아지면서 일본인들을 종전 직책에서 해고하라는 요구가 거세지고 있지만, 일부 신문은 일본인들을 기본 직책에 남겨둘 것을 요구

한다. 또 조선인들은 소동을 일으켜서는 안 되며 조선인과 일본인 간에 차이를 둬서는 안 된다고 쓰고 있다.

이어 이 보고서는 A4 용지 2장 분량으로 여운형에 대해 보고하고 있다. 「조선건국준비위원회 위원장 여운형 평정서」라는 제목으로 된 이 보고서 내용은 다음과 같다.

  남경대학을 졸업했다. 1921년 상하이에서 수립된 임시정부의 외무상이 됐다. 1921년 치타소련 회의에 참석했다. 같은 해 모스크바에 가서 레닌을 만났다. 1929년까지 상하이에 있었다. 1924년 여름 상하이에서 일본경찰에 체포됐다. 조선에 끌려가 징역 3년을 구형받아, 1년 반 동안 감옥생활을 했다. 1931년부터 1933년까지 ≪중앙일보≫ 편집자로 있었다. 1933년 이 신문은 일본에 불리하다는 이유로 일본에 의해 폐간됐다. 그때부터 한동안 아무 활동도 하지 않고 서울에 살았다. 1944년부터 일본이 심각한 참패를 거듭하자 그는 혁명운동에 참가하기 시작했다. ≪건국동맹≫이라는 신문을 창간했다. 이 신문은 ① 민족통일전선을 창설하고, ② 연합국들, 특히 소련과 손을 잡고 일본제국주의와 독일 파시즘을 반대하는 투쟁을 전개하며, ③ 민주정부를 수립한다는 강령을 세웠다. 그가 이끄는 건국동맹에는 약 50명이 있었다.
  1945년 8월 15일부터 전 조선총독부 아베의 위임에 따라 조선건국준비위원회를 지도했다. 이 위원회는 오늘날까지 존속되고 있다. 그러나 그의 활동은 미국인들에 의해 제한된다.
  여운형은 자신을 공산주의자라고 여기고 있다. 그는 1945년 9월 15일 공표된 정부 구성에서 조선인민공화국 부주석부통령을 차지한다. 조선공산당 중앙위원회 박헌영 서기와의 회담에서 그는 "모든 사람들이 자신을 의심하기 때문에 일을 할 수가 없다"라고 했다. 서울 주재 소련총영사와 만나 이야기를 나누기를 원하고 있다. 그는 박헌영에게 "미국인들은 조선에서 일본인처럼 일하고 있다. 조선은 소련의 지도하에 있어야 한다"라고 말했다.12)

평양에 소련군정 사령부를 설치한 지 불과 한 달여 남짓밖에 되지 않은 시기에, 모스크바의 소련군부가 서울의 여운형에게 깊은 관심을 기울이고 있었다는 사실은 매우 주목할 만한 대목이다. 이 비밀 문건을 입수한 것이 레베데프 소장이 사망한 후였기에 구체적인 배경을 밝혀내지 못했다. 그러나 이후 해방 정국에서 여운형과 소련군정, 여운형과 박헌영·김일성의 관계 등에 대한 배경을 읽을 수 있는 하나의 단초로 볼 수 있는 문건이다. 또 이 문건에서 박헌영이 당시 서울 주재 소련 총영사관과 내밀하게 대화하고 있었음을 알 수 있다.

스탈린 동지 귀하 '북조선 정세 보고'

소련군 총정치국장 쉬킨 대장의 '북조선 정세 보고'는 뒤에서 상세하게 다루기로 하고, 스탈린의 지령이 떨어진 1945년 9월 21일로 돌아가보자.
문제의 지령에 따라 소련군 극동 총사령부는 물론 국방성 총정치국과 소련공산당 중앙위원회도 비상이 걸린다. 평양의 소련군정 사령부는 즉시 정당과 사회단체 조직에 착수한다.

---

12) 폴리안스키·메레츠코프·스티코프·크루치노프, 「국방인민위원회 부인민위원 불가닌 상급대장, 붉은군대 총참모장 안토노프 상급대장 앞, 조선건국준비위원회 위원장 여운형 평정서」(1945.10.5), 소련 국방성 중앙고문서 보관소(문서번호: F.234, OP.3213, D.524, L.L.127-131). 이 문서에는 폴리안스키(서울주재 소련총영사관 총영사)가 작성했고, 연해주군구 사령관 소련원수 메레츠코프, 연해주군구 군사참의회 위원 대장 스티코프, 연해주군구 사령부 참모부장 중장 크루치노프가 보고했다고 적혀 있다.

소련군 총정치국 제7호 총국 부국장 사포주니코프(B. Sapojunikov)는 1945년 11월 5일 소련공산당(볼셰비키) 중앙위원회 정치위원 겸 국제 담당 비서(국제공산당 당수) 디미트로프(G. M. Dimitrov)에게 극동군 사령부 정치국 보고에 근거를 둔 '조선 정세에 관한 보고'를 한다. 9월 21일자 스탈린의 지령에 따른 진행 과정을 중간 보고하는 성격이다. 사포주니코프의 조선 정세 보고를 보자.

> 1945년 10월 6일 평양에서 북조선 5도 공산당 조직위원회 회의가 진행됐다. 회의에서는 다음과 같은 부서들로 구성된 조직국이 창설됐다. 즉, 선전부, 조직부, 산업부, 농업부부장 김책, 기술부사무부 등이다. 이 밖에 정시주·정화·김웅기 등으로 구성된 검열위원회가 조직됐다.
> 조직국 제1비서서기장에는 김용범이, 제2비서에는 오기섭이 선출됐다. 그리고 조직부장에는 김일성이 선출됐다.
> 김용범은 1925년에 6개월간 소련 정치일꾼 강습소에서 공부했고, 1925년부터 1927년까지 만주에서 공산당 사업을 했으며 1927년부터 1931년까지 모스크바 동방근로자 공산대학(박헌영도 1929년부터 1931년까지 이 대학에서 수학)에서 공부했다. 그 후 조선과 만주에서 공산주의 운동을 했다. 오기섭은 1925년부터 조선공산당 당원으로 지하활동을 했고 1932년 모스크바 동방근로자 공산대학을 졸업했다.

북조선에 최초로 공산당을 조직했다는 보고서이다. 그러나 스탈린으로부터 장차 북조선의 지도자로 낙점받은 김일성을 제1비서가 아니라 조직부장에 앉힌 이유와 배경을 설명하지 않고 있다. 이에 대해 소련군정 정치사령관이었던 레베데프 소장은 "김일성을 곧바로 제1비서에 앉히자는 주장도 있었으나 그러기에는 시기상조였습니다"라며 "김일성의 희망을 뿌리치고 당분간 당 조직을 챙길 수 있는 조직부장에 앉힌 것"이라고 회고했다.

아직까지 누가 어떤 인물인지를 믿을 수 없는 상황에서 과거 소련에서 공산주의 교육을 받고 지하에서 공산주의 운동을 했던 김용범과 오기섭을 초기에 중용한 속사정이 엿보인다. 소련군 총정치국 제7호 정치국 부국장 사포주니코프의 조선 정세 보고는 계속된다.

조직위원회 회의에서는 당 정치노선과 규약 초안, 유일당증 실시 문제가 심의됐다. 서울에서 온 조선공산당 중앙위원회 중앙위원 권오직은 남조선의 공산당 당원이 3,000명(그중 서울은 342명)이 넘는다고 말했다. 서울에서 공산당 신문 ≪해방≫이 5만 부 발행되고 있다고 한다. 근간에 ≪공산당원≫이라는 잡지 출간에 착수할 예정이다.

남조선에서 공산당은 공산주의 단체들에 대한 미군정의 탄압으로 사실상 반지하 상태에 놓였다. 박헌영과 공산당 중앙위원회는 아직도 명확한 행동강령이 없다. 중앙위원회는 소련공산당볼셰비키 중앙위원회와 붉은군대 당 기관을 통해 조선공산당을 도와줄 것을 소련군정 사령부에 요청해왔다.

또한 조선공산당 중앙위원회는 남조선에서 공산당을 합법화하는 문제를 조정해줄 것을 요청한 한편, 소련과 미국 사이의 관계를 악화시키지 않으려면 어떻게 사업을 진행해야 할지에 대한 지시를 요청했다.

박헌영은 1945년 10월 6일 소련군정 사령부에 보낸 서한에서 이영 등 분열주의자들이 계속 폭동을 선동하고 있다고 보고하고 있다. 이영의 서울 도착 이후 활동에 대해서는 아직 아무런 소식도 없다.

정세 보고는 남조선공산당의 상황에 눈길을 돌리고 있다. 박헌영이 소련군정에 지원을 요청하고 있고 이영과의 관계를 공식 서한으로 보고한 점 등이 그대로 드러난다. 특히, 박헌영은 서울의 조선공산당이 초기부터 미군정의 탄압으로 활동에 한계를 느끼고 있다고 호소하며, 소련과 미국 사이의 관계가 악화되지 않도록 지침을 기다리고 있다. 박헌영은 평양의 소련군정에 이와 같은 호소를 하기에 앞서, 자신의 '지원자'인 서울 주재 소련영사관 부총영사 샤브신과 상의했을 것으로 보인다. 사포주니코프 부국장의 조선 정세 보고를 계속해서 보자.

> 북조선에서는 공산당 외에도 김재민이 지도하는 부르주아 민주당이 활동하고 있다. 이 당의 강령은 조선의 전 민족적 통일과 민주주의 사회 건설, 일제와 친일파 토지 국유화, 토지의 농민 분배, 기간산업 기업들의 국유화, 진반직인 8년세 의무교육 실시 등을 규성한다.
>
> 남조선 공산청년동맹 단체들은 그 회원 수가 많지 않으며, 청년들이 광범위한 민주계층에 의지하고 있지 않다. 1945년 11월 초에 광범위한 민주청년 동맹을 결성하기 위해 북조선 청년 대표자 회의가 소집될 예정이다.
>
> 북조선에는 소련군의 조선 해방에 감사하는 '붉은군대 감사협회'가 조직됐다. 과학자·교원·배우·변호사·성직자 등이 임원으로 포함돼 있다. 협회 회장에는 기술학교 교장비당원·무소속과 공산당원 김원근이 임명됐다. 협회는 조선 인민의 정신생활에서 일제의 잔재를 청산하고 새로운 민주주의 문화를 창조해 소련 인민들의 생활을 연구하고 소련과 조선, 양국 인민 간 친선을 강화하는 것을 목표로 삼는다.13)

소련군정이 본 초기 남북조선공산당

소련 대외정책 고문서 보관소에서 찾은 비밀 해제 문건 중 흥미로운 보고 파일이 또 하나 있다.14) 보고 파일 내용은 다음과 같다.

---

13) 소련군 총정치국 제7호 총국 부국장 사포주니코프, 「소련공산당 중앙위원회 디미트로프 동지 앞」(1945.11.5), 소련공산당 중앙위원회 고문서 보관소(문서번호: 74915 29/86).

해방되기 전 조선의 대도시에는 공산당임을 자칭하는 분산된 단체들이 있었다. 이들을 기반으로 1945년 8월 이후 조선의 이남과 이북에서 공산주의 단체들이 형성되기 시작했고, 이들이 합쳐진 것이 조선공산당이다.

오랫동안 일본 식민주의 통치를 반대해 헌신적으로 싸워왔고 엄혹한 정치적 투쟁과 험난한 시련을 겪은 인사들이 조선공산당의 조직자가 됐다. 예를 들어, 첫 공산주의 단체는 직업적 혁명가이자 지하운동가 오기섭에 의해 함흥에서 창립됐다.

오기섭은 일찍이 1919년부터 반일혁명 투쟁의 길에 나섰다. 그는 17세의 나이에 혁명의 길에 들어서 조선에서 일제를 쫓아내는 그날까지 물러서지 않았다. 그는 두 차례에 걸쳐 1926~1929년, 1932~1942년 13년 동안 감옥에서 생활하다가 소련군대가 북조선에 들어온 후 지하에서 나왔다. 그는 조선공산주의 운동의 저명하고 공적이 있는 인사로서 1945년 10월에 북조선공산당 중앙위원회 조직국 제2비서가 된 데 이어 1946년 4월에는 북조선 임시인민위원회 위원으로 선출됐다.

1945년 8월 원산에서도 열렬한 반일 애국투사 이주하에 의해 원산시 공산주의 단체가 결성됐다. 이주하는 1928년부터 공산당원으로 활동했다. 혁명 활동으로 인해 두 차례에 걸쳐 5년 동안 감옥에 있었다. 1945년 9월 이주하는 조선공산당 중앙위원회 정치국 위원으로 선출됐고, 그 후 남조선 민주주의민족전선 상임위원회 위원으로 활동했다. 그는 1946년 9월 남조선 주둔 미군정 사령부의 명령으로 민주 운동을 지도했다는 죄로 체포돼 1946년 12월에 징역 7개월을 선고받았다.

---

14) 「북조선 정당·사회단체 조사보고서」, 소련 대외정책 고문서 보관소. 보고서 내용을 분석한 결과 1945년 9월부터 1946년 12월까지 여러 차례 보고된 것으로 보이는 소련공산당 중앙위원회 북조선 자료 파일이다. 남북의 조선공산당에 대한 상세한 내용이 담겼다. 이 파일은 보고자를 밝히지 않은 점 등으로 미루어 정보기관 소속 평양주둔 소련군정 사령부의 정치고문 발라사노프 팀이 작성한 것으로 보인다.

남조선에서는 혁명과 민족해방 운동의 가장 저명하고 재능 있는 지도자 박헌영이 공산당 지도자가 됐다. 그는 일찍이 1919년부터 혁명 활동을 시작했다. 그는 조선 인민의 민족해방혁명투쟁을 지도했다는 죄로 수차례 검거 투옥돼 모두 10년간 감옥에서 생활했다.

일본이 항복할 무렵에는 조선에 노련한 공산당 활동가는 수십 명밖에 남지 않았다. 그러나 그들은 조선공산당을 복구하는 데 크게 기여했다. 북조선에서 1945년 10월에 벌써 5개 도에서 공산당 도당이 결성됐다.

남북조선에서의 공산당의 뿌리와 그 지도 그룹의 신상을 개괄적으로 다루고 있다. 당시 북조선의 공산당 지도자로 부상된 오기섭과 이주하에 대해 관심을 둔 흔적이 있다. 보고 파일의 내용은 계속된다.

1945년 8월, 일본이 패망하기 직전 서울에서 공산주의 그룹들이 뭉쳐서 '스탈린 그룹재건파'이라는 단합된 공산주의 단체를 결성했다. 이 그룹은 지방과 연계되지는 않았다. 1945년 8월 15일 '스탈린 그룹'은 공산당으로 개칭해 박헌영과 이영을 수위로 한 중앙위원회를 선출했다.

얼마 지나지 않아 중앙위원회 내 조직 구성, 현 시국 상황에 대한 평가, 조선공산당의 과업 문제를 놓고 의견 대립이 벌어졌다. 1945년 8월 20일 박헌영의 제의로 중앙위원회는 자체적으로 해산했고, 조선공산당 창건 준비위원회 결성에 관한 결정을 내렸다. 그리고 준비위원회 위원장으로 박헌영이 선출됐다. 공산당 창건 준비위원회는 '서울 그룹'이라고 불렸다.

이영을 수반으로 하는 중앙위원회 소수 위원들은 이러한 중앙위 결정에 동의하지 않았다. 이영은 자기 그룹을 새로운 일부 위원들로 보충해 중앙위원회라고 부르고, 자신을 조선공산당 중앙위원회 총비서라고 불렀다.

박헌영의 제의로 두 그룹을 통합하는 데 관한 회담이 시작됐으나 이영의 비타협적인 자세 때문에 성과를 거두지 못했다. 그러자 창건 준비위원회는

1945년 9월 스스로 공산당이라고 부르고 박헌영을 수반으로 한 중앙위원회를 선출했다.

이와 같이 남조선에는 자신들의 당파를 공산당이라고 부르며 각기 자체 중앙위원회를 가진 두 개의 그룹이 형성됐다. 이 두 그룹, 두 중앙위원회는 자신만의 조직과 정치노선을 갖고 있었다.

보고 파일은 해방과 동시에 치열했던 공산당 그룹의 헤게모니 싸움을 적고 있다. 소련군정 정치 사령관 레베데프 소장과 극동군구 정치총국 제7호 정치국장 메크레르 중좌가 "초기 남북 공산당을 지도하는 과정에서 종파주의 때문에 큰 골머리를 앓았습니다"라고 밝힌 회고를 뒷받침하는 대목들이다.15) 다시 보고 파일의 내용을 살펴보자.

서울의 박헌영이 지도하는 그룹의 정치 노선은 1945년 8월 20일에 발표된 「현 정세와 우리의 과업」박헌영 그룹에서는 이를 '8월 테제'라고 불렀음이라는 호소문에 언급돼 있다. 이 호소문은 다음과 같이 적고 있다.

"오늘날 조선은 부르주아 민주혁명 단계에 놓여 있다. 가장 중요한 임무는 다음과 같다. 일본 제국주의로부터 나라의 완전 독립을 쟁취하고 토지 문제를 해결할 수 있는 정권을 수립해야 한다. 토지 문제를 해결하지 않고는 봉건 잔재를 숙청할 수 없기 때문이다.

민족반역자 등에게서 땅을 몰수하여 땅 없는 농민들에게 분배해야 한다. 그리고 혁명단체들의 합법적 권리, 공산당이 국정 운영에 참여할 권리를 쟁취하는 것이 중요하다. 8시간 노동제를 실시하고 인민대중의 생활을 급속하게 전변하기 위해 투쟁해야 한다. 일본 식민주의자들에게서 땅과 산, 산림, 공장, 기업소, 운수 수단, 우체국, 은행 등을 몰수해 국유화해야 한다.

---

15) 레베데프와의 인터뷰(모스크바, 1991.10.18), 메크레르와의 인터뷰(모스크바, 1991.6.15).

국비로 의무교육을 실시해야 한다. 정치·경제 분야에서 여성의 지도적 역할을 높여야 한다. 소득세 제도를 실시해야 한다. 조선의 자주독립을 수호하기 위해 군대를 창설해야 한다.

조선공산당 중앙위원회는 조선공산당이 가급적 빠른 시일 내에 노동계급과 농민의 진정한 지도자로서 인민 앞에 나서야 한다고 생각한다. 때문에 공산주의자들은 통일된 조선공산당을 창건하기 위해 모든 힘을 경주한다. 이것이 현 시기 가장 선차적이며 중요한 과제이다. 우리는 종파 운동을 그만두고 조직적·비소식적 군중과 섭촉해 우리 편으로 끌어들여야 한다."

박헌영의 유명한 '8월 테제' 내용이다. 모스크바에서 만난 전 서울 주재 소련영사관 도서관장 쿨리코아는 "향후 소련이 북조선을 소비에트화하는 과정에서 참고가 됐다는 말을 남편 샤브신에게 들었습니다"라고 회고했다.

그는 특히 "당 중앙스탈린이 박헌영의 8월 테제를 보고 '이 동무의 노선이 옳다'고 할 정도로 조선의 실정에 맞는 민주개혁 프로그램이었습니다"라며 "소련군정의 민주개혁 프로그램은 동유럽 여러 나라에서 경험한 것을 토대로 하여 8월 테제에서 지적한 조선의 상황을 충분히 반영한 것"이라고 회고했다.16) 자료 파일의 내용을 계속해서 살펴보자.

이영 그룹은 자체 중앙위를 조직해 혼돈스럽고 정치적으로 그릇됐으며, 때때로 도발적인 강령을 내놓았다. 이 그룹은 제2차 세계대전은 파시스트 국가들과 민주국가들 사이의 전쟁이었던 것이 아니라 사회주의 세력과 자본주의 세력 간의 전쟁, 즉 계급전쟁이었다고 주장했다.

이영과 그의 지지자들은 좌경을 범하고 있다. 그들은 일본 패망 이후 조선 공산주의자들은 사회주의 혁명과업을 수행하기 위해 싸웠어야 한다고

---

16) 쿨리코아와의 인터뷰(모스크바, 1991.10.17).

주장했다. 그들은 조선공산당이 지하에 있으면서 무장봉기를 위한 간부를 양성할 것을 요구했다.

북조선에 있는 이영의 동조자들은 소련군대가 오자 공장과 기업소들을 점령하고, 기업소에서 노동자들의 통제를 실시하며, 인민위원회를 공산주의자들로만 구성하는 등 소련에 수립된 것과 똑같은 정권과 질서를 조선에서도 수립하려고 시도했다.

일부 군에서 그들은 무장부대를 조직해 자신을 반대하는 자들을 체포해 처벌했다. 이영 그룹은 조선에서 정치적으로 해롭고 중상적인 유인물을 찍어서 뿌렸다. 예를 들어, '용감하게 전진하자'라는 유인물에는 "코민테른 국제공산당 해체 이후 지도와 연락 문제 일체를 소련공산당이 담당했다. 그중 조선 문제도 소련공산당이 맡아보고 있을 것이 분명하다. 소련에 있는 공산당원들과 관계있는 일부 동지들은 자신을 '청류'라고 불렀고 또 다른 사람들은 자신을 '탁류'라고 불렀다"라고 적혀 있다.

이영 중앙위원회 선전부에서 발간한 '박헌영의 종파 활동을 프롤레타리아 앞에서 폭로하자'라는 유인물에는 박헌영과 그 지지자들에 대한 허위와 중상이 실려 있었다. 유인물은 박헌영을 '간악한 종파 분자'로, 그의 동지들을 사회개혁주의자, 종파주의자, 인민대중의 기만자로 묘사하고 있다.

이영 그룹이 발간한 '당 개편을 반대하는 행동 통일에 대하여 노동자 농민들에게 보내는 성명'이라는 유인물에서는 박헌영 지지자들을 반혁명 분자로 불렀다. 이 비방 중상 유인물은 다음과 같은 구절로 끝을 냈다. "종파 악당들아! 너희들은 자신을 속일 수 있어도 절대로 현명한 인민을 속일 수 없다는 것을 알아야 한다."

이영은 이처럼 '현명한 인민'에게 호소했지만 광범한 인민 대중의 지지를 받지 못했다. 그들의 모험주의적인 강령과 활동, 그리고 박헌영을 수반으로 하는 조선공산당 중앙위원회 주위에 뭉친 조선의 애국자들에 대한 악랄한 비방 중상은 조선공산주의자들과 자각적인 비당원·노동자·농민·인텔리를 멀어지게 했다. 이영 그룹은 대중 속에서 점점 더 영향력을 잃게 됐다.

보고 파일은 조선공산당 주도권을 놓고 박헌영과 치열하게 싸운 이영의 종파주의와 노선의 오류를 적나라하게 지적하며 비판하고 있다. 이러한 내용이 계속 이어진다.

이와 반대로 박헌영 지지자들은 인민 대중 속에서 신망과 정치적 영향력을 강화했으나. 박헌영이 시노하는 중앙위원회는 지방자치단체 창설을 위해 각 도에 전권 대표를 파견했으며 새로 조직된 노동자·사무원 노조, 농민동맹, 청년동맹에 공산당원들을 보냈다.

1945년 8월과 9월에 남조선 각 도에는 도당위원회가 창설됐다. 도시와 기업소들에 공산당 세포가 조직됐다. 1945년 10월 박헌영을 수반으로 하는 중앙위원회에 소속된 남조선공산당 단체의 구성원은 약 3,000명이나 됐다. 서울에서 조선공산당 중앙위원회 기관지 ≪해방≫과 ≪공산당원≫이라는 잡지가 발간되기 시작했다.

박헌영은 북조선 도당단체들과 연계를 맺었다. 이 도당단체들은 박헌영이 지도하는 공산당 중앙위원회에 복종할 것이며, 이영 중앙위원회를 인정하지 않는다고 선언했다.

10월 초에 이영이 자기 당 중앙위원들을 거느리고 평양에 왔다. 북조선당 지도일꾼들과 일련의 회의를 진행한 끝에 이영과 그를 수행한 중앙위원들은 강령적으로나 조직적·전술적 문제에 대한 자기들의 견해가 그릇됐음을 인정하지 않을 수 없었고, 박헌영을 수반으로 하는 공산당 중앙위원회를 인정한다고 선언했다.

이영과 그 일당은 서울에 돌아가서도 얼마간 조선공산당 중앙위원회와 박헌영에 반대하는 투쟁을 계속했으나, 대중의 지지를 잃은 이영은 자기의 이른바 중앙위원회를 해산하지 않을 수 없었다. 그는 결국 박헌영을 수반으로 하는 조선공산당 중앙위원회에 위원으로 가입했다.

　그러나 그 이후의 사실이 보여주는 것과 같이 이영과 그의 일부 지지자들은 말로만 자신들의 정치적 오류를 시인했으며 조선공산당에 입당한 것도 오직 유리한 기회를 타서 당에 반대하는 투쟁을 하려고 들어간 것이다.

　이와 같이 1945년 8~9월 사이 조선에서는 박헌영을 수반으로 하는 단일한 중앙위원회를 가진 공산당의 조직적인 창건이 완결됐다.

보고 파일은 이처럼 박헌영의 노선이 바른 방향이라는 점과 그에 대한 인민들의 신망과 그의 정치적 영향력을 적시하며 박헌영에게 조선공산당의 정통성을 부여하고 있다. 보고 파일은 계속된다.

　남북조선에 여러 정치적 상황이 조성되고 남북조선이 38도선으로 급격히 분단돼 대립하자, 북조선공산당 단체들은 조선공산당 중앙위원회에 복종하는 자체 당 지도부를 조직하지 않을 수 없었다. 1945년 10월 1일 북조선 도당 비서들과 당 지도일꾼 회의가 열렸다. 이들은 북조선 당 단체들을 지도하는 조직국을 창설하되, 이 조직국이 박헌영을 수반으로 하는 조선공산당 중앙위원회에 복종하게 할 것을 제의했다.

　1945년 10월 13일 평양에서는 북조선공산당 대표자 회의조선공산당은 이 대회를 북조선 5도당 책임자 및 열성자 대회라고 불렀음가 열렸다. 이날 회의에는 69명의 대표자가 참석했다. 대표자 회의는 다음과 같은 4개 항의 문제를 심의했다.

　1. 일본인과 민족반역자 소유 토지 몰수에 대하여.
　2. 산업과 상업에 대하여.
　3. 당내 현황과 공산당원들의 과업에 대하여.
　4. 북조선공산당 중앙위원회 조직국 선거.

소련군정 정치사령관 레베데프 소장은 "심의에 들어간 4개 항 모두 소련군정 정치사령부의 기획·연출이었지만 외형상으로는 북조선공산당 대표자회의였습니다"라고 회고했다. 파일 내용을 계속해서 보자.

토지 문제는 가장 중요한 문제로 신속한 해결이 요구된다. 조선 농촌의 봉건 소작 제도는 조선 농민들의 처참한 빈궁의 원인으로서 전체 인민경제 발전에 장애가 됐으며 북조선의 금후 민주화에 지장을 주기 때문이다. 대표자 회의에서는 토지 문제와 관련해 다음과 같은 결정을 내렸다.

1. 일제와 민족반역자 등이 소유한 땅을 몰수해 농민들이 가꾸도록 나눠준다. 이때 농민 가정의 노동 능력자 수에 따라 분배한다는 원칙을 따른다.
2. 일제에 속한 산림·호수·하천은 농민들이 자유로이 사용할 수 있도록 넘겨준다. 그리고 행정권은 지방자치기관에 이양한다.
3. 일본 제국주의자들과 민족반역자 등의 수중에 있는 사용 가능한 토지 개량 시설을 몰수해 농민경리나 인민 자치기관에 넘겨 공동으로 사용하도록 한다. 관개 및 토지개량 시설을 소유하고 있는 조선 지주들은 수도 사용료를 지불한다. 요구액은 농민 및 인민위원회와 상의해 상급기관에 보고한다.
4. 몰수한 땅의 임대료를 농민들에게는 현물 30%로 조정해, 나머지 70%는 농민들이 갖도록 한다. 임대료는 지역인민위원회에 납부한다.
5. 지역 조건과 토양에 따라 임대료의 30% 범위 내에서 수정이 가해질 수 있게 하되 결정은 농민 및 인민위원회가 내린다. 그리고 이 결정을 상급기관에 제출해야 한다.
6. 조선 지주의 땅 임대료는 현물로 30%로 정한다. 세금은 지주가 지불한다.
7. 조선 지주들에게서는 세금을 완전히 징수해야 하며 세금 납입에 대한 엄정한 계산과 통제가 이뤄져야 한다.
8. 재산몰수 대상자는 다음과 같다.

1) 조선 합병을 전후해 일본 제국주의자들에게 극력 협조한 자
2) 합병 후 일제의 약탈 정책에 협력한 자
3) 제국주의 일본에 직접 협조한 자(만약 이 자가 강압에 못 이겨 협조했다는 사실을 주민들이 확인할 경우 이 자의 소유는 그대로 둔다)

9. 토지 분배 절차
1) 원칙상 토지는 빈농에게 준다.
2) 본인들이 농업에 종사할 것을 원하는 경우 주로 민족해방운동 및 공산주의 운동 참가자와 그 가족들에게 준다.
3) 국내외에서 조선독립을 위해 빨치산 운동을 한 참가자들에게는 토지가 우선적으로 부여된다.
4) 일본제국주의 전쟁에서 전사한 자들의 가정에는 토지 분배 시 우선권이 부여된다.
5) 전에 일제와 민족반역자의 땅을 경작하던 농민들에게도 분배 시 우선권이 부여된다.

10. 반역 지주의 토지 소유 여부를 조사하고 토지 규모를 측정하라. 그 외에도 농민위원회와 인민위원회를 통해 민족반역자가 일제 치하에서 한 일을 정확히 조사해야 한다. 노동자동맹 인민위원회를 통해 상인 및 기업주의 수중에 있는 토지 면적을 정확히 측정한다. 토지개혁을 실시하기 전까지 이 결정은 도 인민위원회가 내리는 것으로 북조선 토지사용법의 기초가 된다.

레베데프 정치사령관은 "소련군정은 전면에 나서지 않고 뒤에서 기획과 연출을 하고 당 대회에서 이를 토론한 후 결정하게 했습니다"라며 "인민들의 자치 기관인 인민위원회가 집행하도록 하는 형식을 취했지요"라고 회고했다.[17]

자료 파일에서 언급한 것처럼 이들 결정은 토지개혁이 본격적으로 실시

되기 전인 1946년 2월까지의 과도기에 토지 문제에 관한 '임시 법률'과 마찬가지였다. 자료 파일은 계속 이어진다.

산업과 상업 문제와 관련 대표자 회의는 다음과 같은 내용의 결정을 채택했다.
1. 일본인과 민족반역자의 수중에 있는 탄광과 광산, 공장, 철도, 운송수단, 항구, 선박, 체신 수단, 은행기관을 몰수한다.
2. 인민의 상업과 산업이 지방 정권기관의 통제하에 사유도의 발전할 수 있도록 한다.
3. 국내 산업의 급속한 발전을 위해 개인의 기업 경영이나 주식회사 창설을 허용한다.
4. 생활필수품을 우선으로 광범위한 소비재, 탄광 및 광산, 농촌경리와 건설에 필요한 기계·설비·자재를 생산하는 공업 기업소를 발전시킨다.
5. 각급 노동자 동맹 및 인민위원회는 평화로운 상업상행위의 급속한 발전을 위해 노력함으로써 노동자, 농민, 대도시·소도시 주민들의 생활수준을 향상시켜야 한다.
6. 조선인 개인 자본가의 수중에 있는 공장들은 그 소유자로 하여금 경영하도록 하되 정부 지시를 받아야 한다.
7. 국가에 소속된 공장·회사를 노동자들을 동원해 지원한다.
8. 8시간 노동제를 실시한다. 14세 미만의 아동을 고용하는 것을 금지한다. 18세 미만의 아동노동은 6시간 노동제를 실시함으로써 노동자들의 건강을 유지하며 노동 생산성을 제고한다.

이들 내용도 1946년 봄부터 실시된 산업 국유화, 8시간 노동제와 같이

---

17) 레베데프와의 인터뷰(모스크바, 1991.6.11).

과도기적 '임시 법률'의 성격을 띤다. 보고 파일은 계속 이어진다.

대표자 회의에서 조직 문제와 관련해 오기섭과 김일성이 발언했다. 대표자 회의에서는 당 단체에 인텔리 비중이 너무 높고 노동자·농민은 너무 적게 입당한다고 지적됐다.

일부 당 단체에는 노동자 계층이 다해서 2~3%밖에 안 된다. 일부 당 단체에서는 인텔리들이 노동자들을 입당시키는 것을 방해함으로써 노동자 계층에 의한 당 대열의 성장을 가로막는다.

대표자 회의에서는 이러한 문제점에 관한 결정에서 노동자·농민을 당 대열에 진입시키기 위해 모든 당 단체의 사업을 강화해야 한다고 강조했다. 대회는 이색분자들로부터 당 단체를 보호하기 위해 경각심을 높여야 한다고 강조하는 한편, 당원들의 정치 지식 수준이 떨어지므로 그들에 대한 정치 교양교육 사업을 강화할 필요성을 제기했다.

대회는 종파 척결 문제에 큰 비중을 뒀다. 이영과 그 일당의 태도가 규탄의 대상이 됐다. 이영 그룹의 강령은 확실히 트로츠키 경향을 띠고 있다고 지적받았다. 대회는 온갖 기회주의적 종파주의에 대해 비타협적인 투쟁을 전개할 것과 당 규율을 백방으로 강화할 것을 공산당원들에게 호소했다.

대표자 회의는 박헌영의 정치 노선을 지지·찬성하면서 박헌영이 지도하는, 서울에 있는 조선공산당 중앙위원회를 인정했다. 북조선 당 단체들을 지도해 인민들 속에서 신속하게 정치 사업을 조직하며 북조선 당 단체들이 중앙위원회 사업에 더욱 조직적인 도움을 주게 하고자, 대표자대회는 북조선에서 공산당 중앙위원회 조직국을 구성하기로 결정했다.

대회는 북조선공산당 중앙위원회 조직국 성원으로 17명을 선출했다. 북조선공산당 중앙위원회 제1비서로는 김용범이 선출됐다.

1945년 10월 13일에 열린 북조선공산당 대표자대회 등의 기획과 연출을 맡았던 소련군정 정치사령관 레베데프 소장은 "붉은군대 최고사령관스탈린의 지령이 떨어진 후 사령부는 북조선에 부르조아 민주정권을 창설하기 위한 정당·사회단체 결성에 박차를 가했습니다. 나를 비롯해 로마넨코 소장, 발라사노프 대좌, 그로모프 대좌, 이그나치프 대좌 등 정치장교들이 긴급회의를 열어 북조선의 공산당 문제를 논의했습니다"라고 말했다. 레베데프 장군은 이 회의에서 "나는 처음부터 평양에 조선공산당 지도부중앙위원회를 두자고 제의했으나, 당 중앙이 서울에 있기 때문에 평양에 북조선 조직국을 두라는 지령이 모스크바에서 떨어졌습니나"라고 회고했다.18)

레베데프 장군은 "이와 같은 배경에는 서울의 박헌영을 지지하는 정보기관이 소련공산당 중앙위원회 등에 보고한 것이 영향을 줬을 것"이라고 설명했다. 그리고 그는 당시 상부 지령을 집행하는 과정에서 정보기관과 약간의 갈등이 있었음을 간접적으로 내비쳤다.

그러나 북한의 지도자 선정을 놓고 군부에서는 김일성, 정보기관에서는 박헌영을 각각 밀었음을 뒷받침하는 고위 정치장교들의 증언이 나왔다. 북한 문화성 제1부상을 지낸 정률과 북한 외무성 부상을 역임한 박왈렌첸도 "발라사노프나 그의 부관 격인 서울 총영사관 부총영사 샤브신후에 평양의 발라사노프 참모부에 합류과 같은 정보기관 참모들은 은근히 박헌영이 북한의 지도자가 돼야 한다고 생각했으나, 스탈린이 김일성을 낙점했다는 분위기 때문에 자신들의 주장을 입 밖에 내지 못했습니다"라고 회고했다.19)

이러한 증언을 종합하면 조선공산당 북조선 조직국 창설 과정에서 독자 정당 형태인 '조직위원회(중앙위원회)'로 할 것인지, 아니면 당 중앙을 서울에 두고 북조선에는 '분국'을 둘 것인지의 문제를 비롯해 어느 형태를

---

18) 같은 자료.
19) 정률과의 인터뷰(카자흐스탄 알마티, 1991.10.18), 박왈렌첸과의 인터뷰(모스크바, 1992. 5.7).

선택하더라도 누구를 제1비서로 할 것인지를 놓고 평양과 하바로프스크의 두 사령부에서 미묘한 갈등이 있었던 것은 틀림없다. 이에 대해 당시 평양에서 김일성의 정치 스승 역할을 맡았던 메크레르 중좌(소련군 극동군구 정치국 제7호 국장)는 명쾌하게 증언했다. 극동군 군사위원 스티코프 상장의 직속 부하로 레베데프와 발라사노프의 중간 참모였던 메크레르의 회고는 다음과 같다.

"나는 박헌영과 김일성을 떠나 당시 북조선의 공산당을 신뢰하기 어렵다고 판단했습니다. 특히, 김일성이 스스로 조직국 제1비서를 맡겠다고 나섰지만, 나는 솔직히 그때까지 정치 훈련이 되지 않아 불안하니 우리가 믿는 박정애의 남편 김용범에게 맡기는 것이 가장 안정적이라고 주장했습니다.

게다가 제88정찰여단의 김일성 부대원들을 각 지역 위수사령부 부사령관으로 보냈으나, 이들도 공산주의 이론과 정치 지도 능력이 일천해 현지 장교들과 호흡이 맞지 않아 평양으로 철수하는 등 김일성을 받쳐줄 인적 집단이 부족했습니다.

그렇지만 언젠가 김일성을 제1비서로 앉혀야 한다는, 평양과 하바로프스크의 군 지도부와 모스크바의 소련공산당 중앙위원회의 카드는 여전히 유효했습니다. 그렇기 때문에 겉으로는 조선공산당 북조선 조직국이었지만 내면적으로는 독자 정당이었습니다."[20]

'신문·방송은 혁명의 총알'

메크레르의 이와 같은 분석은 2개월 뒤 현실로 나타난다. 1945년 12월

---

20) 메크레르와의 인터뷰(모스크바, 1991.6.15).

▶ 1945년 12월 초순, 김일성(오른쪽)이 로마넨코 평양주둔 소련군정 민정사령관을 찾아가 조선공산당 북조선분국 제3차 확대집행위원회 개최를 건의하고 있다. 김일성의 건의가 받아들여져 같은 해 12월 17~18일 이틀간 확대집행위가 개최돼 김일성이 책임비서로 선출됐다.

17일, 북조선공산당 조직국 제3차 확대집행위원회가 열렸다. 이 회의에서 김일성은 소련 군부가 예상한 대로 김용범 대신 제1비서로 선출된다. 이를 전후해 소련군정 사령부는 북조선공산당의 조직을 강화하고, 공산당원들의 사상·정치교육을 실시하고, 간부를 양성하며, 각 도 인민위원회를 강화한 한편, 공산당 주위에 '민주주의 단체'를 결속시키는 것과 같은 사업에 박차를 가했다.

1945년 10월 17일, 조선공산당 북조선 조직국 기관지 ≪정로(正路)≫가 창간된다. 소련군정이 언론정책에 따라 만든 최초 기관지이다. ≪정로≫ 창간은 '신문과 방송은 혁명의 총알'이라는 소련공산당의 선전·선동 지침에 따라 극동군 제7호 정치국 소속 메크레르 중좌와 고려인 2세 강미하일 소좌가 맡아 추진했다.

메크레르 중좌가 지도·검열 책임자, 강미하일 소좌가 부책임자, 소련에서 온 고려인 2세 기석복과 김세일 등 작가 출신들이 제작을 맡았다. 이 ≪정로≫가 오늘날 ≪노동신문≫의 전신이다.

11월 11일에는 조소문화협회, 18일에는 북조선 민주여성동맹이 결성됐다. 조소문화협회 초대 위원장에는 소설「두만강」의 작가 이기영이, 여성동맹 초대 위원장에는 친소 공산당 인사 박정애가 각각 임명된다. 이 두 단체는 소련군정하에서 처음 결성된 사회단체이다. 12월 1일에는 북조선 각 시·도에 인민재판소를 개정(開廷)해 지역 위수사령부 사법부가 관장한다. 소련공산당 중앙위원회 비밀 문건은 이 시기 북조선공산당에 대해 다음과 같이 기록한다. 이 문건도 보고자의 신분이나 이름을 밝히지 않은 점으로 미뤄볼 때 평양 주재 소련군 정보기관에서 작성한 것으로 보인다.

> 서울에 있는 조선공산당 중앙위원회 사업에 심각한 조직적 문제가 있는 점과 관련해 북조선공산당 중앙위원회 조직국비록 명칭은 조직국이지만 중앙위원회 조직국이라고 표현하고 있어 사실상 독자 정당 형태임을 암시한다은 조선공산당 중앙위원회의 승인을 받아 당 규약과 유일당증 준비사업을 추진했다.
>
> 북조선공산당 중앙위원회 조직국이 전체 당원들과 후보 당원들을 재등록하고 유일당증을 발급함으로써 북조선 당 단체들은 조직적으로나 정치적으로 현저히 강화됐다. 공산당원들에 대한 당증을 교부할 때 당 대오를 와해하거나 사리사욕을 위해 공산당에 입당한 부르주아와 지주 출신, 친일 반동자, 출세주의자와 보신주의자 등 총 5,000여 명이 출당 조치를 받았다.
>
> 북조선 당 단체들의 결함을 낳은 기본 원인은 절대 다수 당원들이 사상적·이론적 준비 상태가 극히 떨어지며 정치적 지식이 빈약한 것이었다. 따라서 북조선공산당 중앙위원회 조직국은 공산당원, 특히 당 지도간부들의 정치적 교양사업을 조직하는 데 중점을 뒀다. 북조선공산당 조직국 산하에 각 도와 군당위원회 일꾼들을 양성하는 강습소가 설치됐다.

평안남도 도당위원회 산하에 군당위원회 일꾼 300명을 양성하기 위해 5개월 강습소가 만들어졌다. 함경남도·평안북도·평안남도 도당위원회에는 50~70명을 수용하는 공산당 지도간부 양성 1년 강습소가 설치됐다. 하부 당 단체에는 마르크스 - 레닌주의 이론 연구 사업이 조직됐다.

당원들의 정치교양 사업에는 언론이 큰 역할을 했다. 북조선공산당 중앙위원회 조직국과 각 도당위원회는 자체 신문을 발간했다. 이 신문에는 조선공산당의 정책·과업 문제들이 체계적으로 실렸다. 마르크스 - 레닌주의의 이론석 문제에 관한 기사와 북조선공산당 단체의 실제 사업 문제 등을 실었다. 북조선공산당 중앙위원회 조직국이 당을 이색분자들로부터 정화하고, 당원들의 정치교양 사업을 강화함으로써 북조선공산당이 더욱 강화됐고 인민대중 속에서 당의 정치적 영향력과 위신이 높아졌다.

북조선공산당 대열이 매우 빠른 속도로 늘어난 것은 이 당의 위신이 높아졌음을 보여준다. 1945년 12월 1일 현재 북조선공산당은 당원이 4,500명에 이른다.[21]

한편 북조선공산당 당원 수는 1946년 4만 3,000명, 7월에는 10만 명, 그리고 8월에는 신민당과의 합당으로 인해 16만 명으로 급격히 증가했다.

스탈린, "초기에 민족주의자 내세워라" 지령

북조선공산당 조직국이 정당으로서 골격을 갖추는 가운데, 소련군정에

---

21) 소련군 총정치국장 치킨 대장, 「외무부위원 로조프스키 동지 앞, 몰로토프 동지에게 보낸 북조선 정세보고서 사본」(1945.12.25), 소련 대외정책 고문서 보관소(문서번호: N.200227).

게는 민족주의자 조만식과 자신들이 지도자로 양성하는 공산주의자 김일성의 협력 관계를 만드는 것이 북한에 소련의 공산주의 체제를 이식시키는 첫 과제였다. 레베데프 장군은 "모스크바의 당 중앙으로부터 '아직은 공산당원을 정권의 전면에 부상시키지 말고 민주주의자와 민족주의자를 내세우라'는 지령을 받았으므로, 조만식은 놓칠 수 없는 상대였습니다. 조만식을 8월 28일 이후 10월 7일, 10월 13일 등 모스크바 삼상회의 결과가 나오기 전까지 10여 차례 접촉하면서 북조선의 정치 현안을 논의했습니다"라고 회고했다.22)

"공산당 일당만으로 북조선에 민주정권을 세우는 것은 당 중앙스탈린의 지령에 맞지 않습니다. 적어도 초기에는 외형상 복수 정당이 절대 필요했습니다. 그 한가운데에 조만식이 있었습니다. 그래서 조만식에게 공산당에 맞서는 정당을 창당하라고 권했지요.

나를 비롯해 로마넨코 장군, 발라사노프 대좌, 이그나치프 대좌, 메크레르 중좌 등 사령부 정치장교들이 동원돼 설득에 나섰습니다. 그러나 정보에 의하면 그는 '노린내 나는 소련군은 싫다'며 우리를 상대하기를 꺼렸습니다. 메크레르 중좌에게 김일성·최용건을 앞세워 설득하라고 지시했습니다. 그 때문에 메크레르 중좌가 여러 차례 김일성과 함께 조만식을 요정으로 초청해 술자리에서 접촉했습니다."

이런 배경 아래 메크레르 중좌가 조만식과 김일성을 거중 조절함에 따라 두 사람은 민족 진영 정당을 창당하는 문제를 놓고 여러 차례 밀실 대좌를 한다. 그러나 조만식은 정당 창당에 관해 소극적인 태도를 취한다. 이유는 간단하다. 국토가 분단된 상태에서, 북한의 조직밖에 되지 못할

---

22) 레베데프와의 인터뷰(모스크바, 1991.6.11).

반신불수 정당을 원하지 않았기 때문이다.

조만식은 서울과의 연락을 유지하고 각 지역 정보를 수집하는 데 힘쓰면서 시국의 추이를 면밀히 검토한 끝에 아직 독자적인 정당을 조직할 시기가 아니라고 생각했다고, 조선민주당 청년부장을 지내다 월남한 박재창은 증언했다.23) 다시 메크레르 중좌의 회고로 돌아간다.

> "김일성은 조만식을 만날 때마다 '선생님'으로 불렀지만 돌아와서는 '조만식을 초기에 죽여 없애자'고 말했습니다. 그때마다 내가 만류하지 않았다면 부하들을 시켜 은밀히 조만식을 죽였을 겁니다. 그러나 조만식의 당에 입당해 소련군정과의 가교 역을 맡아 돕겠다는 김일성의 말에 조만식은 창당을 결심했습니다."

이렇게 하여 고당은 한 치 앞을 내다볼 수 없는 안개 국면의 정세 속에서 1945년 11월 3일(광주학생의 날을 기념하는 뜻에서 창당일로 정함) 조선민주당을 창당한다. 1945년 12월 말, 소련군이 주둔한 지 4개월이 지난 북한에는 각 시·도에 외형상 주민 자치기구인 인민위원회가 있고, 김일성이 이끄는 북조선공산당과 조만식을 당수로 한 조선민주당이 탄생했으며, 여성동맹 등 사회단체들도 하나둘 조직되는 등 정권 창설의 틀이 잡혀갔다.

스탈린에게 올린 '소련군정 4개월' 특별보고서

이런 가운데 1945년 12월 25일 소련군의 실세인 총정치국장 쉬킨 대장이 북한 정세를 조사·분석해 외무인민위원 몰로토프에게 다음과 같은 장

---

23) 박재창과의 인터뷰(서울, 1991.9.7).

▶ 1945년 11월, 평양주둔 소련군정 사령부가 발행한 군표.

문의 특별 조사보고를 한다.24) 소련군 총정치국장 쉬킨 대장의 북한 정세 특별 조사보고는 북한의 면적과 인구, 주민들의 직업, 산업 분포 등 개괄적인 내용으로 시작된다.

> 북조선은 전 조선 영토의 59%를 차지한다. 1,000만 명 이상의 인구(전 조선인구 2,400만 명)가 살고 있으며, 인구의 약 80%가 농업에 종사한다. 북조선 영토 내에는 44개의 야금·화학·광산 기업과 수백 개의 각종 중소 기업이 있다. 대기업이 생산하는 제품은 조선 총 공업생산품의 70%를 차지

---

24) 쉬킨, 「외무인민부위원 로조프스키 동지 앞, 몰로토프 동지에게 보낸 북조선 정세보고서 사본」(1945.12.25). 이 보고서는 소련군이 북한 지역을 점령한 4개월 동안 진행된 소비에트화 과정을 종합적으로 평가하고, 향후 추진해야 할 과제와 방향을 담은 것이다. 앞에서 언급했듯 이는 당시 여러 정황으로 미뤄봤을 때 스탈린에게도 보고됐을 것으로 보인다.

한다. 공업·운수 분야에 종사하는 노동자 총수는 70만 명에 달한다.

이어 보고서는 소련군정 사령부의 통치구조와 방법, 특히 외형상으로는 인민 자치기관이 있으나 구성원 모두를 소련군정 사령부에서 임명해 운영하고 있음을 명확히 하고 있다. 그리고 인민위원회의에서 치안 유지, 토지 임대료 인하, 쌀 수매가 인상, 세금 인하, 물가 안정 등 중요한 역할을 담당함으로써 서울의 미군정에 비해 크게 앞서가고 있다고 자체 평가한다. 특별보고 내용을 구체적으로 살펴보자.

- 인민위원회 소련군정 사령부는 북조선의 일체 정치·경제생활에 대한 지도를 지방 자치기관을 통해 실시한다. 즉, 마을에는 촌장, 면·군·시·도에는 자치기관인 인민위원회가 있다.

  인민위원회 창설은 민주 그룹 간 합의에 따라 진행됐다. 전체 6개 도 인민위원회 위원은 선출된 것이 아니라 소련군정 사령부가 임명했다. 이 정권 기관에 들어간 전체 인원은 1만 명이 넘는다.

  제25군 사령관은 민간 사업을 지도하기 위해 6개 도에 대해 전권을 행사하는 소규모 기구(50명의 장교)를 가진 민정 담당 부사령관과 각 도·시·군 소재지를 담당하는 위수사령부 체계를 장악하고 있다.

  제25군 휘하에 북조선의 경제와 산업 분야별로 10개의 행정국(局)이 창설됐다. 국장들은 조선인이지만 그들 곁에는 지방 인민위원회와 마찬가지로 소련군정 사령부 대표가 배치됐다. 이들 각 국과 인민위원회들은 군사령관의 위임에 따라 산업·운수·상업·재정·농업 등을 복구하고 주민들의 식량공급 사업을 진행하는 임무를 담당한다.

  인민위원회에는 무장경찰이 딸린 치안기구가 있다. 인민위원회의가 취한 조치들 중 가장 중요한 것은 ① 토지 임대료 60~70%에서 30%로 인하, ② 쌀 수매가 2배 인상, ③ 일본인이 제정한 일부 세금 철폐, ④ 상당수 생활필수품에 정가 설정 등이다. 일부 도 인민위원회는 이런 기능을 제대로 수행하지 못하고 있다. 다른 인민위원회도 자기 도내에서조차 여전히 진정한 정권기관으로 구실하지 못하고 있으며, 인민들의 생활을 관리하고 통제하는 기능을 장악하지 못했다. 주둔군 사령부가 조직한 행정국도 아직 해당 경제 분야에 대한 지도를 원만히 수행하지 못한다.

보고서는 "북조선에 조성된 정치 제도와는 달리 미군이 점령한 남조선 통치 제도는 기본적으로 과거와 달라진 것 없이 일제 때와 마찬가지"라고 지적하면서 "차이가 있다면 행정·경제 기관의 지도적 위치에 일본인 대신 미국인이 배치됐다는 것뿐이다"라고 비판하고 있다. 그리고 북조선에 자신들의 위성 정권을 세우는 과정에서 '민주개혁'의 기반이 될 정당과 사회단체에 대해 큰 관심을 보이고 있다.

특히, 과거 빨치산 운동을 지휘한 김일성이 북조선 인민들에게 가장 인기가 있다고 평가하고 북조선의 유력한 지도자로 꼽고 있다. 1945년 12월 17일 이전 소련군의 의중이 그대로 드러나는 대목이다. 특별보고서는 계속 이어진다.

- 조선공산당 현재 북조선의 기본 정당은 조선공산당·조선민주당·사회민주당 등 3개이다. 북조선 내 공산당 당원 수는 1945년 12월 1일 현재 약 4,500명이다. 공산당 중앙위원회는 서울에 있다. 북조선 영토 내에서는 북조선 담당 중앙위원회 조직국이 당 활동을 지도한다.

  공산당의 목적은 소련에 대해 우호적이고 통일되며, 자주적인 민주공화국을 수립함으로써 일본인과 친일파들에게 속했던 기업·토지를 몰수하고, 농민들(우선 빈농)에게 땅을 분배해주며 노동계급과 전체 근로자들의 생활수준을 향상시키는 데 있다. 공산당은 자기 대오를 확장하고 대중들에 대한 영향력을 강화하며 대중적인 민주주의 단체, 모든 반일 민주정당·사회단체 블록을 형성하기 위해 투쟁하고 있다.

공산당 중앙위원회 비서는 노련한 당 활동가 박헌영이며, 북조선 담당 중앙위원회 조직국 비서는 김용범이다.이 조사보고서의 보고일은 12월 25일로 이때의 비서는 김일성이었는데 김용범을 비서로 적은 것으로 미뤄 작성일은 12월 17일 이전으로 보임 인민들 속에서 인기가 높은 저명한 당 활동가가 있는데, 그는 과거 조선과 만주의 빨치산 운동을 지휘한 김일성이다.

공산당은 초창기에 심각한 좌경의 정치적 오류소련 현실을 맹목적으로 따름를 범했다. 그 후 공산당의 노선은 바로잡혔으나 오늘까지도 공산당은 부르주아 민주 진영 출신 사회 활동가들을 광범위하게 영입하지 않고 있다. 지방 자치기관과 북조선의 경제·정치 생활 일체를 지도할 능력이 있는 단일 정당이 없는 것이 조선 정치 정세에 심각한 영향을 주고 있다.

- 조선민주당 금년1945년 11월 초에 평양시에서 창당됐다. 당 대열에는 6,000여 명(공산당 4,500명)의 당원이 있다. 이 당은 주로 중소 부르주아, 성직자, 부르주아 인텔리로 구성돼 있다. 과거 민족주의 단체의 적극적인 활동가였던, 노련한 부르주아 민족주의자 조만식이 당수이며 중앙위원회 위원장을 겸한다. 부당수는 목사 이윤영이다.실제 부당수는 2명이었다. 또 다른 부당수인 공산계열 최용건의 이름은 거명하지 않았는데, 이는 소련군이 최용건을 전략적(국내용)으로 민주당에 파견했음을 보여준다

이 당의 강령과 정책은 ① 독립된 민주공화국 창건, ② 전체 민주세력의 단합, ③ 민족 산업·문화의 발전, ④ 농민에게 토지 분배 등이다. 이 당은 공산주의자들과 협력하고 있다. 특히, 공산당의 토지 분배 등 정책에 공감을 표시하며, 소련과의 친선을 도모하고 있다. 조선민주당은 각 도에 도당이 있으며, 조선에서 가장 대중적인 정당이 되는 것을 목표로 삼는다.

- **사회민주당** 금년 9월 신의주에서 창당된 사회민주당은 당원 수가 약 1,000여 명에 불과하며 주로 부르주아 출신이다. 당수는 아직 공식적으로 선출되지 않았다. 당수 권한대행으로 김재민이라는 사람이 있는데 그는 지주계급과 밀접히 연관돼 있다.

  이 당은 김구의 지도하에 있는 '임시정부'를 지지한다고 선언하고 있다. 조선에 독립된 민주국가를 세운다고 주장하며 조선의 대내외 정책에 대한 타국의 간섭과 영향을 반대한다. 농촌 문제에서 국가가 지주들에게 땅을 사서 농민들에게 나눠줘야 한다고 주장한다. 특히, 공산단체와 인민위원회를 반대하는 반동적인 신의주 학생운동에 개입했다.

- **사회단체** 북조선에서 대중적인 사회단체 대다수가 공산주의자들에 의해 조직됐으며 이들의 영향 아래 있다. 가장 인원이 많은 사회단체는 산업의 모든 산업 부문에 걸쳐 노동자들이 결성한 노동조합이다. 이는 20만 명을 망라한다.

  농촌에는 농민위원회가 생기고 있다. 금년 11월 초에 평양에서 1만 7,000명을 망라한 북조선여성동맹이 생겼다. 여성동맹은 여성 공산주의자 그룹과 민주당 여성 그룹이 통합해 형성된 것이다. 여성동맹은 여성들을 민주공화국 창설을 위한 투쟁에 투입하며, 정치활동에서 여성의 평등권을 고수하고, 일상생활에서의 여성 해방을 목적으로 삼는다. 여성동맹 위원장은 널리 알려진 공산주의자인 박정애(박웨라)이다. 민주당원 박현숙도 여성동맹의 열성 활동가이다.

  금년 10월 말에 조선민주청년동맹이 결성됐다. 동맹원 수는 5만 명이다. 공산청년동맹원들이 지도적 역할을 수행한다. 조직 대표들 가운데 48명은 공청원이고, 28명은 소속된 곳이 없다.

  평양시에 조소문화협회가 생겼다. 회원 수는 아직 360명밖에 안 된다. 회원은 주로 인텔리 출신이다.

북조선 영토 내에는 불교동맹(회원 수 2만 8,000명)과 문예동맹 등이 있다.

- **신문** 현재 북조선에서는 27종의 신문이 발간되고 있다. 이 가운데 10종은 각 도 인민위원회 기관지이고, 7종은 공산당 기관지(그중 1종은 중앙위원회 조직국 기관지, 6종은 도당위원회 기관지), 7종은 노조 기관지, 나머지 3종은 농민위원회 기관지이다.
- **반동 세력** 민주주의 정당·사회단체들은 일본 제국주의가 패망하자 지하로 들어갔다가 다시금 머리를 드는 반동 세력에 반대해 나서고 있다. 민족사회당, 새 조선청년당, 중등학생들을 망라한 반동 단체인 '우리 청년'과 같은 잔여파가 반동 세력에 속한다. 반동분자들은 활동하는 데서 남조선의 온갖 도움을 받는다.
- **경제 상황** 북조선의 정치 정세와 민심은 나라 경제 상황에 따라 심각하게 영향을 받았다. 북조선 기업의 절대 다수가 가동되지 않고 있다. 44개 대기업 중에서 12개만 가동되며, 소기업 중에서는 70개만이 작업 중이다. 이 때문에 대중적 실업이 발생했다. 산업·운수 노동자 7만 명에서 현재 일하는 사람은 1만 명을 가까스로 웃돌 정도이다.

　북조선의 재정 체계는 혼란스러운 상태이다. 화폐 유통이 조절되지 않는다. 공업 업소들은 차관을 받지 못하며, 세금 납부 체계도 무질서하다. 물가는 급등하고 있다. 투기가 심해지고 있다. 물가 상승과 주민들에 대한 식료품의 정가 공급은 산업 중심지에 사는 주민들의 물질적 어려움을 가중시켰다.

　이 밖에도 만주에서 조선족 난민이 조선으로 넘어오고 있다. 농민들의 처지는 여전히 어렵다. 지주들이 계속 땅과 관개시설을 소유하며, 소작인들을 착취한다. 조선에서 지주 5만 명이 100헥타르의 땅, 즉 전체 토지면적의 25%를 소유한다. 수백만 농민이 지주에게서 노예와 같은 조건으로 땅을 빌려 농사짓지 않으면 안 된다. 식량과 경공업

제품의 여분이 축적된 남조선과의 경제적 관계가 단절된 상황도 북조선 경제 형편에 나쁜 영향을 미친다.

- **민심 동향** 농촌에 남은 지주들의 경제적 지배는 북조선의 금후 민주개혁을 방해하고 있으며 대중의 정치적 열의를 저해한다. 나라가 겪고 있는 경제적 난관은 주민들의 불만을 자아낸다.

  그런데도 도시와 농촌의 광범한 주민층, 그중 선진적 인텔리 계층은 소련군대가 주둔하는 것에 호의적이다. 노동자·농민·인텔리, 그리고 중산층 주민들은 반일 사상이 깊다. 친일파를 포함한 반동분자들은 경제적 난관을 이용해 주민들의 불만을 붉은군대와 소련, 현지 민주정당과 그 지도자에 대한 반대로 돌리고자 애쓰고 있다.

  반동분자들은 붉은군대에 반대한다는 도발적인 소문을 퍼뜨리고 있으며, 유인물을 뿌리는가 하면 지방 정권기관과 민주주의 사회단체 지도자에게 테러를 감행한다.

- **군사회의에 대한 평가** 연해주 군구와 제25군 군사회의는 북조선에서 질서를 확립하고 지방 자치기관을 조직하며 민주정당·사회단체를 결성하는 데 협조하기 위한 방대한 사업을 진행했다. 그러나 여기에는 심각한 결함이 있다.

  1945년 9월 21일자 최고시령부 스탈린 지령에 언급된, 북조선에서 민주정당·사회단체들의 광범한 블록에 기초를 둔 부르주아 민주정권을 창설하겠다는 노선이 대담하게 관철되지 못했다. 제25군 민정 담당 부사령관의 기구는 너무 작을뿐더러, 북조선 6개 도의 경제·정치 활동을 조직할 만큼 유능하고 숙련된 간부로 구성되지 않았다. 이 기구는 새 부르주아 민주정권 기관과 민주주의 단체를 지도할 능력이 있는 지방 민족 간부의 발탁·연구·천거 사업을 제대로 수행하지 못한다.

소련군정 4개월 보고서, "북조선에 아직 소련의 진지 구축 못 했다" 지적

북한 정세에 대한 특별 조사 분석 보고서는 다음과 같은 결론을 내리고 있다. 첫째, 스탈린이 지령한 반일 민주정당·사회단체의 광범한 블록(연합)을 기초로 한 북조선의 부르주아 민주개혁은 너무 느리게 진행되고 있다.

둘째, 조선에서 소련군대를 철수할 경우 소련의 국가적 이익을 보장할 수 있는 공고한 경제적·정치적 진지를 북조선에서 아직 쟁취하지 못했다. 이는 매우 중요한 대목이다.

북조선을 소련의 정치적·경제적 '민주기지', 즉 위성국으로 만들겠다는 의중을 간접적으로 드러내고 있다.

이어 특별 조사보고서는 소련군정이 북조선의 민주주의 민족 간부들의 성분이 충분히 파악되지 못했음을 지적한다. 그리고 현재 북조선에 있는 민주주의 민족 간부 중에서 가장 인기가 많은 인사들로 공산당 지도자인 김일성과 박헌영, 조선민주당 지도자 조만식을 꼽고 있다. 그러나 조만식의 소련에 대한 정치적 입장은 아직 모호하다고 밝힌다.

이어 연해군구 군사회의 군사위원 스티코프 상장은 "민주주의 단체들을 지도할 수 있고 조선에서 우리의 이익을 고수할 수 있는 민주주의 민족 간부를 양성하는 데는 아직도 4~5개월이 필요하다"라는 의견을 제시한다. 스티코프가 말하는 민족 간부는 당시 스탈린이 은밀하게 최고지도자 후보로 내정해놓은 가운데, 장차 창설될 중앙 행정기관인 임시 인민위원회에서 위원장에 앉힐 김일성을 지목하는 것으로 보인다.

셋째, 가장 빠른 시일 내에 북조선 경제를 복구하고 민족 간부를 양성하는 과업을 달성하려면 북조선 영토 내 정권을 중앙 집권화해 조선의 민주 활동가들에게 넘겨줄 필요가 있음을 제시하고 있다. 이는 북조선 임시 인민위원회 창설을 예고한다(실제 두 달 후인 1946년 2월 16일에 창설).

넷째, 대지주의 토지 소유 때문에 인민민주주의 운동의 발전이 지장을 받고 있다며, 이러한 상황을 타개하려면 빠른 시일 안에 토지개혁을 진행해야 한다고 제시한다. 이 언급도 토지개혁 실시를 예고한다(실제 두 달 후인 1946년 3월에 실시).

마지막으로, 제25군 사령관 산하 민정기구는 북조선의 경제·정치 활동을 조직할 수 있는 숙련된 간부들로 정비·강화하라고 지령한다. 이어 연해군구와 제25군 군사회의는 소련에 대해 호의적이며 조선에서 자신들의 정치적 입장을 공고히 할 수 있는 새로운 민주 간부를 선정·양성하는 문제에 좀 더 큰 관심을 기울여야 한다고 지령한다.

소련군 총정치국장 쉬킨 대장이 매긴 '소련군정 4개월'의 성적표는 그리 후하지 않다. 소련군 최고사령관 스탈린 대원수의 지령 '북조선에서 민주정당·사회단체들의 광범한 블록에 기초를 둔 부르주아 민주정권 창설을 겨냥한 노선'이 대담하게 관철되지 못했기 때문이다.

그러나 지금까지 열거한 비밀 고문서들의 내용을 종합적으로 분석해보면, 소련은 북한에서 소비에트화 혁명을 진행하며 '일제(日帝) 청산'을 가장 핵심적인 정신 전략으로 삼고 있다. 즉, 북조선에 소련식 민주국가를 건설하려면 무엇보다 먼저 일본 군국주의 세력을 축출하고 일본 잔재사상과 친일 인물들을 각 분야에서 철저히 소탕해야 하며, 이와 더불어 일제에 저항하며 희생적으로 헐투해온 혁명 세력과 일제 착취 정책의 대상이었던 노동자·농민을 정치 일선에 내세우는 전략을 수행해야 한다는 것이다.

이 전략에 따라 소련군은 각 주둔 지역에서 일본군에게 항복 조항을 이행하게 한 뒤, 무장을 해제시키고 모든 일제시대 관리를 파면했다. 그리고 해방과 동시에 자연발생적으로 일어나 일본적 요소를 배제한 가운데 조직한 각 도 인민위원회로 하여금 행정을 대행하게 했으며 정책 제1호로 소작료 3·7제를 실시했다.

아울러 각 지역 위수사령부에서는 사회주의 정신에 따라 일제시대의 지도자·유지·관리는 일절 상대하지 않고, 탄압받았던 반제 투쟁의 혁명분자와 착취 대상이었던 노동자·농민과 같은 일반 근로대중을 상대했다.

이와 같은 내용은 특히 1945년 9월 10일 평양주둔 소련군정 사령부가 각 지역 위수사령부에 정치지도원 그로차르 중좌의 이름으로 지령한 '독립 조선의 인민정부 수립 요강' 6개 항에서 잘 드러난다.

1. 비(非)일본적인 각층 인민을 중심으로 완전한 자주독립국가를 결성해야 한다. 소비에트연방은 끝끼지 노동자·농민정권 수립을 미국·영국·중국에 제안할 것이다.
2. 토지 문제는 가장 중요하므로 인구수에 비례해 토지를 재분배해야 하며 토착 지주에 대해서는 자기가 경작하지 않는 토지를 몰수한다. 몰수한 일본인 소유 토지는 정부가 농민에게 재분배한다.
3. 일본인 소유 공장은 일본적 요소를 없애고 공장 노동자와 기술자가 이를 관리하도록 한다. 기술 부문에서 일본인이 필요할 경우에는 과도적으로 사역하며 시급히 조선인 기술자를 양성한다.
4. 친일 분자는 철저히 소탕하고 각 분야의 불순분자를 엄정하게 숙청할 필요가 있다.
5. 민영 기술기관은 허락하나 특별한 감시가 필요하다.
6. 모든 문화시설, 위생설비, 교육기관은 국영으로 이관하며 노동자·농민에게 개방하라.

이와 같은 요강 아래 군정이 실시돼 중앙과 지방 인민위원회에는 친일파, 민족반역자는 물론 일제시대 공무원도 모두 제외됐다. 이에 따라 일제시대 현직 판·검사는 물론 변호사까지도 대부분 친일파·민족반역자이거나 건국에 반대했다는 이유로 배제하고 비일본적 인원들로 사법부를 만들어 1945년 12월 1일 각지에 인민재판소를 열었다.

각 지역 재판소에서는 일제시대와는 정반대 현상이 나타났다. 종전 반일 투쟁 혐의로 친일 사법관에게 체형을 언도받던 사람이 비일본적 사법관이 되어, 친일 사법관에게 건국 반동 혐의로 체형을 언도하게 된 것이다. 특히, 지주, 자본가, 반혁명 반동분자 등을 가장 무거운 범죄자로 몰아 노동개선소나 형무소로 보내기 시작했다.

스탈린, "북조선 인민 괴롭히는 소련군인 총살" 지령

한편 초기 북한 지역을 점령한 소련군인들의 범죄도 많았다. 인민들에게서 시계, 금반지 등 귀중품을 강탈하는가 하면 부녀자들을 강간하는 등 횡포가 늘어났다. 특히, 소련군정이 흥남비료공장 등을 몽땅 뜯어 소련으로 보내는 사례가 알려지자 곳곳에서 민심은 '반소련군'으로 변해갔다. 초기 북한정권에서 문화성 부상 등을 지내다 '소련파'로 몰려 숙청돼 현재 카자흐스탄 알마티에 살고 있는 정률은 최근 서울을 방문해 필자와 가진 인터뷰에서 "초기 북한 지역에 주둔한 소련군인들이 인민들의 시계, 금반지와 같은 귀금속을 강탈하고 부녀자들을 강간하는 등 범죄가 늘어나자 1946년 1월 스탈린이 '북조선 인민들을 괴롭히는 군인들을 붙잡아 즉시 총살하라'는 비밀 지령을 소련군정에 내렸습니다"라고 증언했다. 계속해서 정률의 증언을 들어보자.

"초기 내가 근무했던 원산시 위수사령부에서는 강도·강간 등으로 붙잡힌 소련군인 10여 명이 즉시 총살됐고, 함흥에서도 10여 명이 총살됐습니다. 원산시 위수사령관 흐레노프 소좌우리의 소령가 인민들에게서 각종 금품을 뜯어내고 일본인 여자를 농락한 사실이 들통났습니다. 보고를 받은 치스차코프 대장이 현지에 내려와 그의 계급장을 떼고 소련으로 강제 귀국시켜

군사재판에 넘겼지요. 1946년 봄 소련군정이 흥남비료공장을 몽땅 뜯어 소련으로 보낸 후 흥남 시민들이 들고일어나자 '흥남비료공장은 조선인이 아니라 일본인 소유'라며 설득했습니다. 민심이 가라앉지 않자 1947년 뜯어 갔던 기계 등의 시설을 다시 흥남으로 보내오기도 했습니다.

1946년 봄으로 기억합니다. 신탁통치 정국에서 이같이 소련군의 횡포로 민심이반이 심각해지자 소련군 극동군구 군사위원이며 소미공동위 소련 측 수석대표인 스티코프 상장이 평양에서 소련군정 사령부와 각 시·도 위수사령부에서 일하던 소련출신 고려인들을 모아놓고, '북조선의 실정을 잘 아는 여러분 한 명이 소련군 1개 사단을 지도한다는 책임감으로 일해달라'고 당부하기도 했습니다."

당시 북한 지역에서 소문으로 나돌았던 소련군의 횡포에 대해 소련군정 정치사령관 레베데프 소장에게 그 실상을 물어봤다. 그는 "초기 일부 군인들의 범죄가 있었던 것은 사실입니다. '인민들을 괴롭히는 군인들을 엄단하라'는 지시를 각 시·도 위수사령관에게 보냈고, 이에 따라 규율을 잡아나갔습니다"라며 "소문처럼 심각한 상태는 아니었습니다"라고 밝혔다.

제5장

신탁통치정국

스티코프, "조만식을 포기하지 말라"

해방의 해도 거의 저무는 1945년 12월 28일 낮부터 모스크바 삼상회의에서 조선에 대해 '신탁통치'가 결정됐다는 단편적인 보도가 전해졌다. 이튿날인 29일 모스크바 삼상회의의 조선에 대한 결정 전문이 공식 발표되자 북한 정세도 민족·기독교 계열인 청년·학생들을 중심으로 반탁운동의 선풍이 몰아칠 일촉즉발의 분위기였다. 이와 달리 공산당 측은 이 결정이 '신탁통치'가 아니라 '후견제'라고 평가하며 지지하고 나섰다.

그러나 조만식은 이 결정은 '후견제'가 아니고 '신탁통치제'라고 비판하며 지지 성명을 내지 않았다. 신탁통치 문제가 불거지기 전까지, 조만식은 소련군정은 물론 공산당과도 되도록이면 심한 충돌을 피하기 위해 매사에 신중을 기하고 인내했다. 그러나 그는 신탁통치 문제가 나오면서부터는 국가의 운명과 민족의 자긍심을 살리기 위해서 소련군의 총칼 앞에서도 죽음을 아끼지 않겠다는 결연한 태도를 보였다.

이를 지켜보던 소련군정 치스차코프 사령관은 12월 30일 저녁 조만식을 사령관실로 불렀다. 소련군정 입장에서는 이른바 '남한 반동'의 분위기를 바꿔놓기 위해 조만식을 설득해야 했다. 이 자리에는 로마넨코, 그로모프 제7호 정치부장 등 정치장교 5명이 배석했고, 통역은 박왈렌친·전동혁·김세일 등 3명이 맡았다. 박왈렌친 박사의 증언을 들어보자.1)

"참석자들은 함께 저녁 식사를 하면서 모스크바 삼상회의 결정에 대해 이야기했습니다. 치스차코프는 조만식에게, 삼상회의 결정은 '신탁통치가 아니고 후견제'임을 누차 강조하면서 조선민주당에서도 지지 성명을 낼 것을 설득했습니다. 그러나 조만식은 끝까지 소련군정의 설득에 반대했습니다.

그러자 치스차코프 대장이 '결국 조만식도 삼상회의 결정을 지지하고 말 것이니 이제 설득하지 말고 가만히 놔두라'고 말했습니다. 이 자리에서는 소련군정 정치장교들이 조만식에게 불쾌한 언동을 하는 등의 위협을 가하지 않았습니다."

당시 조선민주당 청년부장 박재창의 증언은 다음과 같다.2)

"소련군 사령관을 만나고 숙소인 고려호텔로 돌아온 조만식 선생은 그날 밤 잠을 이루지 못하고 난국을 타개할 방안에 대해 심사숙고하셨습니다. 선생은 다음날 아침 '민족 대의를 당당히 내세우고 끝까지 싸우기로 결심했다'며 1946년 1월 2일 당 중앙위원회를 소집했습니다."

고려호텔 조만식 방에서 조선민주당 중앙위원회가 열렸다. 3·1운동 때

---

1) 박왈렌친과의 인터뷰(모스크바, 1991.6.27).
2) 박재창과의 인터뷰(서울, 1991.7.23).

의 민족 대표 33명을 상징해서 정한 33명의 중앙위원 중 최용건·홍기주 등 공산주의 계열 9명이 의도적으로 불참하고 24명만 참석한 가운데 '신탁통치를 절대 찬성할 수 없다'는 결의문을 채택했다.

이 결의문은 즉시 치스차코프 대장에게 공식으로 통고됐다. 조선민주당으로부터 신탁통치 반대 결의문을 통고받은 소련군정 지도부는 연일 김일성과 최용건, 로마넨코 소장, 이그나치프 대좌 등을 조만식에게 보내 찬탁으로 뜻을 바꾸도록 설득했다. 그러나 이들도 조만식의 확고한 태도를 바꾸시는 못했다.

레베데프 소장은 "로마넨코 소장이 조만식에게 '후견제를 찬성하는 성명서만 발표해주면, 소련군은 김일성을 군부 책임자로 하고 조만식 선생을 초대 대통령으로 모시겠다'고까지 제의했으나 끝내 설득에 실패했습니다"라고 증언했다. 레베데프 소장은 특히 "조만식을 만나고 온 김일성이 '이 기회에 고집쟁이 영감을 죽여버리자'고까지 건의했으나 이는 혁명 과정에서 폭탄을 안고 가는 것과 같다는 이유로 모두 반대했습니다"라고 덧붙였다.[3]

이처럼 소련군정이 신탁통치 문제를 놓고 골몰하던 1946년 1월 3일, 공산당 주최로 신탁통치를 지지하는 시위 행진이 평양에서 있었다. 이틀 뒤인 1월 5일 오전 11시, 평양시내 산수국민학교의 평안남도 인민정치위원회 회의실에서 조만식과 소련군정 사이의 결별을 최종 확인하는 극적인 장면이 연출됐다. 소련군정 주도 아래 평남 인민위원회 긴급회의가 소집된 것이다.

이 자리에는 위원 32명 중 공산당 측은 16명 전원이 참석했으나, 민주 진영에서는 의장인 조만식을 비롯 김병연·박현숙·이종현·이윤영 등 몇몇 위원밖에 참석하지 않았다. 나머지 위원들은 소련군정에 실망하고 38도선

---

[3] 레베데프와의 인터뷰(모스크바, 1991.6.11).

을 넘어 남하해 평양에 없었기 때문이다. 소련군정 측에서는 치스차코프 대장, 레베데프 소장, 로마넨코 소장, 이그나치프 대좌, 발라사노프 정치고문, 메크레르 중좌, 강미하일 소좌, 소련파 고려인 통역 5명 등이 참석했다.

소련군정의 속셈은 이 위원회로 하여금 찬탁을 결의시키자는 것이었다. 따라서 찬탁 결의안을 표결에 상정할 경우 공산당 측의 승리가 확실했다. 이 회의에서 소련군정 제7호 정치부 소속으로 통역을 맡았던 박왈렌친 박사는 다음과 같이 증언한다.[4]

"레베데프 소장이 신탁통치안의 내용과 뜻을 설명하자 이주연 등 공산당 측 위원들이 찬탁 발언하며, 의장인 조만식에게 찬성을 결의하자고 요구했지요. 그러자 조만식은 '나는 조선민주당 소속이기 때문에 반대한다. 나의 민족적 양심이 이 문제를 경솔히 다루는 것을 허락하지 않을뿐더러, 충분히 토의하기 전에는 절대 표결에 부칠 수 없다'며 단호히 거부하더군요.

그 순간 소련군정 지도부석에서 '그러면 의장직을 사임하라'는 살기 띤 고함이 터져 나왔습니다. 조만식은 이미 작심한 듯 의장석에서 일어나 구두로 사의를 표했습니다. 그리고 그는 '신탁을 찬성하든 반대하든 모든 의사는 우리 조선인의 자유여야 한다. 신탁에 찬성만 하라는 것은 무슨 뜻인가? 아무리 군정이라도 언론이나 의사 표시를 제한하는 것은 민주주의 원칙에 벗어난다. 무슨 구실을 붙이더라도 신탁통치라는 것은 남의 나라 정치에 간섭하는 것이다. 우리가 우리의 주권과 이익을 주장하는 것은 당연하다'는 요지의 사임사 겸 최후의 반탁 발언을 했습니다."

조만식은 평소 흥분하지 않는 성품이었지만, 이 순간만은 두 눈에 불꽃이 튀었고 주먹으로 책상을 치며 호통을 쳤다고 한다. 맑고 강강한 음성이

---

4) 박왈렌친과의 인터뷰(모스크바, 1991.6.12).

성에 낀 차가운 유리창에 쨍쨍 울렸다.

사임사를 마친 조만식이 회의실 밖으로 나가자 민주 진영 위원들도 일제히 퇴장했다. 소련군정 측은 곧바로 조만식의 평남 인민정치위 의장직 사표를 정식 수리한다고 발표했다. 이어 임시 의장으로 홍기주를 내세운 뒤 공산당 측 위원들로만 찬탁 결의를 만장일치로 통과시켰다.

청사를 나온 고당은 민주 진영 인사들과 함께 숙소인 고려호텔로 직행했다. 그리고 이곳에서 향후 투쟁 방안을 논의했다. 그러나 이날부터 고당은 고려호텔에 연금된 채 외부와의 연락이 완전히 단절됐다. 박왈렌친의 증언은 계속된다.

"조만식이 자리를 박차고 회의실 밖으로 나가자 치스차코프 대장은 혼잣말처럼 '지독히 고집 센 영감이군. 그러나 시간이 지나면 신탁통치를 찬성할 수밖에 없을 테니 그대로 두고 보자'고 말하더군요.

마침 나의 숙소도 고려호텔이었지요. 다음날이 되자 호텔 주변에 보안대원 4~5명이 보초를 서는 등 조만식에 대한 신변 감시가 시작됐습니다. 이후 조만식을 따르는 민족 진영과 교회 인사, 학생들이 호텔 부근에 몰려가는 등 연일 시위가 끊이지 않자, 소련군정은 얼마 후 조만식을 호텔에서 빼내 외딴곳 가정집에 연금했습니다."

이때부터 조만식은 외부와 차단된 채 수인(囚人) 아닌 수인 상태에 들어갔다. 여기서 레베데프 소장의 회고를 들어보자.

"조만식의 평남 인민정치위원회 의장직 사표가 소련군정에 의해 수리된 지 며칠 후, 소련군 극동군구1946년 초 제1·2극동전선 사령부를 통합해 극동군구 사령부로 축소 군사위원 스티코프 상장이 평양 사령부에 '인민들이 추앙하는 조만식을 아직 포기하지 말고 설득해 소비에트 정권 창출에 이용하라'고 지령했지 않은가? 그를 포기한 것은 평양 지도부의 정치력 한계를 드러낸 것이다. 인민들의 반발 등 앞으로의 문제가 간단하지 않으니 대책을 세우라' 는 강도 높은 질책과 지시가 내려왔습니다."

스티코프 장군의 이와 같은 지시에는 조만식 대신 내세울 수 있는 상징적 인물을 선정하라는 뜻이 포함돼 있었다. 지금껏 이렇다 할 방향을 설정하지 못하고 있던 연안파는 김일성이 이끄는 공산당과 함께 찬탁 분위기에 편승하고 있었다. 소련군정은 '꿩 대신 닭'을 선택할 수밖에 없었다.

조만식 대신 연안파 지도자 김두봉을 상징 인물로 내세워 그로 하여금 연안파 중심의 정당을 결성하도록 도왔다. 이와 함께 조선민주당 중앙위원회 위원장에 조만식 대신 최용건을, 부위원장에 찬탁을 결의할 때 임시의장으로 공을 세운 홍기주를 각각 내세웠다.

연금 상태에 들어간 조만식은 그 후 어떻게 됐을까? 레베데프 장군은(진실을 숨기는 듯 얼굴을 붉히면서) "조만식에 대한 감시 임무는 정보기관 발라사노프 팀이 맡았기 때문에 연금 상태 이후에 대해서는 잘 모릅니다"라고 잡아뗐다. 메크레르 중좌와 박왈렌친 등 소련파 고려인들도 "모처에서 연금 상태에 있는 정도로 알았을 뿐 사령부의 분위기에 따라 별다른 관심을 갖지 않았습니다"라고 회고했다.

평양 방문 미군정 대표 조만식 면담

소련군정이 조만식 선생을 고려호텔에 연금해오고 있음이 소련의 대외정책 고문서에서 확인됐다.[5] 이 문서에 따르면 조만식 선생이 고려호텔

---

5) 발라사노프, 「번스가 조만식·김일성과 만나 나눈 대화」(1946.10.5), 소련 대외정책 고문

등에서 연금 상태에 들어간 지 10여 개월 후인 1946년 10월 5일에 미소공동위원회 미국 측 수석대표 아놀드 소장의 정치고문이자 미소공동위원회 미군정 측 대표 중 한 명인 번스(Arthur C. Bunce, 미 정보기관 소속)가 공식 일정으로 고려호텔을 찾아가 조만식 선생을 만난다.

소련군정과 결렬된 미소공위 재개를 협의하고자 평양에 간 번스는 일제 시절 함흥에서 선교사 생활을 할 때 조만식 선생과 만나 깊은 우정을 나눴다. 비록 조만식 선생이 신탁통치를 반대했으나 북쪽 기독교계의 지도자이자 북한 주민들의 절대적인 추앙을 받는 인물이었기 때문에, 미군정 측이 대단한 관심을 기울였음을 증명한다.

특히, 번스가 조만식을 만났다는 사실만으로도 미국이 조만식 선생에 대해 깊은 관심이 있음을 드러냄으로써 소련군정이 그를 함부로 다룰 수 없게 하려는 간접적인 시위일 수도 있다. 번스의 조만식 선생 면담이 하바로프스크 소련군 지휘부와 모스크바까지 직접 보고된 사실이 이를 뒷받침한다.

"나의 통역원인 남세명(고려인 2세, 소련 정보기관 소속)이 작성한 번스와 조만식과의 대화 내용을 보고합니다"로 시작하는 이 문건은 20여 분간 진행된 대화의 내용과 분위기 등을 담았다. 다음은 그 문건의 내용이다.

조만식은 번스를 즉시 알아보고 자신의 옛 친구와 악수를 나눴다. 대화는 옛 추억을 회상하면서 시작됐다. 번스는 한국말로 대화했지만 서툴러 프

서 보관소〔문서번호: 28-25군 5595(27)2988 1230 B/S 9 10 13 55〕. 극동부 조선담당관 목록6 BOX3 색인N030 서류함N2에 있다. 이 고문서는 당시 소련군정의 정보기관 소속 실세로 미소공동위원회 소련 측 대표 중 한 사람인 발라사노프가 외무성 부상 말리크, 소련군 연해주군구 사령관 메리츠코프, 소련군 연해주군구 사령부 군사위원 스티코프 등에게 보고하고자 작성한 것이다. 이 비밀 문건은 소련과학아카데미 동방학연구소 사회주의 국가 담당 부장 와닌(I. V. Vanin) 박사가 찾아냈다.

스토프미 정보기관원의 협조를 얻었다. 프로스토프는 나에게 러시아어로, 조만식에게는 한국어로 통역했다.

번스는 함흥에서 곧바로 미국으로 갔기 때문에 지난 5년 동안 조만식을 만나지 못했다. 그는 북한에 남아 있는 옛 친구 중에서 조만식과 함흥의 최성인밖에 모른다. 번스는 과거 한국에 살았던 미국인들에 대해 이야기했다. 번스는 조만식에게 그들 중에서 언더우드와 의학박사 루스(Ruth) 등에 대해 말했다. 루스는 현재 남조선에 와 있다고 했다.

번스는 조만식에게 "남한의 식량 사정이 매우 어렵다. 미국인들은 서울에서 산업 육성을 서두르고 있으나 원자재가 부족해 어려움이 많다"라는 등 서울 소식을 전했다.

번스   선생님의 가족은 지금 어디에 있습니까?
조만식   일본놈들이 전쟁 시기에 가족을 시골로 추방했습니다.
번스   지금 나는 미소공동위원회 위원이자 미 대표단 분과위원장이며, 여기 발라사노프도 소련 측 분과위원장이기 때문에 서로 사이가 좋습니다.
조만식   나도 발라사노프를 잘 압니다. 귀하의 미소공위 분과위원회 사업이 잘되기를 기원합니다.

대화에는 또 다른 조선인 한 명이 배석했는데 그는 조만식의 비서였다. 우리는 대화할 때 조만식에게 사과를 대접했다. 조만식은 헤어질 때 번스에게 "서울 친구들에게 나의 안부를 전해달라"라고 부탁했다. 번스가 한국어로 인쇄된 명함을 조만식에게 줬다. 조만식은 호텔을 나서는 번스에게 "나는 호텔에서만 살기 때문에 다른 사람을 만나지 못하고 조용히 살고 있습니다"라고 낮은 목소리로 말했다.

소련 군인들 앞에서 말하지 못한 자신의 근황(호텔 연금 상태)을 알리는 함축성 있는 말이다.

미군정 대표와 김일성의 대좌

1946년 10월 6일 북조선 임시 인민위원장실. 평양을 방문한 번스는 조만식 선생과의 면담 이튿날 김일성을 찾아가 오랫동안 대화했다. 이 자리에 빌라사노프 소련군정 정치고문, 김일성의 비서인 문일(1949년 모스크바로 돌아가 사망), 프로스토프 미군정 정치장교, 샤브신(소련 정보기관 소속으로 1946년 7월까지 서울 주재 소련 총영사관 부총영사 역임)이 배석했다.

번스 들은 바로는 북조선에서는 곧 인민위원회 선거가 실시될 것이라고 한다. 어떤 방법으로 선거를 진행하는 것이 가장 좋다고 생각하는가? 우리도 남한에서 이러한 선거입법의원을 염두에 두고 있기 때문이다.

김일성 인민위원회 선거는 보통·비밀 투표로 진행될 것이다. 성별·학력·재산·거주기간에 관계없이 북조선 모든 공민들이 선거권과 피선거권을 갖는다. 선거는 북조선통일전선에 가입된 모든 민주정당과 사회단체들이 참여한다. 북조선인민위원회의 이러한 조치들은 북조선 인민들의 모든 계층이 지지하고 있으며 노동자·농민·인텔리·수공업자·상인·기업가들이 지지하고 있다. 비밀투표를 해야 자신의 의사를 완전히 표시할 수 있기 때문이다. 그리고 친일파들은 선거권과 피선거권을 갖지 못한다.

소련군정이 향후 각종 선거에서 친일파들의 피선거권은 물론 투표권까지 박탈할 계획을 갖고 있음을 보여준다.

번스　몇 살부터 선거에 참여하는가?

김일성　20세부터이다.

번스　한국 나이로 20세인가?

김일성　한국 나이로 20세이다. 북조선 민주개혁에서 인민위원회 선거는 가장 중요한 사업이다. 남조선에서도 이런 선거가 있었으면 한다.

번스　노동법령 문제에 대해 묻겠다. 이 법령이 좋다고 생각한다. 우리도 남쪽에서 법령을 제정하기 위해 노력하고 있다. 그러나 우리는 이 법령을 일반 원리에 그치지 않고 좀 더 구체화할 계획이다. 우리는 벌써 아동 노동에 관한 법령을 제정했다. 나는 이 법령이 가장 좋은 법령이라고 생각한다.

김일성　만일 남조선에서 노동자와 사무원들의 근본적인 이해관계에 부응한 노동법령이 실시된다면 대환영이다. 북조선에서 실시된 법령이 가장 좋다. 북조선 전 인민이 지지했기 때문이다. 남조선에서도 인민의 지지를 받은 법령이 실시되기를 희망한다. 당신들이 좀 더 구체화된 노동 관련 법령을 준비하고 있는데도 남조선의 방송과 신문이 왜 떠들어대는지 이해되지 않는다. 당신들이 구체화된 법령을 준비하고 있는데 인민들은 왜 파업하고 있는가? 당신들은 이 문제에 대해 더 깊이 연구할 필요가 있다.

번스　지금 남쪽 실정은 다음과 같다. 우리는 사용자와 노동자 사이를 중재하는 데 대한 법령이 있다. 이는 개별 사업장에서의 파업이나 동맹 파업을 중재하기 위한 것이다. 어려운 점은 노동자와 기업가들이 이를 이해하지 못한다는 것이다. 중재에 관한 법령은 임시조치이다. 이미 우리는 아동노동 법령을 실시했으며 일반 노동법령도 준비하고 있다. 그러나 가장 어려운 점은 이때까지 북조선처럼 모든 당들을 통일전선에 묶어놓을 수 없다는 데 있다. 남한에는 당이 많고, 일본 스파이가 많으며, 양반들도 많다. 그들 모두가 좌익을 반대하는 주장을 펼친다.

또 좌익은 좌익대로 분열돼 있다.

당시 남한에서는 박헌영이 불 지른 9월 총파업이 전 사업장에서 거세게 진행되고 있었다. 여기서 김일성이 이 문제를 끄집어냈다. 대화는 계속된다.

김일성 좌익파들은 통합하고 싶은데 인민을 해치는 친일파 반동분자들 때문에 그러지 못한다. 반동 세력들은 자신의 과거를 속이기 위해 '민주'라는 가면을 쓰고는 반인민석으로 행동한다. 그늘이 고문으로 군사행정에 참여하고 있다. 그들뿐 아니라 미군정에 대해서도 애국자들은 격분하고 있다. 당들을 효과적으로 통합하려면 우선 민주 진보주의자를 테러하는 친일분자들을 당에서 축출해야 한다. 북조선 강양욱 목사의 아들딸을 테러분자들이 죽였다. 테러분자들을 잡아놓고 보니 호주머니에 김구가 사인한 문건들이 있었다. 또 남조선에서 우익과 좌익이 통합 문제를 협의한 후, 테러단이 여운형을 나무에 걸어 목을 매 죽이려다 구출됐다.이는 1946년 10월 4일에 서울 신당동에 있는 친지 집에서 일어난 사건임

번스 좌익파들은 남한에서 옳지 못한 행동을 하고 있다. 특히, 박헌영이 좌우 합작을 방해하고 있다.

김일성 조선 인민과 오랫동안 이탈됐고 또 조선을 후퇴시키려는 이승만과 김구 같은 반민주주의 분자들과 어떻게 합작할 수 있는가? 합작은 바로 자기 조국의 애국자들 사이에서만 가능하다. 김구나 이승만 같은 분자들과는 절대 합작할 수 없다.

번스 김구와 이승만은 진실로 나쁜 사람이다. 당신은 김규식에 대해 어떻게 생각하는가? 나는 김규식이 참 좋은 사람이며, 인민들 속에서 영향력이 있는 사람이라고 생각한다. 그는 친일파들과도 투쟁하고 있다.

김일성 나는 김규식을 전혀 모른다. 좌우를 합작하겠다는 마당에 무엇

때문에 박헌영 같은 애국자들을 체포하려고 하는가? 그는 어느 누구보다 헌신적으로 국내에서 일본 제국주의자들과 투쟁했고 애국자 중에서도 가장 저명한 인사이다. 북조선 인민들은 이에 대한 미국의 해명을 요구한다.

번스 박헌영은 여러 출판물에서 잘못된 의견을 많이 발표했고 미국인에 대해서도 여러 거짓된 글을 썼다.

김일성 우리는 박헌영이 남조선공산당 지도자로서 미군정의 잘못한 행동에 대해 지적할 수 있는 권리가 있다고 생각한다.

번스 박헌영은 농민들에게 쌀을 공매하지 말라고 지령했다.

김일성 나는 그것을 믿을 수 없다. 농민·노동자·학생들이 학살당하는 것에 대해 묵과할 수 없다는 박헌영의 생각이 옳다고 본다. 박헌영의 생각을 광주학생사건과 같은 맥락으로 보고 있는 것 같다. 남조선에서 올바른 정책이 실현됐다면 박헌영은 진짜 애국자로서 이를 반대하지 않았을 것이다.

좌우 합작 문제를 놓고 북한은 김구와 이승만과는 좌우 합작을 할 수 없음을, 미국은 박헌영이 좌우 합작을 방해하고 있음을 강조하고 있다. 또 미군정이 좌우 합작 과정에서 김규식을 선호하고 있음을 명확히 드러난다. 특히, 김일성이 자신의 정적 박헌영을 옹호한다는 점이 시선을 끈다. 남한에서 미군정과 투쟁하다가 끝내 9월 총파업을 선동·지휘한 뒤 입북한 박헌영을 애국자로 표현하며 적극 옹호하고 있다. 그 반면 번스는 박헌영에 대한 미군정의 인식을 확실히 드러내고 있다. 미군정은 박헌영이 모험주의적인 행동을 자제하게 해달라는 주문을 하고 있다. 둘의 대화는 계속된다.

대화의 공통분모는 소미공위 재개

번스 의심할 여지없이 친일파들을 내몰아야 한다.

김일성 옳다. 그러면 통합이 될 것이다. 북조선에서 일본놈들한테서 일하던 자들이 남조선에 내려가 군사조직에서 일하거나 테러단이 되고 있다. 인민들은 미군정이 무엇 때문에 그들을 처벌하지 않고 방치하는지를 의심한다. 자기 나라의 독립을 위해 싸운 사람들을 죽이는 자들을 왜 방치하는지 묻고 있다.

번스 김규식과 여운형이 추진하는 좌우 합작이 바람직한 반면, 박헌영과 여운형의 합작은 바람직스럽지 않다고 보는데 귀하는 어떻게 생각하는가? 박헌영과 여운형의 합작은 미국을 반대하는 것을 의미한다.

김일성 여운형은 자신을 죽이려는 자들과 합작하지 않으려고 할 것이다. 친일파들을 쫓아내고 하루속히 소미공동위원회를 속개해야 한다.

당시 남북 정세의 최대 쟁점으로 떠오른 좌우 합작이 미국, 소련, 김일성, 남한 좌익 등의 공약수가 된 듯, 정치적으로 많은 의미를 함축하고 있는 대화이다. 미국, 소련, 김일성, 남한 좌익들이 합작해 김구와 이승만을 거세하려는 의도를 내포한다. 특히, 좌우 합작에 대한 미군정의 의도가 극명하게 드러나고 있다. 대화는 계속된다.

번스 미소공위는 양측 간에 공통점이 많다. 나의 의견으로는 모스크바 결정을 반대하는 일부 사람들을 용서할 수 있다.

김일성 제5호 공동발표문에서는 모스크바 결정을 조금 늦게 인정한 자들도 위원회와의 협의에 참가할 수 있다고 적었다. 그러나 그들은 과오를 용서한다는 문구가 있었지만 이를 실행하지 않았다. 후견이라는 말은 소미공위 측에서 우리에게 협력하겠다는 것을 의미한다. 이것은 신생

독립국가를 건설하기 위해 필요한 조치이다.

번스 조선인들은 신탁통치를 일본 정책의 연장으로 이해하고 있다.

김일성 반동자들은 후견이란 말의 의미를 잘 알고 있지만, 독립국가를 원하지 않기 때문에 후견을 반대하고 있다.

번스 우리는 소련 대표단과 함께 독립국가를 건설하려고 노력하지만 조선인들은 이를 반대한다.

김일성 반대로 애국자들 가운데 어느 누구도 후견 제도를 반대하지 않았다.

번스 나의 평양 방문에 베풀어준 환대에 감사한다. 앞으로 종종 당신과 만나기를 희망하면서 인민위원회가 발표한 법령들을 받았으면 한다.

두 사람의 대화는 신탁통치에 대한 양측의 공통분모를 확인하고 있다. 끝날 것 같은 대화가 김일성의 요구로 계속 이어진다.

김일성 발표한 법령들을 줄 수 있게 조치하겠다. 나는 당신들에게 간단한 경제 문제를 묻고 싶다.

번스 좋다.

김일성 남조선에 전력 사용 대가를 몇 번 요구했다. 남조선에 보낸 전력에 대한 내역이 있는데, 해방 이후 송전한 요금을 받지 못하고 있다.

번스 이 문제에 대해 하지가 치스차코프에게 보낸 서신이 있다. 그 서신에서 송전 대가로 북조선에서 필요한 생필품을 주겠다고 제의했으나 지금까지 아무런 해답이 없다. 또 미소공위에서 우선적으로 경제 문제가 해결되면 이 문제도 해결된다고 생각한다. 그러나 소련대표단은 이를 반대하고는 먼저 우선 임시정부 수립을 요구했다.

김일성 임시정부 수립 문제는 선차적인 과업이다. 그러나 전력사업에서 일하는 노동자들에게는 남조선 예산에서 월급을 지불해야 한다.

번스 알겠다. 그러나 하지 서신에 대해 소련군정 사령부는 아직도 대답이 없고, 소련군정 사령부는 남쪽에 필요한 전력을 보내주지 않고 있다.

김일성 소련군정 사령부와 미군정 사령부 간 문제들이 어떻게 해결되는지는 당신들의 일이다. 그러나 북조선에서는 산업이 인민위원회 소관이다. 남조선에 전력을 보내주지 못한 것을 미안하게 생각한다.

번스 미국인들은 경제 문제를 해결할 준비가 됐으나 소련 대표단들은 우리 제의를 접수하지 않았다. 이 문제에 대해 미국 입장이 정당하다고 본다.

김일성 당신은 일본 기업에 대해 어떻게 생각하는가?

번스 우리는 일본의 대기업을 개인에게 넘겨줄 수 없다. 이 기업들은 남한에서 미군정이 관리한다. 조선인들이 기업을 국유화할지 사유화할지를 정확히 모르기 때문이다. 만일 북조선에서 대기업들을 개인들에게 팔았다면 큰 착오이다.

김일성 어느 나라에서도 국유화를 개인들에게 팔아넘긴 것으로 이해하지 않는다. 이는 인민재산 관리로 이해한다. 인민위원회에 모든 주권을 넘겨준 북조선에서는 인민이 모든 기업체를 소유한다.

번스 그렇다면 남한과 북조선은 이 문제에 대해 차이가 없다고 본다. 남한에서는 이 문제가 천천히 진행되고 있는데 북조선에서는 급속히 진행됐다. 지금 중요한 문제는 미소공동위원회를 빨리 재개하는 데 있다고 생각한다. 그리고 당신이 많이 도와줄 것으로 믿는다.

앞에서 언급한 것처럼 번스가 평양을 방문한 것은 결렬된 미소공위 재개를 소련군정과 합의하기 위함이었다. 그러나 이 고문서 파일에서 번스가 발라사노프 등 소련군정 지도부와 미소공위 재개를 놓고 협의한 내용이 담긴 문건이 나오지 않아 아쉬움이 남는다.

6·25전쟁 때 감옥에서 총살당한 조만식

"조만식 선생의 최후는 어떻게 됐습니까? 한국에서는 여러 가지 추측이 난무합니다."

북한에서 외무성 부상 등을 지내다 모스크바로 망명해 소련과학아카데미 동방학연구소 책임연구원으로 있는 박왈렌친 박사는 필자가 조만식의 최후에 대해 묻자 "예? 남조선에서는 아직도 조만식의 최후 사연을 모르고 있습니까? 조만식의 최후에 대한 진상은 당시 평양시민이면 다 아는, 비밀 아닌 비밀이었습니다"라고 하면서 다음과 같이 소상히 증언했다.[6]

"조소문화협회 부위원장이었던 나는 6·25전쟁이 난 지 석 달이 지난 10월 초순쯤 내 친구 기석복《노동신문》주필, 1956년 문화성 부상이었다가 숙청 후 소련에 망명한 뒤 사망과 함께 전쟁 상황을 듣기 위해 우리 소련파의 총수격인 노동당 제1서기 허가이1900년생, 모스크바 대학 졸업, 1946년 북로당 중앙위 조직부장 겸 상무위원, 1949년 노동당 중앙위 부위원장, 1950년 노동당 제1서기, 1951년 11월 내각부수상, 1953년 3월 의문의 자살의 사무실에 들렀습니다. 그곳에는 빨치산파로 민족보위상이었던 최용건을 비롯해 몇몇 노동당 정치위원이 있었습니다.

이 자리에서 조만식에 대한 얘기를 들었지요. 원래 전쟁 전에 조만식과 남로당의 김삼룡1945년 11월 재건파 조선공산당 중앙위원, 박헌영계, 1946년 11월 남로당 중앙위원, 1948년 8월 최고인민회의 대의원, 1950년 남한에서 지하공작 책임자로 처형과 이주하남로당 중앙위원, 1950년 김삼룡과 함께 지하공작 혐의로 처형를 교환하는 문제가 남북 간에 제기됐으나 이승만이 이를 거절해 타결되지 못한 채 전쟁이 터지고 말았다는 소문을 들은 바 있었습니다. 이 자리에서 정치위원

---

[6] 박왈렌친과의 인터뷰(모스크바, 1991.5.28).

중 한 사람이 '평양 감옥에 조만식을 비롯한 반동분자가 여럿 있는데 이들을 어떻게 해야 좋겠는가'라고 물었습니다.

그러자 허가이가 '명령을 못 받았는가? 지시는 이미 내렸다. 후퇴하면서 이들을 끌고 갈 수 없는 형편이니, 정치범들의 목을 따버리라고 지시했다'고 답변했습니다. 허가이는 분명히 '후퇴하는 날 밤 이들 정치범을 총살하고 구덩이를 파 묻어버리라'고 지시했다고 말했습니다.

그 후 1950년 10월 하순, 김일성 지도부와 함께 평안북도 강계로 후퇴해 동료들에게 들어보니 마지막까지 평양에 남았던 인민군들이 최후로 후퇴하던 10월 18일 밤 평양 형무소에서 조만식을 비롯한 정치범 500명을 총살했다고 했습니다. 이 가운데 조만식 등 일부는 대동강변에 구덩이를 파 가매장하고, 나머지는 그대로 방치해둔 채 후퇴했다고 들었습니다.

며칠 후 강계에 후퇴한 북한 지도부에는 10월 19일 평양에 입성한 국군과 유엔군이 이들의 사체를 발견하고 '북한공산당들이 반공주의자들을 처참히 살해했다'고 선전한 뒤 구덩이에 다시 파묻었다는 현지 정보가 날아왔습니다. 그해 12월 중공군 지원으로 평양을 탈환한 뒤, 북한 지도부는 구덩이를 다시 파 조만식 등의 사체를 꺼내 '이승만 괴뢰군과 유엔군이 수많은 지도급 인사들을 죽이고 달아났다'고 유인물을 만들어 역선전했습니다. 희생된 정치범은 500명이 넘었다고 들었습니다."

박왈렌친 박사의 이야기를 뒷받침하는 증언은 많다. 당시 노동당 강원도당 부위원장이었던 강상호(1953년 내무성 부상, 숙청 후 소련 망명 사망)는 "평안북도 지역으로 후퇴하면서 당 간부에게서 평양을 후퇴하던 날 밤 '반동 영감'을 비롯해 500여 명이 넘는 정치범들이 총살됐다는 말을 똑똑히 들었습니다. 이는 당시 당·정 간부들이라면 모두가 아는 비밀 아닌 비밀이었습니다"라고 말했다.[7]

또 소련파로 전쟁 전까지 북한의 빨치산 양성소인 강동정치학원 원장을 지냈던 박병률(숙청 후 소련 망명 사망)은 "조만식을 처단하기에 앞서 북한 지도부에서는 남측에서 이미 김삼룡과 이주하를 처단했다는 자기 합리화 선전을 한 뒤 조만식 처단 결정이 내부적으로 내려졌습니다"라며 "김일성은 항상 '골칫덩어리 영감'을 없애려고 했으나 평양 주재 소련대사인 스티코프가 국제 여론을 고려해 만류하고 있었을 뿐"이라며 의미 있는 증언을 했다.8)

'소비에트 조선'을 언급한 박헌영 기자회견

모스크바 삼상회의의 신탁통치 결정 소식이 한반도에 전해지자, 특히 남한에서는 반탁운동이 전국적으로 거세게 일었다. 1946년 1월 5일 평양의 소련군정은 긴급 평남 인민정치위원회를 열어 반탁을 선언한 조만식을 의장에서 물러나게 하는 한편, 서울에서는 상황이 상황인지라 같은 날 좌익을 대표해 조선공산당 대표 박헌영으로 하여금 내외신 기자단과 회견하도록 했다. 기자회견 내용은 희귀자료인 박헌영의 연설집에 들어 있다.9) 박헌영의 내외 기자회견 내용을 보자.

    기자 조선공산당의 모스크바 삼상회의 결정에 대한 입장은?

---

7) 강상호와의 인터뷰(모스크바, 1991.5.18).
8) 박병률과의 인터뷰(모스크바, 1991.5.18).
9) 조선 맑스·엥겔스·레닌연구소 엮음, 『조선 인민에게 드림』(우리문화사, 1946). 한글로 된 이 연설집은 필자가 모스크바에서 찾아낸 것으로 박헌영이 월북하기 전 서울의 해방공간에서 가진 각종 기자회견과 시국성명·연설·기고문 등이 실려 있는 희귀자료이다. 박헌영의 사상과 이론, 특히 해방공간의 시국관과 입장 등을 읽을 수 있다. 엄혹한 냉전 상황에서 박헌영이 남긴 자료 중 국내외를 통틀어 거의 유일하게 남아 있는 것으로 판단된다. 물론 기자회견 내용도 처음 공개되는 것이다.

박헌영 옳은 결정이며, 절대 지지한다. 조선의 독립을 민주주의적 원칙 아래 발전시키고, 독립국가로 완성하기 위한 것이기 때문이다. 신탁이란 제국주의의 식민지나 위임 통치를 의미하는 것이 아니라 4국 공동위원으로부터 조선의 독립에 대한 원조와 협력을 제공받는다는 것을 의미한다. 오늘날 세계 문제는 영국·미국·소련 3국의 민주주의적 지도를 받고 있다. 즉, 인류의 발전 과정이 높은 정도에 도달해서 이제는 각국이 다 같이 협조해가면서 파시즘과 반민주주의를 근멸하고 평화유지와 민주주의 국제협조의 정신 밑에서 국제 문제가 해설되는 것이다. 따라서 조선도 세계의 일부분으로서 그러한 국제적 옳은 노선에 순응해야만 독립이 가능하고, 또 진실한 조선을 위한 독립이 될 것이며 세계를 위한 독립이 된다.

기자 조선을 소비에트화하지 않는가?

박헌영 조선의 현 단계는 소비에트화할 단계에 있지 않고 민주주의 변혁 과정에 있다. 이 과정은 모든 봉건적인 잔재를 급속히 근절시키는 데 있다.

기자 조선의 통일 문제를 해결할 수 있는가? 그 전망은?

박헌영 우리는 빠른 시일 내에 실현할 수 있다고 믿는다. 현재 공산당에서는 각 당 지도자와 교섭을 진행하고 있다. 통일하려면 먼저 원칙이 있어야 하는데 이는 금번 삼상회의 내용을 승인하는 데 있다. 따라서 반대자는 통일전선에 참가하지 못할 것이다.[10]

기자 임정에서 국민당과 한민당을 통하여 통일한다는 데 대한 견해는?

박헌영 통일은 각 정당의 대표자로서만 실현할 수 있는 것이오, 임정도 한 그룹으로서 물론 참가할 수 있으나 그가 통일의 주체성을 갖게

---

10) 여기서 말한 '통일전선'은 두 달여 뒤인 1946년 2월 16일에 결성된 민주주의민족전선을 염두에 둔 것으로 보인다.

되는 것은 아니다. 이 통일은 통일을 욕구하는 대중의 능력, 밑으로부터의 압력과 국제적 압력, 즉 위에서부터의 압력으로 통일은 가능하고 급속히 실현될 것이라는 희망을 갖고 있다. 그리고 김구 씨의 반탁운동은 정치적인 면에서 실로 큰 과오를 범한 것이다. 그는 신탁의 본질적 의의를 설명하지 않고 일제 위임통치와 혼동해 민중에게 의혹을 던져주며, 반미·반영·반소적 방향으로 이끌어 민중을 극도로 혼란시키고 있다. 특히, 이에 대해 미군정이 반탁운동의 라디오 사용을 허가한다거나 시위운동의 성과를 칭찬하는 것처럼 간접적으로 옹호하고 있는 사실을 해석하기 곤란하다. 내가 하지 중장에게 이 점을 지적한 일이 있는데, 하지 중장은 "김구 씨뿐 아니라 조선인 전체가 반탁운동을 마치 십자군전쟁처럼 알고 있다. 그러므로 이를 탄압하면 불상사가 발생할 우려가 있어 그랬던 것이다"라고 말했다. 서울에서 김구 씨와 이승만 씨가 테러 단체에 무기와 금전을 주는 방식으로 배후에서 조종해 각처에서 불상사가 발생하고 있다. 테러단체들은 김구 각하나 이승만 박사의 명령이라고 하며 돈암장에 지하 유치장까지 차린 실정이다. 민족 통일이 아니라 폭력으로 쿠데타를 감행해 정권 습득의 야욕을 채우려는 것으로 보인다. 이를 아는 일반 대중은 완전히 그의 영향력에서 이탈하고 있다고 판단된다. 현재 그를 따를 사람은 반동분자나 일부 종교관계자에 지나지 않는다.

기자   정부가 수립되면 수령이 될 사람이 누구인가?

박헌영   지금 말할 수 없다. 그런데 이번 3국 회담에서 소위 대한임시정부가 완전히 부인되자 그들은 정권욕 때문에 탁치를 기만해 비관적인 것으로 만들고 있다. 하지만 특히 소련은 민주주의 노선을 위해 싸워나가는 데 가장 중요한 역할을 해줄 것이다.

기자회견이 끝날 무렵 미국 기자(소속이 밝혀지지 않음) 존스턴(Johnston)

이 박헌영을 붙잡고 추가로 질문했다.

> 존스턴 조선의 소비에트화나 사회주의 국가 건설 여부는?
> 박헌영 금일 조선의 발전 단계에서 사회주의 건설이나 소비에트화는 전연 문제되지 않는다.
> 존스턴 조선을 소련의 일국 신탁제로 하려고 하지 않는가?
> 박헌영 연합국의 결정이 있기 전에는 말할 수 없다.
> 손스턴 조선이 소비에트국이 되면 소련에 편입되는가?
> 박헌영 소비에트 조선이 언제 될지 모르지만, 가령 된다 해도 소비에트 조선은 언제든지 독립국이다.

존스턴은 이 기자회견을 "박헌영은 조선의 소련 신탁을 반대하지 않는다. 또 조선이 몇 십 년 후에는 소련에 편입된다는 의견을 피력했다"라고 송고했다. 이 기사가 국내외에 알려지자 조선공산당은 마치 벌집 쑤셔놓은 듯 소동이 벌어졌다. 그리고 이를 해명하기에 바빴다.

다급해진 박헌영은 기자회견 1주일 후인 1946년 1월 12일에 존스턴 기자를 찾아가 "언어 해석에서 오는 오해에서 생긴 것으로, 조선에서 사회주의 건설이니 소련 즉시 편입이니 하는 문제를 내놓는 것은 옳지 못하다고 본다"라며 회견 내용의 전후 관계를 설명했다.

제6장

미소공동위원회의 숨겨진 진실

임시정부 내각 명단까지 준비한 소련군정

모스크바 삼상회의 결정이 국내에 전해지자 거족적 반탁운동이 전국에서 일어나던 비상시국 상황에서, 남북한주둔 미소 양군 당국은 1946년 1월 16일부터 2월 6일까지 서울군정청 제1회의실에서 한민족의 의사와 관계없이 모스크바 삼상회의 결정을 구현할 미소공동위원회 준비회담을 개최했다. 이 회담의 결정에 따라 몰로토프 소련 외무성 장관은 1946년 3월 16일 조선민주주의 임시정부 수립과 관련해 소미공동위원회에 파견된 소련군정 사령부 대표단에 지령을 보낸다.[1]

이 지령에서 우선 소미공위 소련 측 대표 5명을 정식으로 임명한다. 수석대표는 스티코프 상장(우리의 중장), 대표위원 파라프킨(S. K. Parapkin, 계급 표기는 없으나 정보기관 소속 소장급으로 보인다), 레베데프 소장, 정치자

---

[1] 말리크, 「조선민주주의 임시정부 창설과 관련해 소미공동위원회 내 소련군정 사령부 대표단에 보낸 훈령」(1946.3.16), 소련 대외정책 고문서 보관소(문서번호: M, 265/MA).

▶ 1946년 서울에서 미소공동위원회가 개막됐다. 하지 중장을 비롯한 미국 측 대표(오른쪽)와 스티코프 상장을 비롯한 소련 측 대표가 서 있다.

문 발라사노프, 카르쿠렌코(C. I. Karkulenko) 중좌 등이다. 고문·검열원·전문요원 등은 추가로 추천하겠다고 밝혔다. 그리고 소미공위는 1946년 3월 18일에 착수하라고 지령했다.

이 지령은 특히 소미공위는 모스크바 삼상회의 결정에 따라 ① 조선민주주의 임시정부 구성원에 관한 합의서를 작성하고, ② 조선 인민의 정치·경제·사회적 발전과 원조·후견 조치를 강구하며, 민주주의적 발전과 조선의 국가적 자주권을 확립하는 두 단계로 구분해 진행하라고 지시하고 있다. 이는 소련이 무엇 때문에 미소공위에 집착하고 있는지를 읽을 수 있는 대목이다. 즉, 한반도에 자신들의 '민주기지'를 건설하겠다는 확고한 의지가 숨어 있다.

지령은 "소미공위는 제1차 회의에서 위원회 사업 과정을 검토하고 승인할 것이다. 사회는 소련 측과 미국 측이 각각 일주일씩 맡도록 되어 있으니 이를 확인하라. 공위 회의와 상담 자료를 작성하고 회의록과 결정서는 러시아어와 영어로 기록되며 필요할 경우 양측 단장의 지시에 따라 조선말로 번역된다"라고 밝히고 있다.

지령은 특히 '조선민주주의임시정부 창설에 관한 합의서 작성'에 대한 구체적인 지침을 하달하고 있다. 이 지령을 계속 살펴보자.

① 조선민주주의 임시정부 구성 문제를 토의할 때 협의 대상으로 삼아야 할 정당·사회단체 명단, ② 조선민주주의 임시정무와 지방 정권기관 조직 구조 원칙에 관한 합의서, ③ 임시정부 정강, ④ 조선민주주의 임시정부 요원에 관한 추천서 등을 작성하라.

특히, 조선민주주의 임시정부는 '민주정당·사회단체 대표자들'로 구성되도록 하고 정부를 구성할 때 각 부처 장관은 남북조선 민주정당·사회단체에서 추천한 후보자들 중 양측에 인원이 균등하게 배당되도록 하라.

그리고 조선민주주의 임시정부 각 부처 장관에는 조선 인민에게 충실하며 동맹국에 우호적이고 민주조선을 위해 투쟁할 준비가 되어 있음을 행동으로 보여준 남북조선 민주정당·사회단체 대표가 추천되도록 하라.

미소공위에 들어가기에 앞서 소련이 지닌 확실한 의도와 치밀한 전략이 담긴 지령이다. 소련이 이 지령에서 강조하는 '민주'라는 말은 사회주의적 개념이다. 이 지침대로 임시정부를 구성하면 단연코 좌익(중도 포함) 정당·사회단체 대표들이 다수를 차지하게 된다. 뒤에서 구체적으로 언급하겠지만 소련의 지침과 기준대로 임시정부가 수립될 경우, 그 임시정부는 '소련식 정부', 즉 좌익 정부가 될 수밖에 없음이 명백해진다. 이 비밀 지령은 미소공위가 처음부터 먹구름을 안고 출발했음을 보여주는 역사적 문건이다.

지령은 또 "조선민주주의 임시정부는 조선 전역에서 입법권과 집행권을 행사하고 지방 행정권은 직접·평등·비밀투표에 의해 선출된 자치기관

도·시·군·면·리 위원회인 인민위원회 체계를 통해 정부가 행사하도록 하라"라며 중앙집권제적인 임시정부의 성격과 권한을 제시한다. 여기까지는 합리적인 내용인 것처럼 보인다. 그러나 지령은 이어 "조선 임시정부 활동은 정부나 지방 정권기관을 막론하고 소미공위와 자문기구에 의해 통제·지도받도록 하라"라고 못을 박고 있다. 임시정부는 어디까지나 '허수아비 정부'여야 한다는 소련의 의도가 확연히 드러나는 중요한 대목이다.

또한 지령은 "조선 전역에 직접·평등·비밀 투표에 의해 지방 인민위원회 선거가 실시된 후, 북조선 임시 인민위원회와 남조선 미군 사령부 산하 조선협의기구는 해체시켜라"라며, 특히 "일제 때 있었던 모든 행정기관과 단체는 해체하고, 새로 생기는 정권기관에 친일파를 등용하지 말도록 하라"라는 등 임시정부에서도 친일파 배제를 명확히 하고 있다.

그리고 "조선 임시정부는 북조선의 소련군정 사령부와 남조선의 미군 사령부를 연계하기 위해 두 사령부에 각기 대표들을 파견하는 문제를 관철하라"라고 지시하고 있다. 이어 지령은 조선민주주의 임시정부에 내각 수상과 부수상 2명(외무 담당과 군사 담당)을 두고 내무성, 재정성, 산업성, 상업성, 농림성, 교육·선전성, 사법성, 보건성, 노동·사회보장성, 교통성, 체신성 등 11개 성(부)을 두도록 했다.

그러나 이 정부 조직에는 일맹이가 빠져 있다. 국가를 대표하고 국토를 보위하는 외무성과 국방성을 두지 않았다. 지령은 "국방성과 외무성은 창설하지 말라"라고 강조하면서 "외국에 있는 조선인 부대는 해체하는 조건으로 장교와 병사들에게 조선 입국을 허용하라"라고 지시하고 있다. 임시정부라고 하지만 정부다운 여건을 갖춰야 한다는 관점에서 보면 소련의 의도가 쉽게 드러난다.

소련은 제1차 미소공위에서 내각제 임시정부 수립안이 원만히 합의될 것에 대비해 공위가 열리기 전 임시정부 수상을 비롯해 내각까지 구성해놓고 있다. 소련 측 수석대표 스티코프가 1946년 3월 7일 소련공산당 중앙위

<표 6-1> 소련군이 작성한 남북 임시정부 내각 명단

직위	이름	비고
수상	여운형	인민당 당수
부수상	박헌영	조선공산당 중앙위원회 위원장 (미국 측에서 부수상 1명 추천)
부수상	김규식	김구 정부 부통령
외무상	허헌	민주주의민족전선 의장, 일본 항복 후 임시 인민정부 수상, 친소파
내무상	김일성	북조선 임시 인민위원회 위원장
산업상	김무정	북조선공산당 중앙위 간부부장
교육상	김두봉	북조선 임시 인민위원회 부위원장
선전상	오기섭	조선공산당 중앙위원, 모스크바 동방근로자 공산대학 졸업
노동상	홍남표	공산당원(남조선), 민주주의민족전선 부의장
계획경제위원회 위원장	최창익	북조선신민당 부총재(독립연맹)
농림상	미국 측 추천	소련 측에서 명재억을 부상으로 추천
재정상	미국 측 추천	소련 측에서 박문규를 부상으로 추천
교통상	미국 측 추천	소련 측에서 한희진을 부상으로 추천
체신상	미국 측 추천	소련 측에서 안기성을 부상으로 추천
보건상	미국 측 추천	소련 측에서 이상숙을 부상으로 추천
상업상	미국 측 추천	소련 측에서 이승엽을 부상으로 추천

주: 1) 이 명단은 1946년 3월 7일에 미소공위 소련 측 수석대표 스티코프 대장이 소련공산당 중앙위원회에 보고한 것임.
　2) 농림상부터 상업상의 부상은 미국과 소련이 각각 1인씩 추천해 2인으로 구성된다. 소련 측 추천인만 적음.
자료: 스티코프, 「남북 임시정부 내각안」(1946.3.7), 소련 대외정책 고문서 보관소(문서번호: 소련공산당 NO.801, 1946.3.16).

원회에 긴급 보고한 「남북 임시정부 내각안」이 이를 뒷받침한다.

　한반도를 분할 점령한 소련은 좌익이 주도한 내각책임제 형태의 남북 임시정부를 세워 한반도 전체를 소비에트화한다는 계획 아래 수상에 여운형, 부수상에 박헌영과 김규식, 외무상에 허헌, 내무상에 김일성, 산업상에 김무정, 교육상에 김두봉, 선전상에 오기섭, 노동상에 홍남표 등 임시정부 초대 내각까지 짜놓았다(<표 6-1> 참조). 소련 측이 어떤 분야를 중요시했는지를 나타내주고 있다. 특히, 김일성에게 내무성을 장악하게 한 것이 눈에 띈다.

스티코프 대장은 이 보고에서 "내각 명단은 박헌영과 김일성의 제안을 감안해 작성한 것"이라고 부연 설명하고 있다. 만일 소련의 전략대로 내각제 임시정부가 수립됐다면 스티코프의 조각안대로 구성됐을 가능성이 매우 높다. 당시 스티코프는 당시 스탈린에게 조선 문제에 대한 전권을 위임받은 '전권대사'로 조선 문제에 가장 큰 영향력을 행사했기 때문이다.

소련은 조선민주주의 임시정부를 구성하는 문제를 토의할 때 다음과 같은 과업 수행을 정부 활동의 기초로 삼는 임시정부 정강 18개 항을 지령한다.

1. 조선의 정치·경제생활에서 일제 잔재를 끝까지 숙청하고, 국내에서 반민주적인 반동분자들과 싸우며, 반민주·친파쇼 정당·사회단체의 그룹은 물론 개별 인사들의 활동을 금지한다.
2. 성별과 신앙에 관계없이 보통·직접·비밀·평등선거에서 선출된 인민위원회들을 통해 조선 전역에서 지방자치제를 실시한다.
3. 정치적 자유를 보장한다. 즉, 언론·출판·집회·종교의 자유와 민주주의 정당의 활동, 노동조합(직맹), 기타 민주단체 활동의 자유 등을 보장한다.
4. 인신·주택 불가침을 보장하고, 공민의 재산과 개인 소유물을 법적으로 보호한다.
5. 일본 통치하에 존재하던 법률과 재판 절차를 철폐하고 재판기관을 민주화한다.
6. 전반적 모국어 교육과 초등 의무·무료 교육제를 실시하고, 국립 초·중·고

등교육망을 확장한다.
7. 조선 민족문화를 백방으로 발전시킨다.
8. 인민의 복리 향상을 위해 농업·산업·운수를 발전시킨다.
9. 일본인과 민족반역자, 대지주의 토지를 몰수하고, 소작제를 폐지하며, 몰수한 토지를 조선 농민에게 무상으로 분배한다.
10. 토지 몰수 대상에 속했던 관개시설을 몰수해 조선 국가에 무상으로 인도한다.
11. 대기업, 은행, 자원, 산림, 철도 운수와 조선인 독점 자본가에게 속했던 재산을 국유화한다. 일본군 무기 공급에 직접 참여한 군수산업과 조일(朝日)주식회사를 포함한, 소련군·미군의 전리품이 된 일본 기업(전에 재조선 일본 거류민들이 소유했던 소기업과 부동산은 일본군 패배 후 소련군과 미군 사령부의 허락을 얻어 정식으로 구매한 것은 국유화 대상이 아님)은 국유화의 대상이 아니다.
12. 국가기구, 즉 산업·운수·체신·농업·교육·문화·보건과 같은 분야의 민족 간부 양성을 위해 전문 교육망을 창설한다.
13. 시장가격을 통제하고, 투기와 고리대금업과 투쟁한다.
14. 정당한 단일 세금제와 누가적 소득세 제도를 실시한다.
15. 노동자 사무원의 8시간 노동제와 12~16세 미성년자의 6시간 노동제를 실시하며, 12세 미만 아동의 노동착취를 금지한다.
16. 노동자·사무원의 취업을 보장하고, 최저임금을 설정한다.
17. 사회보험을 실시하고 기업 내 노동보호를 실시한다.
18. 국립 의료기관망을 확장하고, 전염병과 투쟁하며, 빈민층과 부유하지 못한 층의 무료치료를 보장한다.

이와 같은 소련 측의 임시정부 정강은 대부분 소련에서 실시하고 있거나 소련이 동유럽의 공산블록을 형성하는 과정에서 실시했던 사회주의적 개념들이다. 대개 친일 청산을 유난히 강조하고 있다. 끝으로 소련의 지령은 미소공위의 핵심 쟁점이었던 민주정당들과의 협의 대상과 방법 등을 상세히 제시한다.

1. 조선임시정부 수립위원회는 남북조선 민주정당·사회단체 대표들과 협의해야 한다.
2. 위원회와 협의할 민주정당·사회단체들은 소련군과 미군 사령부에 적법하게 등록돼야 한다.
3. 위원회는 모스크바 삼상회의 결정에 반대하는 당이나 그룹과는 협의할 수 없다.
4. 제 정당·사회단체와의 협의 절차는 다음과 같다. 즉, 소미공위는 민주정당·사회단체들이 정강 문제, 조선민주주의 임시정부 조직 원칙, 지방정권기관에 대한 자신의 의견을 제시할 것을 제안한다. 위원회가 민주정당·사회단체의 모든 의견을 받아 참작한 후 그들과 조선민주주의 임시정부를 구성할 후보 명단을 토의하게 된다.
5. 민주정당·사회단체들의 제안 연구와 통일된 결정을 창출해내기 위해 위원회는 필요한 수의 소위원회를 만들게 된다.
6. 남조선 민주정당·사회단체들과의 협의가 끝난 후, 위원회는 북조선 민주정당·사회단체들과의 상담을 위해 평양으로 떠난다.

끝으로 지령은 "모스크바 삼상회의 결정에 따라 소미공위는 조선민주주의 임시정부 창설을 준비할 과제를 지니고 있다"라고 강조하고, "만일 미국 측에서 조선의 경제적 통합 문제를 제의해오면 거절하고, 남북조선 간 상품 교류는 주둔군 사령관들이 협의해 상호 공급하는 형태로 진행돼야 한다고 설명하라"라고 명령한다. 경제 통합을 반대하라는 지령이 눈에 띈다. 이는 곧 남북을 통합할 수 없다는 말로 해석될 수 있다.

이 지령의 핵심은 모스크바 삼상회의의 결정, 즉 신탁통치에 반대하는 당이나 사회단체는 임시정부 수립은 물론 협의에도 참가할 수 없다는 것이다(3항). 이 지령대로라면 신탁을 찬성하는 좌익(일부 중도 포함)만 참여할 수 있게 된다. 소련이 한반도에 공산주의 정권을 세우겠다는 확실한 의도가 숨어 있는 대목이다.

제1차 미소공위 결렬 후 떨어진 소련공산당 비밀 지령

이와 같은 지령을 받은 소련 측 대표단은 1946년 3월 20일부터 서울 덕수궁 석조전에서 제1차 미소공위에 참석해 지령 내용대로 회의를 이끌어가기 위해 안간힘을 쏟았다. 특히, 소련 측은 모스크바의 지령대로 신탁통치를 규정한 모스크바 삼상회의 결정을 실천하기 위한 소미공위이니만큼 신탁통치를 반대하는 우익 정당과 사회단체를 협의 대상에서 제외하고 모스크바 협정에 의거한 임시정부 수립에도 참여하지 못하게 해야 한다고 주장했다.

이에 대해 미국 측은 모스크바 삼상회의 결정을 반대하는 우익의 견해가 반드시 옳은 것은 아니나 미국의 근본 정책의 하나인 의사표현의 자유는 지켜져야 하는 만큼 반탁 운동자도 당연히 협의 대상이 된다고 주장했다. 이와 같이 양측의 주장이 팽팽히 맞선 가운데 50일간에 걸친 제1차 미소공위 회의는 아무런 성과도 없이 무기 휴회됐다. 소련 측이 이 3항을 지령하면서 과연 이 문제를 미국이 받아들일 것으로 생각하고 지령한 것인지, 아니면 받아들이지 않을 것을 전제로 한 지령인지와 관련한 의구심이 남는다. 당분간 남북조선 임시정부 수립 구상은 공전(空轉)하게 됐고, 남한 정국도 새로운 전기를 마련하게 됐다.

제1차 미소공위가 중단되자 소련공산당(볼셰비키)은 즉시 중앙위원회를 열어 조선 정세를 감안해 이에 따른 대책을 세운다. 소련공산당 중앙위원회는 남북조선 임시정부 수립 구상을 잠시 접어둔 채, 1945년 9월 스탈린이 북조선에 단독 정부를 설립하라는 지령에 따라 경제·산업·기술·방송·교육·군사·의료와 같은 분야에 대해 결정한 구체적 방안을 내각의 해당 부처나 소련군 산하에 지령한다.2)

우선 소련공산당 중앙위원회는 소미공위 재개 문제에 대해 외무성과 붉은군대 사령부가 이니셔티브를 발휘해서는 안 된다고 지령하면서, 이는 소미공위 회담의 파탄은 미국이 이니셔티브를 발휘했기 때문이라고 밝히고 있다. 소련공산당 중앙위원회는 소미공위 사업 초기에 소련 측 대표단은 정당·사회단체 대표들과의 협의 조건 문제를 놓고 종전 입장을 고수하라고 지령하고 있다.

즉, 소미공위는 모스크바 삼상회의 결정을 전적으로 지지하는 민주정당·사회단체들만 협의할 수 있으며 정당·사회단체는 모스크바 결정과 동맹군을 적극 반대함으로써 명예가 훼손된 대표자들을 공동위원회와 상담할 대상으로 추천해서는 안 된다고 주장할 것을 지령한다.

신탁통치를 규정한 모스크바 삼상회의 결정을 실천하기 위한 소미공동위이니만큼 신탁통치를 반대하는 우익 정당과 사회단체를 협의 대상에서 제외하고 모스크바 협정에 의거한 임시정부 수립에도 참여하지 못하게 하라는 것이다. 또 소련공산당 중앙위원회 결정에 따라 남조선 좌익 단체들에 대한 미국인들의 탄압을 어느 정도 완화하기 위해 외무성에 다음과 같은 지령을 내린다.

첫째, 남조선에서 미군정과 조선 반동분자들이 행하는 좌익단체들에 대

---

2) 소련공산당 중앙위원회, 「조선에서의 소미공동위원회 사업에 대하여」(1946.7.26), 소련 대외정책 고문서 보관소.

한 각종 탄압, 테러, 기타 박해 형태를 소련은 물론 북조선과 미국을 중심으로 한 외국 언론에 체계적으로 공개하기 시작하라.

둘째, 남조선에서 미국인이 행하는 반동정치의 본질을 북조선 임시 인민위원회가 실시하는 토지개혁 등 진보적 민주개혁과 비교해 신문과 라디오를 통해 폭로하라. 그리고 민주자치 형태로서의 인민위원회를 공고히 하기 위해 일제로부터 해방된 8월 15일을 기해 지방기관인 군·도 인민위원회 선거를 직접·평등·비밀투표로 실시하라.

또 소련공산당 중앙위원회는 북조선에서 소련의 영향력을 고착시키기 위해 ① 연해주군구 군사회의는 북조선에 있는 일본 산업을 국가 소유로 넘기고 북조선 임시 인민위원회에 이를 문서로 인계하며, ② 기업소를 신속히 가동시키는 문제와 관련해 북조선 임시 인민위원회에 도움을 주기 위해 300명의 소련 기술자(기사)를 2~3년간 파견해 지도하며, 전문가 선정은 소련공산당 중앙위 간부국에서 2개월 내로 진행하라고 결정한다. 아울러 소련공산당 중앙위원회는 대외무역성에 다음과 같은 네 가지 사항을 지령한다.

첫째, 북조선 기업을 가동하는 데 필요한 연료와 콕스탄을 공급하는 대신 조선에서 동·흑연·아연·텅스텐·수산물·농축산물 등을 소련으로 들여오는 것을 골자로 북조선 임시 인민위원회와 계약을 체결하라.

둘째, 북조선의 굶주린 주민들에게 줄 6만 톤의 밀·옥수수·좁쌀 등 곡물과 설탕을 북조선 임시 인민위에 제공하라. 이 조치는 붉은군대 사령부의 예비비에서 도와주는 명목으로 하고 이를 위해 북조선주둔 제25군 사령관의 수중에 있는 재고와 중국의 다롄 시 창고에 있는 재고로 충당하며, 만일 부족하면 소련에서 일부 반출해 이용하라.

셋째, 북조선 주민들에게 직물·등유·윤활유·휘발유 등을 제공하라.

넷째, 북조선 산업을 위해 임시 인민위원회에 소련제 자동차 300대를 판매하라.

이와 같은 소련공산당 중앙위원회 지령은 일제가 착취해둔 잡곡물과 기업소를 전리품으로 빼앗아 무역이나 물물교환 형식으로 소련에서 남아도는 에너지를 지원하는 형식을 취하는 대신, 북조선의 지하자원과 양질의 농·수·축산물을 소련으로 가져가는 한편, 자동차까지 파는 '무역'을 시행함으로써 동유럽에서 위성 정권을 창설하면서 '경제 지원'을 해나갔던 것처럼 북한에 대해서도 초기부터 '경제 지원 정책'을 중요시했던 것으로 해석된다. 그러나 양국 간 무역이나 물물교환 형식에서 물건의 가격을 어떻게 책정했는지 등에 대한 구체적인 자료가 없기 때문에 이에 대한 정확한 평가를 내릴 수 없는 실정이다.

또 소련공산당 중앙위원회는 콤소몰스키 시에 ET-4750형 7.5킬로와트 출력 단파 라디오방송국을 북조선 임시 인민위원회에 넘기라고 지령한다. 북조선의 소비에트화를 위해 방송도 동원하겠다는 의지를 읽을 수 있다.

아울러 소련공산당은 카프타노프 교육성 장관과 극동군구 군사회의가 전문 및 교육기관별로 나눠 조선 청년 300명을 소련의 기술·교원·의학·재성 대학에 입학시키라고 지령하는 등 교육을 통한 장기적인 소비에트화를 구상하고 있다.

소련공산당 중앙위원회는 연해주군구 군사회의의 제안을 받아들여 북조선에 철도경비대를 창설하고 만주와의 국경선을 보호하기 위해 국경경비단을 편성하라고 지령하고 있다. 특히, 민족 지휘간부 양성을 위해 500명을 수용하는 군관학교를 세우고 철도경비대·국경경비단·군관학교를 무장하기 위해 필요한 소련군 무기를 북조선 임시 인민위원회에 판매하라고 지령하고 있다. 이는 한마디로 '꿩 먹고 알 먹는' 군사 위성 정권 창출 작업에 들어갔음을 보여준다.

마지막으로 소련공산당 중앙위원회는 연해주군구 군사회의와 소련군 군사의료총국에 '의료봉사'라는 이름으로 ① 붉은군대 병원에서 필요 없는 의료 기구를 활용해 침상 1,500개가 있는 병원 25곳을 개설하고, ② 모스크바에서 3개월 동안 조선 의사 30명을 재교육하고, ③ 소련군 병원에서 간호원 1,000명을 양성하며, ④ 군의와 의료일꾼을 위한 필수 서적을 조선어로 번역해 출판하고, ⑤ 연해주군구 군사회의는 예비로 의사 50명을 확보해 북조선 임시 인민위원회가 필요할 때, 언제라도 이들을 활용하라고 지령하고 있다.

지금까지 살펴본 소련공산당 중앙위원회의 1946년 7월 26일자 지령은 우리 현대사에 매우 중요한 의미를 갖고 있다. 이 지령은 스탈린의 신전술과 맥을 같이하고 있기 때문이다. 오랫동안 미국 펜실베이니아 대학교에서 정치학 교수를 역임한 후 현재 경희대학교 석좌교수로 재직 중인 이정식 박사는 최근 발간한 저서 『여운형: 시대와 사상을 초월한 융화주의자』(서울대학교출판부, 2008)에서 전현수 교수의 서한을 인용해 "스티코프의 보고서를 받은 스탈린의 정책 결정 과정에 대한 문헌은 아직 발견되지 않고 있으나 스탈린은 1946년 7월에 스티코프, 김일성, 박헌영 등을 불러서 '신전술'을 지시했다"라고 기술하고 있다.

이정식 박사는 저서에서 "스티코프는 미국에 양보하지 말고 미국 정책의 부당함을 '규탄'하고 폭로하는 정책, 즉 강경정책을 쓸 것을 당 중앙에 건의했다. 동시에 북한의 공산 체제를 공고화하기도 했다. 이처럼 공격적인 전술을 진행하기 위해서는 명령에 복종해 행동을 취할 수 있는 세력이 있어야 했다"라고 기술하고 있다.

제2차 소미공위도 반탁인사 배제 원칙 고수하라

제1차 미소공위가 결렬된 후, 서울의 미군정과 평양의 소련군정은 우여곡절 끝에 1947년 5월 21일에 제2차 미소공위를 서울에서 개최했다. 하지 중장은 개회사에서 "전 세계의 이목이 집중되고 있으며 한국민이 임시정부의 출현을 초조하게 기다리고 있는 지금, 양국 간에 철저한 양해가 성립됐다. 가장 절박한 통일 한국의 임시정부를 수립하자"라고 말했다. 소련 측 수석대표 스티코프는 "공동위원회에 부여된 책임을 인식하면서 조선에 관한 모스크바 삼상회의 결정을 정확히 실천하는 데 모든 힘을 다할 것"이라고 연설했다.

소련 외무성은 미소공위를 재개하기에 앞서 소련 대표단에게 제2차 공위에서 소련이 고수해야 할 내용을 지령한다.[3] 1946년 3월 16일자로 보낸 「민주주의 임시 조선 정부 수립에 대한 소미공동위원회의 소련군정 사령부 대표단에 보낸 훈령」 등을 그대로 따르도록 하되, 몇 가지를 추가로 지령한다. 이 지령은 외무성 장관 몰로토프의 지시에 따라 외무성 차관 말리크(Y. A. Malik) 이름으로 대표단에게 하달된다. 말리크 차관의 지령은 다음과 같다.

> 소미공위를 재개할 때 소련 대표단은 조선의 민주정당·사회단체들과 협의 문제에서 종전 입장을 고수하라. 즉, 위원회는 조선 문제에 대한 모스크바 결정을 전적으로 지지하는 민주정당·사회단체들과만 협의해야 하며, 이러한 조선의 민주정당·사회단체들은 모스크바 결정과 이의 실현을 적극 반대했거나 반대하고 있는 동맹국들(또는 동맹국들 중 한 국가)을 공위와의

---

[3] 말리크, 「몰로토프 동지, 소미공동위원회 소련대표단에게 보내는 훈령」(1947.5.17), 소련 대외정책 고문서 보관소(문서번호: M, 265/MA).

▶ 1947년 서울에서 열린 미소공동위원회 양측 대표들.

▶ 1947년 서울에서 미소공동위원회 미국 측 대표 하지 중장(왼쪽)과 소련 측 대표 스티코프 상장이 담소하고 있다.

협의에 추천해서는 안 된다고 주장해야 한다. 소련 대표단은 종전대로 이 원칙적인 입장을 양보하지 않고 고수해야 한다. 이를 요약하면 다음과 같다.

1. 공동위원회는 조선 문제에 대한 모스크바 결정을 전적으로 지지하는 민주정당·사회단체들과만 협의한다.
2. 공동위원회와의 협의에 임하는 정당·사회단체는 모스크바 결정에 반대하는 적극적 활동으로 자신의 명예를 훼손한 대표자들을 협의에 추천하지 말아야 한다.
3. 공동위원회와의 협의에 임하는 제 정당·사회단체는 모스크바 결정과 공동위원회 사업을 반대하거나 타인을 사촉(唆囑)해서는 안 된다. 그렇지 않을 경우에는 그러한 정당·사회단체들은 양측 대표단의 합의에 따라 공동위원회와의 추후 협의에서 제거될 것이다.

우리가 제의한 이 세 가지 규정에 대한 미국 측의 수정안은 우리 측이 정식으로 거부하지 않았기 때문에 우리 입장을 주장할 때 이를 근거로 이용해야 한다.

소련 대표단은 본질상 종전 입장을 고수하면서도, 공동위원회와의 협의에 임하는 각개 민주정당과 사회단체를 면밀하고 구체적으로 심의해 좀 더 신축성 있고 구체적인 방식으로 입장을 고수해야 한다.

우리가 하지 장군이 제의한 수정안에 형식상 동의하기는 했으나, 소련 대표단은 협의에 임하는 제 정당·사회단체나 개인이 지녀야 할 자격은 ① 진정으로 민주적이며, ② 모스크바 결정과 그 실행을 반대하지 않았으며, ③ 모스크바 결정을 전적으로 지지하는 호의를 행동으로 보였으며, ④ 모스크바 결정과 이의 실행, 그리고 동맹국을 반대하는 자들을 협의에 추천하지 않았으며, ⑤ 소미공동위원회 사업과 동맹국, 그리고 모스크바 결정을 과거나 현재 반대하거나 사촉하지 않았는지에 각별히 주의해야 한다.

이 기간에 소련 대표단은 우리 입장을 고수하려는 목적하에, 하지 장군의 수정안에 포함된 제안 중에서 우리가 수용할 수 있거나 이미 우리가 받아들인 제안을 가장 신축성 있고 능숙하게, 구체적으로 이용해야 한다.

그러려면 상담에 임하는 정당·사회단체와 개별 인사들에 대한 자료나 구체적인 사실들을 면밀히 수집해 바람직스럽지 못한 정당·사회단체나 인사들을 거부하는 근거로 삼아야 한다.

소련 대표단은 이와 같은 지침으로 반동성과 친일 행위로 이름난 반민주·반동 정당이나 사회단체, 정치·사회 활동가들을 협의에 망라하는 데 결정적으로 반대해야 한다. 만약 미국 측이 조선의 경제적 통합 문제를 위원회 심의에 올리려고 시도하면 미소공위의 급선무는 임시정부를 수립하는 것이라며 물리치고, 남북조선 간 상품 교류는 단일한 임시 조선민주정부가 수립되기 전까지는 두 점령군 사령부가 합의해 상호 공급하는 형식으로 진행될 것임을 설명하라.

이 지령에서 보듯 소련은 모스크바 결정에 반대하는 정당과 사회단체를 협의 대상에서 제외하겠다는 의지가 확고하다. 소련의 주장이 관철된다면, 결국 반탁을 외쳤던 남한의 우익 정당·사회단체들은 임시정부 수립을 협의하는 주체에서 거의 제외돼야 할 판이다. 제1차 미소공위처럼 제2차 미소공위도 결렬될 것임을 예고하는 대목이다.

소련 외무성 차관 말리크는 공동위원회 소련 대표단에 보낸 지령에서 "임시 조선민주정부 수립 문제에 대한 합의서를 1947년 7~8월까지 작성한다는 급선무를 위해, 공동위원회가 조선 정부 수립과 직접 관련이 없는 문제에 관해 회담을 갖는 것은 사업 초기에는 불합리하다"라며 "모스크바 삼상회의 결정에 따라 소미공동위원회는 임시 조선민주정부 창설을 준비해야 한다는 과제를 안고 있다"라고 강조한다. 소련이 미소공위를 통해, 조선에 자신들의 위성국인 임시정부를 기어이 수립하겠다는 강렬한 의지가 엿보인다. 말리크 외무성 차관의 지령은 계속된다.

공동위원회 사업 정령결정에 관한 성명은 양측 대표단의 합의에 따라 코뮤니케 형식으로 한다. 조선민주주의 임시정부의 원칙·구조·구성·정강을 강구함에서 공동위원회와 협의해야 할 조선 민주정당·사회단체 명단을 작성할 때, 소련 대표단은 북조선 측에서 45%, 남조선 측에서 55%의 비율로 남북조선 정당·사회단체 대표자를 협의에 망라하자고 주장하라. 협의 참가 대표자 구성 비율에 대한 절충안으로 북과 남의 인구 비례를 감안해 40%대 60%로 동의할 수도 있다.

미국 측이 더 많은 남조선 우익 정당을 공동위원회와의 협의에 망라하자고 제의해올 경우, 그에 해당하는 더 많은 수의 좌익 정당·사회단체를 협의에 망라하는 전제로 이 제안에 동의하되 좌익 정당·사회단체 50%, 우익 정당·사회단체 50%가 각각 협의에 임하는 것으로 한다.

공동위원회와의 협의에 임할 남조선 민주정당·사회단체 명단을 작성할 때 1946년 5월에 소련 대표단이 제의한 명단에 입각해야 한다. 여기서 공산당·인민당·신민당을 통합한 남조선노동당은 3개 정당을 대표하는 것으로 간주한다.

그 근거는 첫째, 금년에 노동당으로 합당한 이 3개 정당을 작년에는 공동위원회가 독립적인 3개 정당으로 인정했고, 둘째, 이 3개 정당 중 어느 당도 남조선 우익 정당의 당원 수보다 적지 않으며, 셋째, 현재 남조선에서 노동당의 영향력은 우익 정당들을 다 합친 것보다 강하다는 점이다.

우리 입장을 확고히 하기 위해 1946년 5월에 미국인들이 공동위원회와의 협의 대상으로 남조선 정당 명단을 제출할 때 이 3개 정당은 따로 지명됐음을 이용할 필요가 있다. 전조선노동연맹, 전조선농민동맹, 전조선청년동맹과 같은 대중 민주단체들은 독립적인 단체들로 협의에 망라돼야 한다.

외형상으로는 합리적인 것처럼 보이지만 이런저런 명분을 붙여 좌익 정당과 사회단체를 더 많이 끼워 넣어 임시정부 수립 과정의 협의 주도권을 쥐려는 전술이 담긴 지령이다. 말리크 차관의 지령은 계속 이어진다.

조선민주주의 임시정부는 내각제로 창설돼야 한다. 조선민주주의 임시정부는 비밀·보통·평등·직접투표 원칙하에 자유선거로 인민회의국회를 선출할 때까지 조선 전역에서 입법적·행정적 권력을 행사한다. 지방행정 주권은 비밀·보통·평등·직접투표로 선출된 도·시·군·면·리 인민위원회 등 자치기관으로서의 인민위원회 체계를 통해 정부가 행사한다.

장관과 차관 교체는 인민위원회 선거 전까지는 조선주둔 소련군과 미군 사령부의 승낙하에 이뤄진다. 민주주의 선거법을 기초로 하여 인민회의를 선거한 후, 임시정부는 사임하며 인민회의는 새 정부내각를 형성한다. 정부는 인민회의 앞에 책임을 진다.

소련 대표단은 조선이 단원제 국회를 가진 정부가 국회 앞에 책임을 지는 자주적인 민주공화국이 돼야 한다고 주장해야 한다. 공화국 대통령주석은 국회에서 선출돼야 한다. 대통령의 권리와 의무는 단독적인 집행권이 없는 입헌국가 원수의 권리와 의무로 제한돼야 한다. 지방 정권은 주민에 의해 선출된 인민위원회에 의해 행사된다. 모든 선거는 비밀·보통·평등·직접투표이다.

소련 대표단은 민주주의 정당과 사회단체 대표들로 구성된 임시 인민회의 창설에 대해 제안해야 한다. 임시 인민회의는 상의·협상기관으로서 공동위원회와의 협상을 위해 정당과 사회단체 대표들을 추천한 것과 같은 원칙으로 추천된 민주정당과 사회단체 대표들로 구성된다.

공동위원회와 조선민주주의 임시정부는 헌법 초안, 선거법, 기타 법령 초안을 작성하는 데 임시 인민회의를 끌어들이고 또 조선의 발전을 위한 원조와 성원에 관련된 각종 조치를 강구함에서 임시 인민회의와 상의한다.

소련 대표단은 조선민주주의 임시정부 정강에 성·종교 차별 없이 비밀·보통·평등·직접선거에 기초해 자유선거에 의해 선출된 전 조선 민주기관 창설 문제를 포함하라고 요구해야 한다.

만일 1946년 3월 16일자로 공동위원회 소련 대표단에 보낸 지령 제1호에 서술된 조선민주주의 임시정부 정강 문제를 토의할 때 제2·9·11항을 고수할 수 없을 경우, ① 인민위원회에 의한 전 조선 영토 내 지방자치제를 실시하며, ② 일본인과 조선 독점자본에 속하는 대기업·은행·부존자원·산림·철도 등을 국유화한다고 제안하면서 이에 대한 국민투표를 실시하자고 주장하라.

'조선의 소비에트 위성국'이 소련의 목표

소련 외무성 차관 말리크는 1947년 5월 17일에 조선 문제 담당 소미공동위원회 소련 측 대표단에게 세 번째 비밀 훈령을 보낸다. 이 훈령은 앞서 보낸 두 가지 훈령에 새로운 지시를 추가했다.[4]

조선 문제 소미공동위원회 사업을 재개할 때 소련 대표단은 조선의 민주 정당과 사회단체들과의 협의 조건에 대한 문제에서 기본적으로 종전 입장을 견지해야 한다. '민주조선'을 위한 온갖 유리한 점들을 다 이용하라.

첫째, '모스크바 결정을 전적으로 지지한다는 우호적인 행위를 한 정당과 사회단체에는 초기 상담에 추천될 권리가 부여된다'는 미 군정 하지 중장의 첫 제안에 근거해 소련 대표단은 협의에 망라되는 조선의 모든 정당·사회단체들이 무조건 코뮤니케 제5호 성명에 서명할 것을 요구해야 한다. 이 성명

---

4) 같은 글.

에 서명하는 데 어떠한 부대조건을 붙이려는 정당·사회단체 인사도 협의에 참가할 수 없다.

소련 대표단은 지금까지 조선 문제에 대한 모스크바 결정을 반대하고 있는 사람들이 지도하는 조선 단체들도 코뮤니케 제5호 성명에 서명할 의향을 표시할 수 있음을 감안해야 한다. 하지의 제안에 모스크바모스크바 삼상회의 결정 실행에 대한 부정적 태도는 허용될 수 없다고 지적된 만큼, 이 경우에 소련 대표단은 모스크바 결정을 현재까지도 반대하고 있는 사람들이 지도자로 있는 단체들로부터 제5의 코뮤니케 성명에 서명받는 것이 부적당함을 천명해야 한다. 이는 소련 대표단이 조선의 반민주 단체들을 적당한 기회에 이용할 수 있는 방법이 될 수 있기 때문이다.

이는 공동위원회 사업 전 과정에서 조선의 반민주단체와 투쟁하면서 소련 대표단의 입장을 전술적으로 용이하게 할 수 있다. 미국 대표단 측이 반대 의사를 표시할 경우 소련 대표단은 공동위원회가 조선의 모 단체를 더욱 상세히 연구할 때까지 그 단체가 코뮤니케에 서명하게 하는 문제에 대한 최종 결정을 연기할 것을 제안할 수 있다.

둘째, 하지의 제안은 다음과 같은 점을 전제한다. 즉, 이렇게 선언한 정당과 사회단체는 모스크바 결정을 실행하는 데 대한 자신의 견해를 최상의 방법으로 공동위원회 앞에서 표시할 수 있는 대표자를 임명할 권리를 갖는다. 그러나 만일 이러한 대표자가 모스크바 결정이나 동맹국 일방을 반대한다는 것이 확실한 경우 공동위원회는 상호 협의하에 이런 선언성명을 한 당이 그 대표자 대신 다른 대표자를 추천할 것을 요구할 수 있다. 만일 미국 측 대표단이 이 조건을 어기고 단독 성명을 하는 경우에 소련 대표단은 중앙과 협의해 자기 성명을 발표해야 한다.

조선민주주의 임시정부의 원칙·구조·구성·정강을 강구하는 데 공동위원회가 협의 대상으로 삼아야 할 조선의 민주정당과 사회단체 명단을 작성할 때, 소련 대표단은 종전 지령을 변경해 북조선 측에서 50%와 남조선 측에서

50%의 비율로 남북조선 정당과 사회단체 대표들을 협의에 망라시킬 것을 주장해야 한다. 이때 남조선 측 대표단 가운데 좌익 정당과 사회단체 대표자 수가 적어도 절반은 돼야 한다.

협의에 남북조선 정당과 사회단체 대표들을 균등하게 참가시키자는 요구는 인위적으로 38도선으로 갈라진 두 조선의 영토와 인구에 큰 차이가 없으므로 조선민주주의 임시공화국 수립과 같은 문제를 해결하는 데에서 그중 하나를 차별할 근거가 없다는 논거로 대처해야 한다.

공동위원회와의 상담 대상으로 남조선 민주정당과 사회단체 명단을 작성할 때, 1946년 5월에 소련대표단이 제의한 명단에 근거해야 한다. 여기서 공산당·인민당·신민당의 합당으로 이뤄진 남로당을 3개 정당으로 간주해야 한다.

그 근거는 첫째, 지금 남노동당에 포함돼 있는 이 3개 정당이 과거에는 공동위원회에 의해 단독 정당으로 인정됐고, 둘째, 이 3개 정당 중 어느 하나도 남조선의 우익 정당보다 그 당원수가 적지 않고, 셋째로는 남조선에서 남로당의 영향력은 남조선의 모든 우익 정당을 다 합친 것보다 훨씬 더 크다는 점이다.

이 입장을 확증하기 위해 1946년 5월 미국인들이 공동위원회 협의 대상으로 남조선 정당들의 명단을 제출할 때 위에서 말한 3개 정당이 따로 지적돼 있는 점을 이용할 수 있다. 전조선노동연맹, 전조선농민동맹, 전조선청년동맹 기타 남조선의 민주주의 대중단체들은 자립적인 단체들로 협의에 인입돼야 한다.

특히, 소련은 소련 측 공동위원회 대표단에게 조선민주주의 임시정부가 수립될 경우 임시정부 구성과 성격 등에 대한 구체적인 방안을 지령하고 있다. 이 방안에는 소비에트화 전략이 그대로 숨어 있다. 지령은 계속 이어진다.

조선민주주의 임시정부는 내각제로 형성돼야 한다. 임시정부는 조선의 민주정당·사회단체 대표자들로 구성된다. 임시정부를 구성할 때 남북조선 정당과 사회단체가 추천한 후보 중에서 균등하게 장관이 배당된다. 이때 남조선 정당·사회단체가 추천한 장관 중 적어도 반수는 좌익 정당과 사회단체 대표여야 한다.

조선민주주의 임시정부는 비밀투표로 실시되는 보통·직접·평등선거권에 근거해 자유선거에 의해 인민회의국회가 선출되기 전까지 조선의 전 지역에서 입법권과 집행권을 행사한다. 보통·직접·평등·비밀투표에 근거하여 선출되는 자치기관(도·군·면·리 인민위원회)으로서의 인민위원회 체계를 통해 정부는 지방에서 집행권을 행사한다.

상장관과 부상의 교체는 인민회의 선출 전까지는 조선주둔 소련군과 미군 사령관들의 승낙하에 이뤄진다. 민주주의 선거법에 근거하여 인민회의가 선출된 후 임시정부는 사임하고 인민회의는 새 정부내각를 형성한다. 새 정부는 인민회의 앞에서 책임진다.

소련 대표단은 조선이 단원제 국회와 이 국회 앞에서 정부가 책임을 지는 (보고할 의무가 있는) 자주적인 민주공화국이 돼야 한다는 주장을 펴야 한다. 공화국 대통령은 국회에서 선출돼야 한다. 대통령의 권한과 의무는 단독 집행권이 없는 입헌국가 원수의 권한과 의무로 제한돼야 한다.

소련 대표단은 민주정당·사회단체 대표들로 구성된 임시 인민회의 구성에 관한 제안을 제출해야 한다. 임시 인민회의는 공동위원회와의 협의 대상으로 제 정당·사회단체 대표들을 추천한 것과 같은 원칙으로 추천된 민주정당·사회단체 대표들로 구성된 협의기관 자격으로 창설된다.

공동위원회와 조선민주주의 임시정부는 헌법 초안, 선거법, 기타 법령작성에 임시 인민회의를 인입시키고 조선의 발전에 원조와 성원을 하기 위한 여러 가지 조치들을 강구함에 있어서 후자와 협의한다.

소련 대표단은 성별과 신앙의 차별이 없고 비밀투표를 전제로 하는 보통·

직접·평등선거권에 근거한 자유선거에 의해 전 조선에 민주정권기관을 창설하는 문제를 조선민주주의 임시정부 정강에 포함시킬 것을 요구해야 한다.

소련 대표단은 상기 내용을 감안해 기타 모든 면에서 종전 훈령을 지침으로 삼아야 한다.[5]

---

5) 여기에서 종전 훈령이란 「조선민주주의 임시정부 수립과 관련해 소미공동위원회 소련군정 사령부 대표단에 보낸 훈령」(1946.3.16)과 「조선 문제 담당 소미공동위원회 소련 측 대표단에 보낸 훈령」(1946.7.26)을 말한다.

제7장

북한 최고지도부에 대한 소련의 복심

소련군정과 김일성·박헌영은 삼각관계

    소련군정과 김일성·박헌영의 관계는 한마디로 삼각관계였다. 우리 역사는 소련군정이 북한을 소비에트화하면서 김일성을 지도자 후보로 꼽고 양성했을 뿐 조선공산당 '중앙' 박헌영은 문틈에 낀 존재였다고 보고 있다. 과연 그랬을까? 이 문제에 답해줄 문건은 아직 나오지 않았다. 당시 소련군정에서 이들 관계를 지켜본 증인들의 증언을 통해 풀어볼 수밖에 없다.

    소련군정은 1945년 10월 14일 '소련군 환영대회'에서 김일성을 인민들에게 선보인 후 단계적으로 부상시켰다. 이 과정에서 박헌영은 소련군정이나 김일성과의 마찰을 피해가면서 소련의 임시정부 수립 정책에 보조를 맞춰갔다.

    1945년 10월 10~13일 북조선 5도당 책임자·열성자 대회에서 조선공산당 북조선 조직위원회를 만들면서도 분위기는 '서울중앙'에 대한 지지가 분명했다. 특히, 북조선 조직국 조직부장 김일성도 서울중앙의 박헌영을 지지하고 이영 등 장안파를 비판하고 나섰다. 김용범·오기섭·김일성 등이 서명해 서울로 보낸 서한에도 "조선 인민의 위대한 수령, 근로인민의 수령 박헌영 동지 만세"라고 분명히 인쇄돼 있었다. 앞에서 언급한 대로 소련도 혁명의 거점을 평양에 설치하려 했으나 당초 전통적 혁명기지로서 서울에 사회주의 운동가들이 집중돼 있었으므로 서울중앙은 유지하고 평양에 조선공산당 조직국을 설치했던 것이다. 북한에서 빨치산 양성소 강동정치학원장 등을 지내다 숙청돼 소련에 망명한 박병률의 증언을 들어본다.[1)]

"박헌영의 존재는 소련 한인 1세 때부터 유명했습니다. 1925년에 조선공산당 창건에 참여했고 공청위원장이었으며, 소련에 유학까지 해 흔히 '조선의 레닌'으로 불렸지요. 따라서 소련에서의 신망도 두터웠습니다.

박헌영의 정치 철학은 한마디로 애국주의, 국제적 공산주의, 정치 노선상의 인도주의적 민주주의, 경제 노선상의 사회주의 등으로 요약할 수 있습니다. 특히, 그는 단계적·점진적인 사회주의 이행을 주장했습니다.

소련에서 온 고려인 400여 명 가운데 박헌영 지지자는 나를 비롯해 몇 명 되지 않았습니다. 소련파 중에서 박헌영의 혁명 역사를 아는 일부 사람이 지지했으나 미미한 정도였지요. 1946년 봄까지 김일성과 박헌영의 사이는 겉보기에 그리 나쁘지 않았습니다. 1945년 10월 14일 소련군 환영대회에서 김일성은 스탈린 만세와 함께 박헌영 만세도 외칠 정도였으니까요."

박병률의 증언은 계속 이어진다.

"박헌영이 김일성에 대해 비판하는 것을 보지 못했습니다. 박헌영은 그런 점에서 침착하고 소박한 사람입니다. 김일성은 정권을 빼앗길까 봐 질투하고 두려워했지만, 박헌영은 정반대였습니다. 1948년 정권이 수립된 직후

---

1) 박병률과의 인터뷰(모스크바, 1991.5.18).

어느 겨울 날, 박 부수상이 강가에서 낚시를 하다가 큰 잉어를 한 마리 잡자 '이 고기는 김일성 수상에게 대접해야겠다'고 할 정도였으니까요. 박헌영이 김일성을 지지한다는 의사를 드러냈다고 볼 수 있습니다. 이를 보더라도 박헌영은 김일성에 대해 넉넉한 마음을 가졌음을 알 수 있지요."

김일성과 박헌영은 김일성이 소련군정에 의해 북조선의 당권에 이어 사실상 행정권을 담당하는 북조선 임시 인민위원장이 되면서부터 멀어지기 시작했다. 다시 박병률의 증언을 보자.

"박헌영은 남조선에서 올라온 사람들을 배치하는 문제로 고심했습니다. 해방 초기부터 소련군정은 여러 정파의 인물을 골고루 배치하는 태도를 보인 데 반해 김일성은 그렇지 않았기 때문입니다. 소련군정은 정권을 수립할 때 내각 각료들에 대해서도 '누구를 노동상으로 앉혀라', '누구를 재정상으로 만들어라'는 등 임명권을 행사했지만 각 정파별 배분에 대해서는 충분히 고려했습니다. 북조선노동당의 첫 정치위원에 빨치산파 김일성, 연안파 김두봉·박일우, 소련파 허가이, 국내파 주영하 등이 포함된 것은 좋은 예입니다. 남북조선노동당이 합당한 뒤에는 정치위원이 4명 더 늘었는데 빨치산파 김책, 남조선파 박헌영·이승엽·김삼룡이었습니다. 이는 소련의 결정에 따른 것으로 김일성의 이름을 빌렸을 뿐이지요."

이와 같이 초기 김일성과 박헌영의 사이는 크게 나쁘지 않았으나 시간이 지남에 따라 김일성이 박헌영을 자신의 가장 큰 정적(政敵)으로 인식하면서 둘 사이는 멀어지기 시작했다. 외무성 부상을 지낸 박왈렌친 박사의 증언을 보자.[2]

---

2) 박왈렌친과의 인터뷰(모스크바, 1991.10.7).

"김일성은 박헌영에 대해 종종 질투심을 보이고는 했습니다. 일례로 내각 회의를 할 때 부장·부부장들이 모이는데 박헌영이 어쩌다가 외교관들을 만나고 오려다 보니 회의시간을 제대로 맞추지 못하는 경우가 있었습니다. 이럴 때면 김일성은 '우리 이론가는 늦게 올 모양이니 먼저 회의를 시작합시다'라고 말하고는 했습니다. 또 전화할 때도 '거기 이론가가 와 있는지 살펴보고 내가 찾는다고 말하시오'라고 하기도 했지요. 이처럼 김일성은 박헌영을 이름 대신 거의 '이론가'라고 불렀습니다. 우리는 박헌영이 대학을 졸업했고 마르크스-레닌주의 상식도 많아서, 김일성이 박헌영에 대한 질투와 빈정거림을 섞어 농담한 것이라고 이해했습니다. 김일성은 공·사석에서 '우리빨치산파는 공부를 못하고 일본군과 무기를 들고 싸웠다'는 점을 강조했고 '박헌영 등은 말만 공부했다'고 비판하기 일쑤였기 때문입니다."

박헌영, 서울에서 '김일성이 통일정부 대통령' 선언

한편 1946년 봄 박헌영은 '김일성이 통일정부의 대통령이 돼야 한다'고 선언한다. 당시 미소공동위가 서울에서 열릴 때였다. 스티코프를 비롯해 레베데프, 로마넨코 등 소련군정 지도부가 서울에 와 있었으며, 시기적으로 모스크바 삼상회의 결정에 따라 임시정부가 세워질 수 있다는 희망도 살아 있던 때였다.

이 선언은 박헌영이 남긴 희귀자료 『조선 인민에게 드림』에서 처음으로 드러난 '역사'이다. 박헌영은 미국의 한 기자와의 인터뷰에서 '김일성을 통일정부의 대통령으로 모셔야 된다'고 선언하고 있다.[3] 이 선언은 '김일

---

3) 여기에서 짚고 넘어갈 부분은 박헌영이 언급한 '대통령'의 권한과 성격이다. 대통령 중심제의 대통령으로 해석해야 할지, 아니면 소련정부 안(案)의 '허수아비 대통령'인지

성과 박헌영은 출발할 때부터 정적 관계였다'는 우리 역사의 관점에서 보면 매우 충격적인 선언이다. 다음은 1946년 3월 26일에 서울에서 박헌영이 미국의 UP 통신(현 UPI 통신의 전신) 호이트 기자와 가진 "역사 진행에 역행하는 반동분자는 몰락한다"라는 제목의 일문일답이다.[4]

> 호이트 미군정하의 조선공산당 당원 수는? 그리고 북조선의 공산당 당원 수는?
>
> 박헌영 약 3만 명이다. 북조선 당원 수는 북조선공산당에 물어봐라.
>
> 호이트 조선공산당은 일본공산당과 직접 연락이 있는가?
>
> 박헌영 두 나라 당이 모두 일천해 아직 연락 관계를 가질 만한 처지도 아니었고, 그럴 시간도 없었다.
>
> 호이트 조선민주주의 임시정부가 창설될 때 대통령으로 김일성을 지지하는가?
>
> 박헌영 김일성 씨는 전시에 항일 빨치산 지도자였던 민족영웅이다. 그는 북조선 인민들이 지지할 뿐 아니라 남조선 인민들도 민족영웅으로 여긴다. 북조선의 여러 당에서 그를 대통령으로 내세우면 남조선 인민들도 이를 지지할 것이다. 우리 당에서는 인민과 함께 지지한다.
>
> 호이트 조선공산당은 어떤 공산주의 철학을 따르는가? 마르크스주의냐, 트로츠키주의냐, 스탈린주의냐?
>
> 박헌영 우리 철학은 당 강령에 명시돼 있다. 깊이 연구하고 싶으면 그것을 참고하면 알 수 있다.

의 문제이다. 그러나 박헌영이 밝힌 답변 내용에서 "남조선 인민들도 김일성을 민족영웅으로 여기고, 북조선 여러 당에서 그를 대통령으로 내세우면 남조선 인민들도 이를 지지할 것"이라고 한 것을 충실히 해석하면, 박헌영이 말한 대통령은 임시정부를 끌고 가는 지도자나 수반으로 봐야 될 듯하다.

4) 조선 맑스·엥겔스·레닌연구소 엮음, 『조선 인민에게 드림』, 194쪽.

호이트   조선공산당은 중국공산당과 어떤 관계를 갖고 있는가?

박헌영   우리 당은 중국공산당과 관계를 가질 정도로 자라지 못했다. 투쟁 역사도 짧고 경험도 적은데, 중국공산당은 투쟁 역사가 길고 경험이 풍부하여 위대한 세력으로 존재하고 있다.

박헌영, 스탈린에게 김일성 비판 편지 보내

박헌영의 이와 같은 '김일성 지지 선언'은 진심이었을까? 아니면 속마음은 따로 있지만 외국 기자의 질문에 대한 '의례적인 답변'이었을까? 반탁운동이 거세지는 가운데 미소공동위가 열리고 임시정부 수립 여부가 초미의 관심을 모으고 있는 시기와 정세 등을 감안하면 진심이 담긴 선언이라고 해석할 수 있다.

그러나 두 달 후인 1946년 5월 하순경, 박헌영은 김일성 노선을 비판하는 장문의 편지를 스탈린에게 보낸다. 이 시기는 박헌영이 정판사 위조지폐 사건 때문에 미군정으로부터 심한 압박을 받고 있어 여러 불만이 고조되던 때이기도 하다.

당시 소련군 극동군구 사령부 말리노프스키 사령관의 정보 담당 부관이었던 코바렌코(소련군의 대일전 당시 극동군 총사령부 사령관 바실레프스키 원수 부관, 예편 후 소련공산당 중앙위원회 국제부 부부장 역임)는 지금까지 역사에 드러나지 않은 새로운 사실을 증언한다. 그 증언을 들어보자.[5]

"KGB 하바로프스크 국(局)에서 사령관실에 '서울에서 박헌영이 스탈린 대원수에게 보낸 편지가 왔는데 어떻게 처리했으면 좋겠느냐'는 연락이

---

5) 코바렌코와의 인터뷰(모스크바, 1992.5.8).

왔습니다. 나는 사령관의 지시로 이 편지를 검토한 후 최종 판단은 '당 중앙스탈린을 지칭'에 맡기기로 하고 모스크바로 보내라며 박헌영의 편지를 KGB로 돌려보냈습니다. 편지 내용은 이러했습니다.

'조선에 민주기지를 건설하기 위해서는 부르주아 민주 혁명을 선행해야 한다. 그러나 북조선의 김일성은 무력 통일을 위해 무장력을 갖춰야 된다는 둥 너무 독단적으로 혁명을 추진하고 있다. 남조선에서는 미군정이라는 어려운 여건에서 활동하기 때문에 독단적으로 혁명을 추진할 수 없다'는 식의, 남조선에 대한 북조선 정책을 바꾸라는 내용이 주를 이뤘습니다."

코바렌코는 자신의 느낌으로는 박헌영이 보낸 이 편지는 서울 주재 소련 총영사관 샤브신 부총사와 평양의 발라사노프가 주선한 듯했다고 회고했다. 또 1946년 4월에 박헌영이 모스크바에 살고 있는 외동딸 박비비안나에게 처음 편지를 보낸 것도 KGB 하바로프스크 국을 통해서였다고 증언했다.[6] 소련 정보기관이 박헌영을 적극적으로 북한의 지도자로 추천했다고 주장하는 것은 바로 이런 배경에서 나왔다고 해석된다. 증언은 계속된다.

"박헌영은 이 편지에서 '이승만도 귀국했지만 인민들의 지지가 완전하지 못한 것처럼 남조선 정세가 날로 복잡해지고 있는 가운데 공산당은 평화적인 방법으로 남한에서 활동해 인민들을 끌어들여야 혁명에 성공할 수 있다'

---

[6] 모스크바에 살고 있는 박헌영의 외동딸 박비비안나의 집에서 서울의 아버지로부터 1946년 4월에 생애 처음으로 온 편지를 발견할 수 있었다. 이 편지는 KGB 하바로프스크 국을 경유해 박비비안나에게 전달됐다. 따라서 코바렌코의 증언이 진실임이 확인된다. 그러나 '박헌영이 스탈린에게 편지를 보냈다'는 코바렌코 씨의 증언을 뒷받침할 만한 문헌(증거)은 아직 나오지 않고 있다. 따라서 이 증언은 하나의 '설(說)'로 취급되어야 할 것이다.

고 강조했습니다. 당시 김일성은 자신만이 북조선의 유일 지도자라고 생각하고 있었습니다. 이 때문에 혁명 노선을 놓고 박헌영과의 갈등이 심화됐습니다. 두 사람의 갈등을 하바로프스크 사령부와 모스크바에서도 알고 있었습니다. 그래서 스탈린의 의중을 알아보기 위해 박헌영의 편지를 모스크바로 보내기로 했던 것입니다."

코바렌코는 "스탈린이 박헌영의 편지를 보고 '이 사람의 의견이 설득력이 있다고 생각한다'며 KGB에 해결책을 지시했고 KGB는 김일성에게 잘못된 노선을 시정하게끔 경고했습니다"라고 증언했다. 코바렌코는 "박헌영이 이 편지에 앞서 1945년 10월 중순경 '조선공산당이 엄연히 서울에 중앙을 갖추고 있는데도 북조선 5개 당 책임자대회 때 소련군정이 조선공산당 북조선 조직국을 조직하는 등 김일성에게만 일방적으로 협력하고 있다'는 내용의 편지를 스탈린에게 보낸 일이 있었습니다"라고 증언했다.

소련에서 온 고려인 '당 박사' 허가이

소련에 살고 있는 '소련파' 망명인사들은 소련군정이 김일성을 지목한 것에 대해 한결같이 다음과 같이 증언했다. 박왈렌친 박사의 증언부터 보자.

"소련군정 사령부 치스차코프 대장, 레베데프와 로마넨코 소장, 이그나치프 대좌 등 군정 지도자들은 고려인으로 구성된 '소련파' 진영이 5단계로 나뉘어 입국할 때마다 첫 번째로 '김일성을 지지하라'는 명령부터 내렸습니다. 즉, 김일성이 북한의 지도자가 될 인물이니 소련에서 나온 사람들은 모두 그를 도와 협력하라고 지시한 것이지요. 이와 같은 조치는 이미 10월

14일 소련군 환영대회김일성의 첫 연설를 열기 전인 9월 말부터 내려졌습니다. 아울러 소련군정 지도부는 우리 소련파들에게, 대민 접촉할 때 김일성을 민족영웅으로 부각시키라고 지시했습니다."

이어서 북한의 빨치산 양성소 강동정치학원장 박병률의 증언을 보자.7)

"소련군정에 의해 김일성이 '김일성 장군'으로 불리면서 소련파 내에서는 김일성을 '내위 장군'이라고 부르기노 했습니다. 허가이는 소련에서 온 인물 가운데 가장 준비된 중요 인물이었습니다. 소련 원동지역 변강 공청 조직부장을 했던 허가이는 소련파 중 대표적인 직업적 당 일꾼으로 당 사업을 제대로 할 수 있는 인물이었지요. 그의 별명은 '당 박사'였고 원칙이 뚜렷한 사람으로 기억합니다. 그는 평소 큰소리를 내지 않는 신중한 사람이었습니다. 보통 토론 과정에서 자기 뜻과 다를 때 '안 된다'고 하지 않고, 완곡하게 '그렇게 해서 되겠습니까'라고 말했습니다. 허가이가 이렇게 말하면, 김일성도 말을 하다가 그칠 정도였지요.

초기 당 사업을 할 때 김일성은 허가이에게 상당히 신세를 졌습니다. 김일성은 초급 당 위원장 한 번 지낸 일이 없어 당 사업에 대해서는 알 수 없었기 때문입니다. 즉, 김일성은 당 사업을 할 준비가 되지 않았던 것이지요. 우리 소련파는 흔히 제일 질서가 없는 경우를 '빨치산 질서 같다'고 혹독하게 말할 정도였으니까요. 소련 지시에 의해 모든 것이 이뤄졌고, 김일성이 연설하더라도 소련인이 만든 연설문을 소련파에게 번역하도록 했습니다. 소련파의 배치도 일일이 소련군정에서 계획적으로 진행했습니다. 소련군정 내에서는 '고문정치'라고 할 정도로 소련 고문단의 모든 권고가 받아들여졌다고 보면 됩니다."

---

7) 박병률과의 인터뷰(모스크바, 1991.5.20).

조만식 빠진 북한에서 등장한 얼굴마담 김두봉

신탁통치 문제로 조만식을 잃은 소련군정은 발등에 불이 떨어졌다. 조만식 선생이 이끄는 조선민주당도 빨치산 출신 최용건을 당수로 내세워 북조선공산당의 제2중대 신세로 전락했다. 그래서 1945년 말 소련군 총정치국장 쉬킨 대장이 내린 '소련에 대해 호의적이며 조선에서 소련의 정치적 입장을 공히 할 수 있는 새로운 민주간부를 선정하고 양성하라'는 지령을 실천에 옮기는 데에도 차질이 생겼다.

그렇다고 손을 놓고만 있을 수 없는 형편이었다. 공산당 일당만으로 위성 정권을 세울 수도 없고 외형상 다당제 형태의 민주공화국을 수립해야 한다는 소련공산당의 지령에 따라 '공산당의 위성 정당'을 만드는 데 박차를 가했다. 이런 소련군정 지도부가 고심 끝에 떠올린 것이 1945년 12월 중국 연안에서 귀국한 김두봉 등 '연안파'를 중심으로 제2정당을 창당하는 것이었다.

'꿩 대신 닭'이라고 할까? 조만식이 없는 북한에서 김두봉은 '얼굴마담'으로 급부상한다. 김두봉은 1946년 2월 8일에 창설된 북조선 임시 인민위원회(위원장 김일성)의 부위원장에 임명됐다. 오른손에는 조선신민당 당수, 왼손에는 행정권 부책임자란 명함을 쥐게 된다. 북조선의 소련군정 사령부 정치고문 발라사노프 팀은 조선신민당 창당과 당세 확장 과정 등을 모스크바에 다음과 같이 보고한다.[8]

> 조선독립동맹의 기초 위에서 신민당이 1946년 2월 16일 창당됐다. 조선독립동맹은 1940년에 중국에서 조선의 좌익 정치 망명객들에 의해 조직됐다. 이 동맹은 만주와 중국에 사는 조선인에게서 신망이 높았고, 조선을

---

8) 발라사노프 팀(추정), 「북조선 정당·사회단체 조사 보고서」, 소련 대외정책 고문서 보관소

일본 식민지 노예제도에서 해방하고 조선의 민주주의 독립국가를 세우기 위한 투쟁을 전개했다. 중국에서 조선독립동맹은 팔로군과 함께 일본군과 맞서 싸웠다. 1945년 12월 중순에 조선독립동맹 지도부와 다수의 맹원들이 조선으로 귀국했다.

이 가운데 김두봉을 수반으로 하는 일부는 북조선에 남았고 나머지는 남조선으로 갔다. 소련군정 사령부는 김일성을 앞세워 독립동맹 일행 환영준비위원회를 조직해 이들의 귀국을 환영했다. 이 환영준비위원회에는 서울시 인민위원회 등 남소선 단체 20여 개가 참여했다. 조선독립동맹원들은 남조선과 북조선에 가서 각각 민주정당인 신민당을 창당했다. 북조선신민당 당수에는 김두봉이 선출됐다.9)

계속되는 발라사노프 팀의 보고는 김두봉 일행의 귀국부터 창당까지 소련군정이 깊게 관여했음을 보여준다. 이 보고는 김두봉에 대한 신상정보를 자세히 적고 있다.

김두봉은 1889년에 조선 농민의 가정에서 태어났다. 경성대학에서 공부를 했다. 1919년 조선해방운동에 참가했다. 조선에서 3·1운동이 실패하자 중국으로 망명했고, 중국에서 다른 조선인 정치 망명객들과 함께 일제에 반대하는 투쟁을 벌였다. 1940년에 연안에서 조선독립동맹을 조직해 지도

---

9) 독자의 이해를 돕기 위해 '소련파, 연안파, 빨치산파, 남로당파, 국내파'의 개념을 설명한다. 소련과 중국공산당의 특별 지시로 소련과 연안의 간부들은 38도선의 북쪽에 머물게 됐다. 평양에 집결한 정치 활동가들은 주로 소련파, 연안파, 빨치산파, 남로당파, 국내파 등으로 구분됐다. 이는 정치적·사상적 견해나 계급적 입장 차이에 따라 구분한 것은 아니다. 그들의 과거 활동 지역에 따라 편의상 붙인 명칭에 불과하다. 해방 이후 북한 정치 무대에서 활약한 간부들의 과거 활동 경력과 실무 능력으로 봐서나 단순히 수적으로 보더라도 가장 강대한 것은 연안파와 소련파였다.

자가 됐다. 1945년 12월에 북조선에 귀국했다. 조선에서는 저명한 사회정치 활동가이며, 학자교수 칭호가 있음로 알려져 있다.

김두봉이 입국한 지 불과 2개월밖에 되지 않아서인지 다른 인물 정보 보고와 달리 소련에 대한 충성도나 사상 검증 등은 빠졌다. 발라사노프 팀의 보고를 계속 살펴보자.

신민당에는 광범한 인텔리 계층뿐 아니라 진보적 부르주아와 농민들이 참여했다. 당원의 50% 이상이 인텔리, 사무원, 자유 직업인이다. 이 당은 북조선에서 적극적으로 활약해 인민대중 속에서 짧은 시일 안에 신망을 얻었다. 그래서 당원 수가 급속히 늘어나 1946년 3월 15일 현재 1만 1,000여 명이다. "신민당의 중대한 과업은 조선의 민주국가를 건설하는 데 있다. 따라서 우리 당은 민주주의민족전선 아래 모든 반일 정당과 그룹, 광범한 인민대중을 단합시키기 위해 투쟁할 것이다"라고 강령에 쓰고 있다. 조선 근로인민을 위해 싸우는 신민당은 북조선의 모든 민주개혁을 진행할 때 공산당과 늘 함께할 것이라고 주장하고 있다.

소련에서 준비해간 '민주개혁' 프로그램

북한에서 '민주개혁' 프로그램이 아직 실현되지 않는 등 위성국 정권 창출 기반이 갖춰지지 않고 있다는 상부의 지적[10]에 따라 소련군정은

---

10) 소련군 총정치국장 대장 쉬킨, 「외무부위원 로조프스키 동지 앞, 몰로토프 동지에게 보낸 북조선 정세보고서 사본」(1945.12.25), 소련 대외정책 고문서 보관소(문서번호: N.200227).

▶ 1946년 3월, 북조선 임시 인민위원회에서 위원장 김일성(가운데)이 토지개혁과 같은 '민주개혁'을 강력히 추진하자며 열변을 토하고 있다. 벽에 김일성, 레닌(왼쪽), 스탈린(오른쪽)의 초상화가 걸려 있고 김일성 좌우에는 각각 천도교청우당 당수 김달현, 조선민주당 당수 최용건이 앉아 있다.

신탁통치의 회오리 속에서도 이들 과제들을 실천에 옮기기에 안간힘을 쏟는다.

소련군정의 1946년은 그야말로 '민주개혁의 해'였다. 정권기관인 북조선 임시 인민위원회를 창설하고, 천도교청우당에 이어 조선신민당을 창당하며, 다시 6개월 만에 북조선공산당과 조선공산당을 합당해 북조선노동당을 만들었다. 그 와중에 토지개혁법령 등을 발표해 북한의 정치·경제·사회·문화 등 각 분야에서 말 그대로 공산주의 혁명이 진행된다.

소련군정은 1945년 12월 17일에 북조선공산당 제3차 확대회의를 열어 김일성을 제1비서에 앉혔고, 1946년 2월 8일에는 사실상의 정권기관인 북조선 임시 인민위원회를 창설하면서 김일성을 위원장에 앉혔다. 김일성의 양손에 당과 행정권을 쥐어준 셈이다. 또 북조선공산당을 중심으로 주위에 조선민주당(1945년 11월 3일 창당), 천도교청우당(1946년 2월 8일 창당), 신민당(1946년 2월 16일 창당) 등을 둬 외형상 다당제 형태를 갖췄다.

이제부터 속도를 내야 할 과제는 '민주개혁'이라는, 이른바 소비에트화 프로그램의 실천이었다. 소련군정은 1945년 10월부터 모스크바에서 소련의 토지개혁과 노동법령, 남녀평등에 관한 법령, 산업·운수·통신·은행 국유화 법령, 각 도·시·군·면·리 인민위원회 선거에 관한 법령 등을 받아 평양주둔 소련군정 제7호 정치국장 이그나치프 대좌 팀에 있는 소련파 고려인들에게 번역하게 한다.

그리고 이를 북한 현실에 맞게 재가공해 북조선 임시 인민위원회 위원장 김일성 이름으로 이른바 민주개혁 5대 법령을 실행한다. 소련 방식대로 하면 법령들 모두 형식상 인민 대표기관의 비준·승인 절차가 필요하지만 인민 대표기관이 없었기 때문에 우선 시행하게 된다. 그리고 이들 법령은 1946년 11월 3일에 실시된 도·시·군 인민위원회 선거를 통해 창설된 인민회의에서 비준을 받는 등 모양새를 갖춰간다.

북한정권에서 문화성 부상 등을 지내다 '소련파'로 몰려 숙청돼 현재 카자흐스탄 알마티에 살고 있는 정률은 2007년 봄 서울을 방문해 필자와 가진 인터뷰에서 "1946년 진행된 북조선의 민주개혁 프로그램은 모스크바의 소련공산당 중앙위원회에서 만들어 1945년 10월 평양주둔 소련군정에 급송됐습니다. 이를 러시아어를 잘 아는 고려인 18명이 번역해 김일성 임시 인민위원장 이름으로 발표한 것이지요"라고 증언했다. 정률은 "당시 북조선공산당 지도부는 민주개혁 프로그램을 만들 만한 능력이 없었습니다"라고 회고했다.

북조선 임시 인민위원회는 1946년 3월 5일에 전문 67조의 역사적 토지개혁 법령을 발표해 이날부터 효력을 발생시킨다. 주요 내용은 소작 제도를 철폐하고, 농지 이용권은 자작농에게만 주며, 일본인 소유 토지, 민족반역자 소유 토지, 도주자의 토지, 불경(不耕)지주의 토지, 1농가 5정보 이상

▶ 1946년 여름, 북한의 농민들이 밭머리에서 토지개혁 좌담회를 하고 있다.

소유 토지, 성당·사원 등의 종교단체가 5정보 이상 소유한 토지를 무상으로 몰수해 토지가 없거나 적은 자작농에게 무상으로 분배한다는 것이었다.

토지개혁은 한 달 만에 끝났다. 내용을 뜯어보면 몰수 토지 100만 325정보, 분여(分與) 토지 98만 1,390정보, 분여 농가 72만 4,522호 등이다. 토지개혁이 성공리에 완성된 1948년 여름, 남북조선의 주민 1,676만 7,680명이 연대 서명한 서한을 스탈린에게 보낸다.

세기적인 봉건적 질곡과 혹독한 압박에서 해방된 북조선 농민들은 아주 커다란 열정으로 자신의 전답을 경작하고 있습니다. 따라서 전 역사에서 처음으로 북조선 농민은 자유로 자기 노력의 결실을 처리하고 있습니다. 1946~1948년 동안 농민 10만 명이 가련한 오막살이에서 새로 건축된 주택으로 이사했습니다. 이 기간에 농민은 12만 마리의 가축과 새 농기구, 새 의복, 라디오를 갖게 됐습니다. 주택에 전기가 들어옵니다. 모든 인민과 함께 농민들은 새 민주 독립의 조선민주주의인민공화국을 건설하고자 적극적으로 투쟁하고 있습니다. 소련군대와 스탈린 대원수의 원조와 지지에 대해 충심으로 감사합니다.

형식만 남북 주민이지 소련군정의 '자가발전용' 성향의 서한이라고 할 수 있다. 그러나 이 토지개혁이 순풍에 돛을 단 듯 일사천리로 진행되지는 않았다. 하루아침에 농토를 빼앗긴 지주나 농민들의 반발이 이어져 소련군 정을 당황하게 한 것도 사실이다.

서울 주재 소련 총영사관 부총사로 있다가 영사관이 철수하면서(1946년 7월 2일) 평양으로 올라가 발라사노프 정치고문 팀에 합류한 샤브신은 "소련군정이 주도한 토지개혁과 이와 관련된 정책 집행은 극렬한 계급투쟁과 지주나 기타 반동분자들의 부단한 반항이 이어지는 환경 속에서 진행됐다"라며 "그들은 '소비에트 군대 반대'를 외치며 토지개혁이 결국 기근을 몰고 와 농촌경제를 와해시킬 것이므로 분배받은 토지는 다시 지주에게 반환될 것이라는 주장을 펼치며 농촌의 민주개혁 실시를 파괴하고자 수단과 방법을 가리지 않았지만, 반동 음모는 실패했다"라면서 토지개혁을 추진하던 과정의 후유증을 털어놓았다.[11]

또 북조선 임시 인민위원회는 1946년 6월 24일에 전문 26조의 노동법령을 발표해 역시 이날부터 효력을 발생시켰다. 이 법령의 주요 내용은 8시간

---

[11] 샤브신, 「위대한 10월 사회주의 혁명과 조선의 농민운동」(1949), 『빨치산 수첩』, 309쪽. 강동정치학원 원장을 지낸 박병률 씨는 1991년 5월에 모스크바에서 "1948년부터 남한의 남로당 지하당원과 빨치산에게 비밀리에 배포한, 공산당 이념과 지하 투쟁방법 등을 실은 수첩 형식의 책을 '빨치산 수첩'이라고 불렀습니다"라고 증언했다. 포켓에 들어갈 만한 크기인 이 수첩의 표지는 '동서의학연구소 편, 『동의보감』'으로 위장했고 속 페이지에 '전진 제2권 제2호 1950년 3월 15일'이라고 쓰여 있다. 『빨치산 수첩』은 전체 292쪽이며, 남로당의 수뇌부 박헌영과 김삼룡, 이승엽 등이 지하당원과 빨치산에게 보내는 보고나 편지 등이 담겼다.

노동제 확립, 유해조건 노동 7시간제, 소년 노동 6시간제, 14세 미만 소년 노동 금지, 임부산모 등 노동자 특별휴가 규정과 동 휴가 중 보수지불 규정, 노동능력 상실자 보험 규정, 작업장 위험방지 규정, 쟁의해소 규정, 실업 연로 노동자·사무원 대책 규정 등이다.

이어 6월 30일에는 남녀평등에 대한 법령 발표로 다처제, 인신매매, 사창과 기생학교 등을 폐지했고, 8월 2일에는 산업 국유화 법령을 발표해 대기업, 철도, 전력발전소, 탄광, 은행, 운수회사 등을 몰수해 국유화했다. 9월 5일에는 도·시·군·면 인민위원회 선거에 대한 결정서와 규정을 발표했으며, 11월 3일에는 민주주의민족통일전선에서 추천한 후보자에게 투표하는 형식으로 선거를 실시하기도 했다. 이 밖에 1946년 12월 19일에 사회보험법을 공포했고, 1947년 1월 14일에는 봉건 유습 퇴치에 관한 법령을 발표하는 등 이른바 소련군정의 민주개혁이 완성 단계에 돌입한다.

샤브신은 위에서 언급한 『빨치산 수첩』에서 "소련의 우의적이고 사심 없는 원조 덕택에 민주개혁이 승리할 수 있었으며, 이는 북조선을 한반도의 인민민주주의를 실현하기 위한 기지로 발전시켰다"라고 적고 있다. 즉, 소련군정이 주도한 민주개혁이 한반도를 소비에트 기지로 만들기 위한 작업이었음을 강조한 것이다.

선동·선전 도구로 언론 활용

소련군정이 '신문·방송은 사회주의 혁명의 총알'이라는 스탈린 정신에 따라 북한의 소비에트화 프로그램 중 가장 중시했던 것이 언론이었다. 북한 지역 주둔과 함께 각 지역 위수사령부는 지역 신문과 방송을 장악하고 '해방군'이라는 슬로건 아래 일제 잔재 청산, 김일성의 항일민족영웅 만들기, 신탁통치 찬성, 통일독립국가 수립, 민주개혁 수행 등 과정에서

<표 7-1> 소련군정의 1946년 '민주개혁' 일정

사건	일자
북조선중앙은행 창설	1월 15일
북조선민주청년동맹 조직	1월 17일
≪조선신문≫ 창간	2월 28일
토지개혁법령 발표	3월 5일
북조선예술동맹 결성	3월 25일
북조선농민은행 창설	4월 1일
북조선공업기술연맹 조직	4월 14일
북조선보건연맹 조직	4월 24일
북조선소비조합 조직	5월 21일
≪민주조선≫ 창간	6월 4일
중앙정치간부학교 창립	6월 4일
북조선민주주의민족통일전선 결성	6월 22일
노동법령 발표	6월 24일
남녀평등법령 발표	6월 30일
산업·운수·교통·체신·은행 등 국유화법령 발표	8월 2일
≪노동신문≫ 창간	9월 1일
도·시·군·면 인민위원회 위원선거 규정 발표	9월 5일
김일성종합대학 개교	10월 1일
북조선기자동맹 조직	10월 1일
북조선적십자사 창립	10월 12일
북조선 도·시·군 인민위원 선거	11월 3일
≪근로자≫ 창간	11월 25일
≪인민≫ 창간	11월 28일
조선중앙통신사 창설	12월 5일
사회보험법 공포	12월 19일

자료: 북조선인민위원회, 『북조선 도·시·군 인민위원회 대회 회의록』(1947.4.1).

선동·선전 도구로 십분 활용해 북한 인민들의 민심을 사로잡았다.

평양의 신문과 방송은 소련군 극동군구에서 급파된 메크레르 중좌와 강미하일 소좌 등이 총지휘를 맡고, 소련군정 제7호 정치국 이그나치프 대좌 팀에서 엄격하게 검열했으며, 역시 소련에서 급파된 고려인 2·3세 문인과 작가들이 취재·제작을 맡았다. 소련군이 입성한 1945년 9월부터 12월까지 초기 4개월 동안은 체제가 갖춰지지 않아 엉성한 편이었다. 그러나 1946년에 들어 본격적인 체제를 갖춰 신문과 잡지 등을 새로 창간하고부터는 민주개혁 과정에서 신문과 방송을 제대로 활용한다.

1946년 2월 28일에 ≪조선신문≫을 필두로 6월 4일에 ≪민주조선≫, 9월 1일에 ≪노동신문≫을 창간했으며, 10월 1일에 북조선기자동맹을 결성했다. 11월 25일에 잡지 ≪근로자≫를, 11월 28일에는 잡지 ≪인민≫을 창간했으며, 12월 5일에는 조선중앙통신사를 창설했다.

소련군정은 이와 같은 민주개혁을 진행하는 동시에 경제·사회·문화단체와 기관을 결성하는 데 박차를 가한다. 1945년 11월 11일에 조소문화협회 창설을 시작으로 북조선중앙은행 창설(1946년 1월 15일), 북조선민주청년동맹 조직(1946년 1월 17일), 북조선예술연맹 조직(1946년 3월 25일), 북조선농민은행 창설(1946년 4월 1일), 북조선공업기술연맹 결성(1946년 4월 14일), 북조선보건연맹 조직(1946년 4월 24일), 북조선소비조합 조직(1946년 5월 21일), 중앙정치간부학교 개교(1946년 6월 4일), 북조선민주주의민족통일전선 중앙위원회 결성(1946년 6월 22일), 김일성종합대학 개교(1946년 10월 1일) 등이 이어진다(<표 7-1> 참조).

5개 법령으로 된 '민주개혁' 프로그램이 소련군정의 주도로 진행됐음이 확실한 문건으로 드러나고 있다. 바로 조선노동당 중앙위원회 결정집이다.[12] '절대 비밀'이라는 도장이 찍힌 이 결정집에는 김일성이 1946년

---

12) 당 중앙위원회, 「조선로동당 중앙위원회 결정집」(1946.9~1951.11), 총 8권. 표지 상단

9월 25일에 열린 북로당 중앙위원회 제2차 회의에서 "지난 1년 동안 붉은 군대가 준비하고 추진한 민주개혁의 성과를 보고 북조선 인민들은 붉은군 대에 대한 인식을 더욱 깊게 했다. 우리 인민들은 진정한 해방자인 붉은군 대에 대한 감사의 뜻을 높여야 할 것"이라고 강조한다. 민주개혁 법령들은 북조선인민위원회 이름으로 발표만 했을 뿐, 소련군정이 기획하고 추진했 음을 그대로 보여준다.

'9월 총파업'은 박헌영·소련군정·북로당의 공동전선?

지금까지 우리 역사는 신탁통치의 회오리에 이어 남한 정국을 뒤흔든 1946년 9월 총파업은 박헌영이 월북하기 전 단독으로 주도했다고 기록하 고 있다. 그러나 9월 총파업은 소련군정의 지도 아래 태어난 지 한 달여 남짓밖에 되지 않은 북조선노동당이 적극 지원한 것임이 밝혀졌다.

북조선노동당은 9월 총파업이 일어난 지 사흘 뒤인 1946년 9월 27일 중앙상무위원회 제6차 회의를 개최한다. 이 회의에서 북로당 중앙상무위 원회는 "이번 남조선에서 시행된 미군정의 반동정책을 반대해 9월 23일 부산 철도공장 종업원의 파업을 시작으로 24일에는 남조선 4만 철도 종업 원 총파업, 25일에는 전기·전차·출판을 위시해 각 기업 종업원들의 총파업

왼쪽에 '절대 비밀'이라고 적혀 있는 희귀자료이다. 당시 북한정권에서 외무성 부상 등을 지낸 박왈렌친 박사에 따르면 이 결정집은 조선노동당 부장급 이상 간부와 내각의 상(장관) 이상에게만 잠시 열람시킨 후 회수해간 비밀 문건이다. 박왈렌친은 평양에서 외무성 부상으로 있을 때, 비밀 서류함에서 이 결정집을 빼돌려 보관하다가 1958년에 소련으로 망명하면서 갖고 들어와 1992년 6월에 필자에게 기증했다. 박왈렌친은 "이 결정집은 평양의 조선노동당 역사연구소나 러시아의 구KGB 등에 깊숙이 보관돼 있으리라고 추정될 뿐 외부에 쉽게 반출될 수 없는 극비 문건입니다"라고 말했다.

이 전면적으로 전개된 데 대해 다음과 같이 결정한다"라고 밝히고 있다.

우선 북조선노동당은 남조선 노동자들의 총파업이 지닌 성격을 "조선 인민의 총의와 이익을 말살하고 조선의 완전한 자주독립을 방해하며 조선을 다시 식민지화하기 위해 조선 인민과 그 지도자들을 대량적으로 검거·투옥·학살한 미군정의 반동정책하에서는 당연한 결과로서 조선 인민의 조국에 대한 애국적 열성의 발로임을 인정하며 그 정당성을 강조한다"라고 규정한다. 그리고 전 당원들이 총동원해 남조선 노동자의 영웅적 총궐기에 대해 전폭적인 지지와 성원을 보낼 것이며, 적극적으로 정신적·물질적 원조를 제공하겠다고 결의한다.

이어 북조선노동당은 남조선 노동자들의 애국적 투쟁을 지지·성원하기 위해 북조선직업동맹이 노동자·사무원·문화인 대회를 개최할 것과 증산돌격 등 운동을 전개하고 전 당원들이 노동시간을 한 시간 연장해 그 소득액을 남조선 노동자들에게 위문금으로 보낼 것을 결의하고 있다. 박헌영의 9월 총파업에 대해 소련군정과 북로당이 질책했다는 지금까지의 역사는 오류였음이 드러난다. 북로당은 이 총파업에 대해 지지할 뿐 아니라 정신적·물질적 지원을 아끼지 않는다고 결의했다는 점이 이를 뒷받침한다.

그렇다면 소련군정은 9월 총파업의 성격을 어떻게 규정하고 평가했기에 북로당 중앙상임위로 하여금 적극적인 개입을 결정하도록 지도했을까? 소련군정 사령부 내에서 남한 사정에 가장 밝은 샤브신은 위에서 언급한 『빨치산 수첩』에서 '9월 총파업'과 '10월 인민항쟁'을 동학혁명과 3·1 독립운동, 더 나아가 러시아의 10월 혁명과 같은 성격으로 규정하고 평가했다.

샤브신은 『빨치산 수첩』에 기고한 「위대한 10월 사회주의 혁명과 조선의 농민운동」이라는 제목의 글에서 "남조선에서 일어난 1946년의 '9월 총파업'과 '10월 인민항쟁'은 민족적 독립과 민주주의를 위한 투쟁에 있어

조선 인민의 가장 영웅적이며 대중적인 진출의 하나이다"라면서, "이는 1894년의 대농민운동동학혁명과 1919년의 인민봉기3·1운동와 동렬시할 수 있다"라고 규정했다. 샤브신은 이어 "'농민봉기가 노동자 봉기와 결합되거나, 노동자들이 농민봉기를 지도한다면 농민봉기는 성공할 수 있다'고 스탈린 동지가 가르친다"라며 "1946년 남조선의 인민항쟁은 진출의 조직성, 표어의 구체성, 투쟁의 현실성을 보여준 것"이라고 평가했다.

9월 총파업이 왜 전국적으로 크게 확대되고 많은 희생을 내면서 남한 정국을 뒤흔들었는지 읽을 수 있는 대목들이다. 샤브신의 이와 같은 견해는 소련군정, 즉 소련의 견해로 봐야 할 것이다.

스티코프의 일기 등에서 소련이 9월 총파업에 직·간접적으로 관여한 정황을 발견할 수 있지만, 소련의 지령을 증명할 만한 문헌이 아직 나오지 않고 있다는 점은 아쉬운 일이다.

'절대 비밀' 스탈린의 김일성·박헌영 면접

> "북한의 현대사는 스탈린 대원수가 평양의 김일성과 서울의 박헌영을 비밀리에 모스크바로 불러 면접한 후 김일성을 지도자로 지명했던 사실을 기점으로 새로운 조명이 필요합니다. 이 중대한 사실이 지금까지 묻혀왔던 것은 '절대 비밀'이었기 때문입니다."[13]

레베데프 소련군정 정치사령관의 90회 생일(1991년 12월 3일)을 한 달여 앞둔 11월 5일, 모스크바 근교에 있는 자택을 방문한 필자가 "북한의 지도자 김일성은 누가, 언제, 어떤 방식으로 지명했느냐"라며 끈질기게 묻자

---

13) 레베데프와의 인터뷰(모스크바, 1991.11.5).

그는 그 '절대 비밀'에 대해 45년 만에 입을 열기 시작했다. 당시 한소(韓蘇) 수교와 남북관계 개선 등 새로운 역사적 환경이 그에게 증언을 결심하게 한 것으로 보인다. 레베데프 장군의 회고를 함께 보자.

"1946년 7월 하순이었습니다. 당시 북한에서는 소미공동위원회가 중단되면서 소련군정의 지도로 북조선 임시 인민위원회가 추진하는 '민주개혁'이 빠르게 진행되고 있었지요. 중국에 출장 갔던 연해주군구 사령관 메레츠코프 원수로부터 '오늘밤 평양에 갈 테니 대기하라. 이 사실은 절대 비밀로 하라'는 전문이 날아왔습니다.

나는 사복 차림으로 제25군 민정사령관 로마넨코 소장과 함께 비행장에 마중하러 갔습니다. 더글러스라는 기종의 특별 군용기 한 대가 활주로에 기착해 있었습니다. 우리가 기내에 들어가 메레츠코프 원수를 맞이하자, 그는 '스탈린 대원수가 김일성과 박헌영을 면접하겠다는 지시가 떨어졌다'며 '장군은 지금 나와 함께 모스크바로 가자'고 명령했습니다. 그러나 나는 군복 차림이 아니어서 곤란하다고 거절했습니다. 그러자 메레츠코프 원수는 '시간이 없다'면서 옆에 있던 로마넨코 장군에게 모스크바 동행을 요구하더군요.

잠시 후 도착한 김일성과 그의 비서 문일, 그리고 서울 주재 소련 총영사관 부총영사 샤브신과 박헌영, 비서 등 6명을 태우고 모스크바로 직행했습니다. 나중에 안 사실이지만 당시 서울에 있던 박헌영은 샤브신이 주선해 비밀리에 해주를 거쳐 평양에 와 대기하고 있었습니다. 박헌영을 북한 지도자로 추천한 사람은 정보기관 소속 평양 주재 정치고문 발라사노프 대좌와 샤브신 측이었지요.

스탈린 대원수가 김일성·박헌영을 면접하는 자리에 책임자로 배석했던 연해주군구 사령부 군사위원 스티코프 상장과 로마넨코 소장은 평양으로 돌아와 나에게 당시 상황과 배경을 상세히 전해줬습니다. 스티코프 장군은 하바로프스크에서 모스크바로 직행해 김일성과 박헌영 일행을 기다리고 있었습니다. 스탈린을 중심으로 오른쪽에 김일성, 왼쪽에 박헌영, 그 정면 중앙에 스티코프 장군, 그리고 좌우에 평양 측의 로마넨코 장군과 서울 측의 샤브신 등이 앉았습니다.

스티코프는 의전에 까다로운 크렘린궁의 좌석 배치를 보고 궁내 분위기를 쉽게 읽을 수 있었다고 합니다. 중요한 것은 김일성을 스탈린의 오른쪽소련에서는 오른쪽이 상석에 앉힌 점이었습니다. 스티코프는 자리에서 일어나 스탈린에게 김일성과 박헌영을 차례로 소개했습니다. 스티코프와 로마넨코 장군은 1단계 의전 결과에 따라 스탈린의 의중에 김일성을 북한정권의 지도자로 낙점하고 있음을 쉽게 읽을 수 있었지요. 그리고 김일성과 박헌영의 간단한 북·남조선 정세 보고가 이어졌습니다.

이를 듣고만 있던 스탈린은 김일성에게 '소련군정의 협력을 받아 북조선의 소비에트화 정책을 조기에 실현시키도록 투쟁하라'고 지시했고, 박헌영에게는 '어려운 여건 속에서 분투하는 그대의 혁명 투쟁을 높이 평가한다'며 격려했습니다.

이날 밤 스탈린은 모스크바 근교 소련공산당 총서기 전용 별장으로 김일성과 박헌영 일행을 초청해 만찬을 베풀고 '박헌영을 모스크바에 며칠 머무르게 해 기업소·공장 등을 견학시키라'고 공산당 간부들에게 지시하기도 했습니다.

스탈린이 이 두 사람에게 던진 두 마디는 소련군 정치 지도자나 샤브신 등에게 매우 깊이 있게 각인됐습니다 즉, 김일성에게 지시한 소비에트화 정책은 토지개혁, 노동법령, 산업 국유화 등을 가리키며 이를 조기 실현시키라는 명령은 그를 북한정권의 지도자로 지명한다는 뜻으로 받아들여진 것이지요.

이렇게 하여 소련군정 지도부는 스탈린이 김일성을 북한의 지도자로 최종 지명한 이후부터 북한의 '민주화 개혁'을 빠르게 진행시켜갔습니다. 즉,

1946년 8월 28일에 연안파 지도자 김두봉이 이끈 신민당과 김일성의 공산당을 합당시켜 북조선노동당을 만들게 하는 것 등이 그 산물이었다고 할 수 있습니다."

레베데프 장군의 이와 같은 증언을 뒷받침하는 또 한 가지 중요한 증언이 있다. 스탈린의 김일성과 박헌영 비밀 면접에 대해, 박헌영을 추천한 사람 중 한 명인 샤브신 부총영사의 부인이자 서울 주재 소련 총영사관 도서관장이였던 샤브신 쿨리코아 박사(전 소련과학아카데미 동방학연구소 선임 연구위원)는 "남편이 해방 직후부터 박헌영과 여운형을 비밀리에 만나 남한 정세를 논의했으며 1946년 7월 하순 서울에서 미군정의 눈길을 피해 박헌영을 해주를 경유해 평양비행장까지 데리고 갔고 모스크바 크렘린궁에서 함께 스탈린 면접에 배석했습니다"라며 "그러나 이는 '절대 비밀'이었지요"라고 하면서 레베데프 장군의 증언을 뒷받침했다. 쿨리코아 박사는 "박헌영은 스탈린 면접에서 지도자로 지명받지 못했지만 유력한 차기 대권후보라는 주위의 위로를 받고 실망하지 않은 채 불평 없이 충실하게 소련의 지시에 복종한 공산주의자였습니다"라고 회고했다.14)

또 모스크바에 살고 있는 박헌영의 딸 박비비안나(무용가이자 국립무용학교 교수)는 "소련 정보기관의 주선으로 1946년 7월 하순 모스크바 시내 중심가에 있는 룩스라는 최고급 호텔에서 난생 처음으로 아버지를 만났으며 3일 동안 아버지와 함께 기업소·공장 등을 견학하기도 했습니다"라며 "그러나 아버지가 왜 모스크바에 왔는지에 대해서는 전혀 몰랐지요"라고 했다.15)

레베데프 장군의 증언에서 한 가지 의문이 남는다. 소련공산당 국제부

---

14) 쿨리코아와의 인터뷰(모스크바, 1992.6.20).
15) 박비비안나와의 인터뷰(모스크바, 1991.6.15).

부부장 코바렌코가 증언한 대로 스탈린이 김일성 입북 전 그를 모스크바로 불러 장차 북한 지도자로 낙점했는데 왜 또다시 1년 후인 1946년 7월 하순 박헌영과 함께 불러 면접한 후에야 북한 지도자로 최종 지명했느냐는 점이다. 이에 대해 코바렌코는 "1946년 봄 정보기관을 통해 올라온, 박헌영이 스탈린에게 보낸 투서와 당시 소련 정보기관이 김일성의 독단적 스타일을 문제 삼아 북한의 지도자를 박헌영으로 재고해야 한다는 건의 등이 결정적으로 작용했을 것으로 봅니다. 그렇지만 일단 김일성·박헌영 두 사람을 만나는 보되, 한번 결정하면 끝까지 밀고 가는 스탈린의 스타일이 바뀌지 않은 것이지요"라고 설명했다.16)

스탈린은 이론가보다 군 출신 선호

스탈린은 왜 김일성에게 한반도 반쪽을 맡겼을까? 스탈린이 김일성을 선택한 이유를 종합해보자. 당시 북한 주민의 절대적인 추앙을 받던 민족 지도자 조만식 선생, 마르크스-레닌주의에 밝은 토착 공산주의 지도자 박헌영을 비롯해 연안파의 거물 김두봉, 소련파의 두목 허가이 등도 지도자로서 손색이 없는 인물이었다. 그러나 스탈린은 이들 모두를 놔둔 채 소련군 대위 출신인 서른세 살의 청년 김일성의 손을 들어줬다.

이에 따라 소련공산당과 소련군은 김일성의 빨치산 투쟁을 부각시켜 북한 인민들이 그를 '항일 민족영웅'으로 받들게 하는 정치 캠페인을 벌여나갔고, 이 과정에서 김일성은 자신의 양손에 당과 정부를 틀어쥐게 됐다. 소련군정 정치사령관 레베데프 소장은 스탈린이 김일성을 선택한 이유를 다음과 같이 설명했다.

---

16) 코바렌코와의 인터뷰(모스크바, 1992.5.7).

"당 중앙 스탈린 원수는 동유럽의 공산권 지도자를 선택할 때에도 마르크스 - 레닌주의 이론가보다 군인 출신을 선호했습니다. 스탈린이 김일성을 북한정권의 지도자로 지명한 것은 김일성이 1942년부터 1945년까지 3년간 소련군 제88정찰여단에서 대대장으로 복무하면서 소련의 명령에 충실했기 때문에 믿을 수 있는 군인으로 판단했기 때문이라고 봅니다.

특히, 김일성은 스탈린이 싫어하는 코민테른국제공산당 활동 전력이 없으며, 빨치산 운동만 했기 때문에 다른 종파에도 관여하지 않았다는 사실이 중요한 장점이 됐을 것입니다.

또 김일성이라는 그의 이름본명은 김성주였지만이 북한 인민들에게 '항일투쟁 민족영웅'으로 널리 알려져 지도자로 부상시키기에 용이했던 점도 큰 영향을 줬을 것으로 생각됩니다. 김일성이 선택된 것은 그가 비록 학식과 공산주의 이론을 갖추지는 못했으나 정치적 소질과 신념이 강한 항일 빨치산 출신이었으며, 소련에 충성할 것을 약속했기 때문이라고 봅니다."

이처럼 레베데프 장군이 밝힌, 스탈린이 김일성을 지명한 이유는 평양에 주둔한 소련군 지도부가 김일성을 소련공산당 등에 강력히 추천한 이유이기도 했다. 아울러 레베데프 장군은 스탈린이 박헌영을 지명하지 않은 결정적 이유를 이렇게 설명했다.

"박헌영은 이론적으로 준비된 인텔리였습니다. 그러나 그는 일찍부터 코민테른에 깊이 관여했고 1928년 종파 싸움으로 해체된 조선공산당원으로 종파 활동화요파 경험이 많았습니다. 아울러 일제 치하에서 항일투쟁으로 10년 동안 세 차례 형무소 생활을 하는 과정에서 일본에 항복했을 가능성을 배제할 수 없다는 점이 고려됐을 것입니다. 또 북한 대중들에게는 박헌영이란 이름이 널리 알려지지 않았던 점도 약점이 됐을 것입니다."

제8장

북한의 정당·헌법·정권 창출을 주도한 소련군정

스탈린이 북한 지도자로 김일성을 최종 낙점함에 따라 소련군정의 민주개혁 프로그램은 더욱 속도를 내기 시작한다. 특히, 소련군정은 북한정권의 엔진인 북조선공산당과 연안파 인텔리 중심의 신민당을 합당해 강력한 정당 만들기 작업에 나선다. 여기서 북조선공산당과 신민당의 합당 과정과 배경을 살펴보자.

스탈린, "공산당과 신민당을 합당시켜라" 지령

북조선 양대 정당 중 하나인 신민당은 스스로 공산당임을 천명했다. 당명만 다를 뿐이다. 소련군정은 스탈린의 지령에 따라 이와 같이 급조된 신민당을 불과 5개월 만에 북조선공산당과 합당시킨다. 외형상으로는 신민당 중앙위원회에서 지도부가 먼저 합당을 제안한 형식을 취한다. 명분은 민주주의인민공화국의 창설과 조선의 민주화를 위한 투쟁에서 노동자, 농민, 근로 인텔리의 통일을 기하기 위한 것이었다. 한 지붕 두 가족이

된 셈이다. 발라사노프 팀의 보고서를 보자.[17]

신민당은 합당 제안에서 "북조선의 진정한 애국자들은 민주세력의 통일을 달성하기 위해 노력해야 한다. 노동자, 농민, 근로 인텔리와 기타 서민의 이익을 대변하는 두 당의 합당은 통일을 위한 토대를 조성해준다"라고 주장한다. 북조선공산당 중앙위원회 조직국은 신민당의 이와 같은 제안을 수락했다.

북조선공산당 중앙위 조직국의 회신에는 다음과 같은 사항이 지적됐다. 즉, "북조선공산당 중앙위 조직국은 신민당과 북조선공산당의 합당에 관한 귀당의 제안을 검토하고 원칙적으로 합당에 찬성한다는 결정을 채택했다. 노동자, 농민, 근로인민과 기타 계층의 이익을 위해 투쟁하는 정당들의 통합은 필수적이고 시의적절하다. 합당은 강력하고 독립된 민주주의 조선 국가인 민주주의인민공화국을 수립하고, 북조선에서 민주주의를 발전·고착시키며, 전 조선에 이를 전파하기 위한 투쟁에서 근로 대중의 통일을 보장할 것이다. 공산당에는 근로 인민의 이익 말고는 다른 이익이 없다. 신민당은 북조선에서 민주개혁을 실시하는 과정에서 근로 인민 이익의 진정한 수호자임을 보여줬고 늘 공산당과 같은 진영에 있었다. 북조선 노동자, 농민, 인텔리와 기타 각계각층 인민대중의 이익을 대변하는 양 당의 통합은 조선 민주세력의 새로운 성장과 조건을 조성해준다."

소련군정의 연출 속에서 움직인 북조선공산당의 합당 수락에는 이미 국호(민주주의인민공화국)까지 정해놓고 북한만의 '민주(사회주의)' 단독 정권 수립을 확정해놓았음이 극명하게 드러난다. 아울러 이와 같은 '민주기지'를 한반도 전체에 세우겠다는 확고한 의지도 드러내고 있다.

---

17) 발라사노프 팀, 「북조선 정당·사회단체 조사 보고서」.

북조선공산당과 북조선신민당과의 합당 결정을 소련공산당에 보고한 또 다른 문건을 보자.18)

　　신민당과 북조선공산당의 합당 문제를 다룬 북조선공산당 중앙위 조직국과 북조선신민당 중앙위 전원회의에 대한 보고이다. 1946년 7월 23일 신민당 중앙위 지도부 회의가 진행돼 북조선공산당에 대한 신민당의 입장을 표명했다. 이 문제와 관련해 신민당 부총재 최창익이 발언했다. 최창익은 보고에서 "북조선신민당은 이미 대중에게 신망이 높고, 다른 정당들과 함께 민주 조선 국가 건설 사업을 진행하고 있다. 신민당은 가장 민주적인 성향을 띤 사람들의 도움으로 성장하고 있다. 많은 사람들이 입당하려 하고 있으나 우리는 엄격하게 선별해 입당을 제한하고 있다. 붉은군대 사령부는 우리에게 지지와 성원을 보내고 있다. 스탈린의 영도를 받으며 우리를 일본 제국주의자들로부터 해방시켜준 붉은군대만이 우리 당에 이와 같은 사심 없는 원조를 제공할 수 있다. 붉은군대의 도움으로 신민당은 성공리에 정당으로 성립될 수 있었다. 우리는 우리 당원들에게 이에 대해 폭넓게 선전해야 한다"라고 말했다.

신민당의 정체가 극명하게 드러나고 있는 대목이다. 신민당이 소련군정에 의해 탄생한 정당임은 의심할 여지가 없다고 할 것이다. 메크레르 중좌

---

18) 극동군구 정치국 제7호 총국장 메크레르, 「신민당과 북조선공산당의 합당 문제를 다룬 북조선신민당 중앙위원회 전원회의에 대한 보고」(1946.8.24), 전 소련공산당 부록, 소련 대외정책 고문서 보관소(문서번호: NO.63610. 타자 2부 NO.1027). 메크레르 중좌가 1946년 8월 24일 소련군 정치국에 북조선공산당과 북조선신민당이 합당해 북조선노동당을 창건하는 문제와 관련한 내용을 보고한 문서이다. 이를 소련군 정치국 제7호 총국 부국장 사포주니코프가 같은 날 소련공산당 중앙위원회 정치위원 수슬로프에게 보고한다.

의 보고는 계속된다.

최창익은 보고에서 "신민당은 창당 첫날부터 북조선공산당이나 다른 북조선 정당들과 긴밀하게 접촉하며 활동해왔다. 이제는 인민의 단결을 가일층 강화해야 한다. 우리 당이 다른 당과 합당할 필요성이 제기된다. 그러면 어떤 당과 합당할 것인가? 물론 가장 민주적이고, 조선 인민의 이익을 철저히 옹호하는 당과 합당해야 한다. 합당은 바로 공산당과만 있을 수 있다. 북조선에는 다른 당도 있다. 천도교를 바탕으로 종교적 성격을 띤 청우당이 있지만 신민당과는 맞지 않다. 조선민주당은 얼마 전에 반동분자들에 의해 어지럽혀졌고 민주라는 구호를 잘 관철하지 못했다. 그러므로 북조선공산당과 합당해야 한다. 양당 합당은 조선 국가 건설의 현 단계에서 큰 의미를 지닌다. 이 문제에 있어 우리 당의 목표는 공산당의 목표와 일치한다. 합당은 제기된 과제들을 좀 더 성공적으로 해결하는 데 도움이 될 수 있고, 새 조선 건설을 저해하는 반동분자들과 무자비하게 투쟁하는 데 도움이 될 수 있다. 이와 같이 두 당의 합당 문제는 현재 가장 당면한 문제이며, 따라서 이 문제가 오늘 중앙위원회 지도부 심의에 부쳐지게 된 것이다. 그리고 최종 결정이 있기까지 이 문제는 절대 비밀로 남아 있어야 한다"라고 주장했다.

합당에 대한 그럴듯한 논리를 세우고 있다. 이 비밀 문건을 입수한 후 메크레르를 찾아가 배경을 물었다. 그는 "우리 소련군정에서 사전에 합당 논리를 세워준 것"이라며 "다른 사람과 달리 최창익은 소련군정에서 완전 원고를 써줄 필요가 없는 학자다운 이론가였습니다"라고 덧붙였다.[19] 메크레르 중좌의 보고를 계속 살펴보자.

---

19) 메크레르와의 인터뷰(모스크바, 1991.10.15).

최창익의 보고에 이어진 토론에서 신민당 중앙위 조직부장 김민산은 다음과 같이 말했다. "나는 최창익 동지의 제안을 전적으로 지지한다. 우리 당은 항상 공산당과 같은 맥락에서 활동해왔다. 신민당은 기본적으로 인텔리, 노동자, 농민을 결속시키고 있으며 창당 초기부터 인민의 이익을 위한 정치를 펴고 있다. 신민당이 존재하는 것도 많은 면에서 공산당의 덕택이기에 우리는 공산당과 우의적인 관계를 맺고 일해왔다. 나는 합당에 관한 제의에 동의하며 공산당 중앙위 조직국에 이 문제에 대한 서한을 보낼 것을 제안한다."

또다시 최창익이 일어서서 "두 당의 당원들 중에는 합당의 큰 의의를 인식하지 못하는 당원이 있을 수도 있다. 우리 앞에는 외형상·형식상뿐 아니라 내부적인 통일을 기할 과제가 제기된다. 이를 위해 당원들 속에서 설득 작업을 활발히 할 필요가 있다"라고 역설했다.

이어 신민당 중앙위 지도부는 두 정당 통합의 필요성을 제안하는 서한을 북조선공산당 중앙위 조직국 비서 김일성에게 보내기로 결정했다. 신민당 중앙위 지도부를 대표해 당 총재 김두봉에게 서한에 서명하도록 위임했다.

반대 의견 없이 일사천리로 합당이 결정됐다. 다음날인 7월 24일 오전 8시 30분, 신민당의 이와 같은 합당 제의에 따라 북조선공산당 중앙위 조직국 회의가 열려 신민당과의 합당 문제를 다룬다. 메크레르 중좌의 보고가 계속 이어진다.

이 회의에서 공산당 지도부는 신민당 중앙위에 보내는 회신을 채택했다. 이 회답은 7월 24일 오전 9시 30분에 신민당 중앙위에 전달됐다. 다시 7월 24일 신민당 중앙위 지도부 회의가 열려 북조선공산당 중앙위 조직국의 회답에 대해 토의했다. 이 자리에서 김두봉은 "양당 합당이 역사적으로 큰 의의를 갖는다"라고 지적하고 "국제 정세는 가장 진보적인 민주정당들이 통합할 것을 요구하고 있다"라고 말했다.

북조선공산당도 일사천리로 처리하기는 마찬가지였다. 김두봉의 발언은 얼마 전 스탈린이 김일성과 박헌영을 모스크바로 불러 김일성의 손을 들어주면서 '북조선공산당을 강화하라'는 지령을 의식한 것으로 해석된다. 이어지는 메크레르 중좌의 보고를 보자.

토론에서 최창익 부총재는 "양당 합당에 관한 북조선공산당 중앙위 조직국의 회신을 폭넓게 토의하기 위해 지방 당 위원회 지도자들이 참석하는 중앙위 전원회의를 7월 27일에 소집하자"라고 제의했다. 또 중앙위 위원 김민산은 "우리는 양당 합당 제안에 대한 공산당의 회신에 대해 매우 만족한다. 우리 당의 일부 당원들이 중앙위가 부당한 정책을 펴고 있다고 생각할 수 있다는 점도 감안해야 한다. 따라서 합당의 역사적 의미를 당원들에게 설명할 필요가 있다. 신민당의 과업과 목적은 공산당의 그것과 일치한다. 그런데도 하부에서는 가끔 불일치가 조성됐다. 그러므로 현 단계에 있어 공동의 사업을 위해 양당 통합은 큰 의의를 갖는 것이다"라고 말했다.

이날 신민당 지도부 회의에서는 양당 합당에 대한 실무 계획이 심의·승인됐다. 7월 27일 평양에서 북조선공산당 중앙위원회 조직국 정기 전원회의가 열렸다. 이날 회의에는 62명이 참석했다. 전원회의는 신민당과의 합당에 대한 김일성의 보고를 심의했다. 메크레르의 보고를 계속 보자.

김일성은 다음과 같이 보고했다. "오늘날 민주국가 건설에 가장 필요한 것은 전체 인민의 단결이다. 거의 한 해에 걸쳐 인민위원회들의 지도하에서 북조선 인민은 민주개혁의 길을 걷고 있다.

북조선에서는 토지개혁이 실시돼 자본주의 착취 제도를 청산하고 노동자·사무원들에게 행복한 생활을 보장했다. 현물세 제도를 도입해 농민들에 대한 추가적인 착취 형태가 청산됐다. 그리고 여성 평등권에 관한 법령 등이 채택됐다. 남조선에는 우리와 유사한 것이 하나도 없다. 남조선에는 일제 때 우리 동포들을 착취하던 형태가 아직도 존재한다. 농민은 땅이 없고, 노동자·사무원은 노예적인 노동 조건에서 일한다. 우리의 임무는 남조선 인민도 북조선 인민이 사는 것과 같은 환경에서 살 수 있도록 하는 데 있다.

이 과업을 해결하기 위해서는 우리 인민의 모든 진보적 계층들이 이끄는 당이 필요하다. 반동분자들의 영향 아래 있는 남조선 언론은 공산당원들이 북조선에 소련의 모범대로 소비에트 국가를 세우려고 시도한다는 비방·중상을 퍼뜨리고 있다. 우리의 임무는 진보적 민주정당과 함께 조선 인민의 이익, 조선의 각계 근로계층의 이익을 옹호하는 데 있다. 과업과 사업 방법 면에서 우리 당과 유사한 신민당과 합당함으로써, 우리는 이 과업을 더 쉽게 수행할 수 있다. 신민당과의 합당은 비당원 대중들과의 사업을 강화해야 하는 크고도 책임 있는 과업을 우리에게 부과한다. 우리는 새로운 당 앞에 제기된 과업들을 수행하기 위해, 종래 우리가 우리 당의 결정을 위해 싸워왔던 것처럼 원칙적이고도 단호하게 싸워야 한다. 우리의 영향은 북조선에 그쳐서는 안 되며, 남조선 전 지역에도 미쳐야 한다."

김일성의 보고는 신민당과 합당해 강력한 공산당을 조직해 북조선은 물론 남조선까지 사회주의 혁명을 해야 된다는 주장이다. '한반도의 혁명적 통일 의지'가 김일성 마음속 깊이 숨어 있음을 엿볼 수 있다. 6·25전쟁과 같은 남침 의욕의 씨앗이 이때부터 자라고 있었다고 할까? 다시 메크레르 중좌의 보고가 계속된다.

김일성의 보고에 이어 신민당이 합당을 호소한 서한이 낭독됐다. 지도부

성원들은 신민당의 서한과 보고 내용에 대해 "노동당 구성은 어떻게 할 계획인가, 신민당에는 불순분자들이 많은데 어떻게 처리할 계획인가, 노동당에서 대대적인 당적 검열이 실시될 것인가, 앞으로 공산당파와 신민당파가 나뉘어 파벌 싸움을 하지 않겠는가, 다른 정당을 제치고 신민당과 합당을 추진하는 이유는 무엇인가"와 같은 질문을 쏟아냈다. 이들 문제에 대한 토론에는 모두 7명이 참여했다.

김찬 강원도당 위원장(소련파로서 초대 조선중앙은행 총재, 재무성 부상 등을 지내다 숙청돼 소련으로 돌아가 사망)이 먼저 발언했다. "양당 합당 문제는 적시적기에 제기됐다. 모든 정당들이 이를 지향한다. 신민당의 제안이 전적으로 옳다고 생각한다. 우리 당이나 신민당 대열에는 노동자, 농민, 진보적인 인텔리가 많다."

이어 조직국 사무부장 허가이가 나섰다. "새로운 정세는 신민당과의 통합을 요구하고 있다. 민주국가를 창설하기 위한 투쟁을 목적으로 삼는 공산당은 인민을 이끌고 나갈 수 있다. 단, 이 당은 조직적으로 큰 당이어야 한다."

계속해서 《정로》 주필 정성화가 일어나서 발언했다. "새 당에서 주도권은 우리 공산주의자들이 장악해야 한다. 합당 후 정치교양 사업을 필수적으로 강화해야 한다." 오기섭(북조선공산당 제2비서)이 일어나 신민당과의 합당을 지지하며 새 당의 당명을 '노동당'으로 하자고 제의했다. 마지막으로 선전부 부부장 김창만이 발언했다. "두 당의 합당은 대중을 민주조선 건설에 동원함에 있어서 좀 더 효과적인 사업을 전개할 수 있는 가능성을 제공해 줄 것이다."

김일성이 일어나 "양당 합당에 대한 결정은 아직 젊고 정치적으로 덜 준비된 공산당원들에게 설득 작업을 해야 하고, 반동분자들이 이를 당을 와해하는 데 이용하지 않도록 경각심을 높이라는 과제를 당 지도부에 부과한다"라고 강조했다. 이어 북조선공산당 중앙위원회 조직국 전원회의는 다음과 같이 결정했다.

1. 전원회의는 김일성의 보고를 전적으로 지지한다.
2. 회의에 상정된 노동당 강령 규약 초안에 동의한다.
3. 북조선공산당 중앙위원회 선거 절차를 채택한다.
4. 신민당과의 합당 사업 계획을 승인한다.

그야말로 '공산당(식) 회의'이다. 반대 토론이라고 했댔자 문제를 제기한 정도였고 김일성의 보고를 일사천리로 승인하는 만장일치 방식이다. 메크레르 보고의 어느 구석에서도 '한 지붕 두 가족'의 갈등을 읽을 수 없다. 이 문건을 만든 장본인인 메크레르는 훗날 필자와 만나 "북조선공산당과 신민당의 합당은 소련군정이 스탈린의 지령을 받아 수립한 전략의 큰 틀 속에서 진행한 것이었습니다. 이 때문에 이들 회의에는 기획·연출을 맡은 레베데프 정치사령관을 비롯해 '정치 전문가' 발라사노프, 이그나치프 대좌 등이 지켜본 가운데 진행된 것이었지요"라고 증언했다. 다시 메크레르 중좌의 보고가 이어진다.

이날 북조선공산당 중앙위 조직국 전원회의에 이어 신민당 중앙위 전원회의가 개최됐다. 여기에는 31명이 참석했다. 회의 안건은 합당 문제 심의였다. 먼저 신민당 당수 김두봉이 발언했다.
"일제 치하에서 해방된 후 북조선에서는 민주주의 운동이 활발히 전개되기 시작했다. 인민위원회들은 인민 이익의 진정한 옹호자가 됐다. 인민위원회의 지도하에 역사적인 3대 법령이 실시됐다. 즉, ① 토지개혁, ② 노동자·사무원 노동법, ③ 현물세에 관한 법령이다.
그런가 하면 남조선에서는 사태가 전혀 다르다. 우리 인민의 반역자 김구와 이승만은 자기들 주위에 반동분자들과 친일파를 규합해 인민의 민주적 전유물을 없애려 하고 있으며, 조선을 외국의 식민지로 만들려고 한다. 현재 남조선에서 근로 대중은 일정(日政) 때와 같은 처지에 놓여 있다. 우리 당은 북조선 인민의 생활에서 커다란 역할을 했다. 다른 당들과 통일전선을 이뤄 진출하면서, 우리는 우리 당에 가장 가깝고 조선 인민에게서 가장 신망이 높은 당이 공산당임을 알게 됐다. 우리 두 당은 손에 손을 잡고 일해왔으며 서로 같은 목표를 지녔다. 우리가 민주 조선국가를 건설하기 위해 성공적으로 투쟁하려면 서로서로 합쳐야 한다. 나는 우리 당 중앙위원회 지도부의 발기를 지지해줄 것과 이 조치의 필요성을 전체 당원들에게 설명해줄 것을 전원회의 참가 동지들에게 호소한다."

김두봉의 발언이 있은 뒤 신민당 중앙위원회 지도부가 북조선공산당에 합당을 제의한 내용이 실린 서한과 이 문제에 대한 중앙위 지도부의 결정, 그리고 북조선공산당 중앙위 조직국의 회신 낭독이 있었다. 이어 토론이 시작되자 최창익이 먼저 입을 열었다.

"현 정세는 조선 인민이 단결할 것을 요구한다. 이런 목적 아래 우리는 두 정당의 통합 발기자로 나섰다. 우리의 선택은 우연하지 않다. 공산당은 조선 인민의 이익을 옹호하는 투사로 인정받았다. 공산당이나 우리 당은 목표가 같다. 즉, 민주국가 창설과 우리 인민의 행복한 생활을 위한 조건을 조성하는 것이다. 이 과제를 좀 더 성과적으로 실행하려면 우리는 우리의 역량을 단합시켜야 한다."

이어 함경남도 도당 위원장 김영철과 김창환, 김명식, 이선 등이 나서 합당이 옳은 노선이라고 입을 모았다. 마지막으로 이학이 일어서서 "남조선에도 공산당과 신민당이 있는데 그 두 당의 합당 문제를 제기할 수 있는지 말해달라"라고 묻자, 김두봉이 "우리 당은 독립된 당이기 때문에 남조선 신민당의 행동에 대해 책임질 수 없다"라고 답변했다.

신민당 중앙위 전원회의는 신민당과 북조선공산당의 합당에 대한 결정을 만장일치로 채택했다.

1946. 8. 21. 극동군구 정치국 제7호 총국 육군중좌 메크레르

▶ 1946년 8월 28일 북조선공산당과 신민당이 합당한 북조선노동당 창당대회 주석단. 뒤편의 초상화가 당시 상황을 설명해준다. 오른쪽부터 소련군정 정치사령관 레베데프 소장, 신민당 중앙위원회 위원장 김두봉, 북조선공산당 책임비서 김일성, 북조선여성 동맹위원장 박정애, 소련군정 정치고문 발라사노프가 자리했다.

▶ 스탈린 지령에 따라 평양주둔 소련군정 지도부가 북조선공산당과 신민당을 합당시켜 북조선노동당을 결성한 후 1946년 8월 30일에 당 고위 간부들과 기념촬영을 했다. 앞줄 왼쪽부터 허가이, 김일성, 레베데프, 김두봉, 민정 담당국장 이그나치프 대좌, 김책이며, 뒷줄 왼쪽부터 주녕하, 박일우, 최창익이다.

<표 8-1> 북로당 중앙위원(총 43명, 단위: 명)

계파	인원	중앙위원
연안파	12	김두봉, 최창익, 김창만, 허정숙, 무정, 박효삼, 윤공흠, 박일우, 한빈, 박훈일, 김민산, 임해
빨치산파	4	김일성, 김책, 안길, 김일
소련파	8	허가이, 박창식, 김열, 김제욱, 태성수, 한일무, 전성화, 김영태
국내파·기타	19	주영하, 장순명, 박정애, 한설야, 최경덕, 강진건, 장시우, 오기섭, 이순근, 김교영, 장종식, 김월송, 이춘암, 김려필, 명희조, 김욱진, 이종익, 정두현, 임도준

주: 발라사노프 팀이 소련공산당에 보낸 보고 내용을 표로 정리한 것.

이처럼 며칠간에 걸친 회의를 거쳐 북조선공산당과 신민당의 합당이 결정됐다. 그리고 또 다음날인 1946년 7월 28일 북조선공산당 중앙위원회 조직국과 신민당 중앙위원회가 공동회의를 개최해 합당 조건을 심의하고 공동성명, 북조선노동당 강령초안, 합당 대회일자 등을 결정했다.

이 결정은 두 당 전체 도·시·군당과 초급 당에서 심의·승인됐다. 두 당의 통합은 말단에서부터 시작됐다. 1946년 8월 중 초급 당 단체들에서 통합회의가 진행됐고 도·시·군에서 통합대회가 진행됐다. 대회에서는 노동당 지방단체 지도기관이 선출됐다.

1946년 8월 28~30일 평양에서 북조선공산당과 신민당의 역사적인 합당 대회가 개최된다. 현재 북한정권을 이끌어가는 북로당이 공식 출범하는 자리였다. 대회에서는 합당에 대한 결정, 당의 강령과 규약 심의, 당원들과 전체 조선 인민에게 보내는 호소문 등의 채택이 이뤄졌으며 당 중앙기관도 선출했다. 다음은 이와 관련해 발라사노프 팀이 소련공산당에 보낸 보고 내용이다.

합당 대회는 43명(공산당원 29명, 신민당원 14명)으로 구성된 북조선노동당 중앙위원회와 중앙검열위원회를 선출했다. 중앙위원회는 13명으로 중앙 조직국을, 5명으로 중앙위 정치위원회를 구성했다. 북로당의 최고지도

<표 8-2> 북로당 정치위원(5명)

이름	소속 정당	소속 계파
김일성	북조선공산당	빨치산파
김두봉	북조선신민당	연안파
주녕하	북조선공산당	국내파
최창익	북조선신민당	연안파
허가이	북조선공산당	소련파

주: 발라사노프 팀이 소련공산당에 보낸 보고 내용을 표로 정리한 것.

부인 정치위원회는 공산당 3명(빨치산파·국내파·소련파 각 1명씩), 신민당 2명(연안파)으로 각 파별로 균등하게 분배돼 있다. 소련군정이 파벌 간 배분에 신경 쓴 흔적이 역력하다.

발라사노프 팀이 소련공산당에 보고한 자료에 따르면 이렇게 통합된 북로당은 1947년 1월 1일 현재 당원 수가 56만 2,600명이다. 그중 85%가 노동자(22%)와 농민(63%)이다. 이 밖에 사무원과 인텔리 12.3%, 소상인 1.1%, 수공업자와 소기업가 0.4%, 학생 등 기타 1%이다. 북로당의 지도를 받아 북조선 민주주의민족통일전선에 소속된 단체들은 직업동맹(37만 7,636명), 농민동맹(22만 2,760명), 민주청년동맹(124만 8,000명), 민주여성동맹(101만 4,830명) 등이다. 발라사노프 팀의 보고서가 계속된다.

  북로당은 다음과 같은 강령을 채택하고 있다. 즉, 조선 근로인민의 진정한 대변자와 수호자인 노동당은 조선 근로인민에게 민주주의적 자유를 보장하고 정치적·문화적 수준을 향상시키고 물질생활을 개선시키는 것을 목표로 한다. 특히, 경제적·정치적 대책을 보장해줄 수 있는 강력한 민주조선독립국가를 창립하는 것을 목적으로 삼고 14개 항의 강령을 선언한다.

  1. 자주적인 민주공화국과 전조선인민위원회에 정권을 이양하기 위하여,

2. 지주와 과거 일본인의 땅을 몰수해 땅이 없거나 모자란 농민에게 무상분배하기 위하여,

3. 일본인과 민족반역자의 소유였던 산업·운수·체신·은행을 국유화하기 위하여,

4. 8시간 노동제와 노동자·사무원 사회보장을 실시하고, 여성에게 남성과 같은 임금을 지불하기 위하여,

5. 보통선거권을 위하여,

6. 전체 조선 공민에게 언론·출판·집회·결사·종교의 자유를 보장하기 위하여,

7. 완전한 남녀 평등권을 위하여,

8. 인민교육을 개편하고 일본 교육체계를 숙청하기 위하여,

9. 조선의 전체 공민들에게 교육의 권리를 제공하고 초등 의무교육 제도를 도입하기 위하여,

10. 조선 민족문화·예술·과학을 백방으로 발전시키기 위하여,

11. 근로자에게 무거운 부담이 됐던 일본식 조세제도를 철폐하기 위하여,

12. 누진제를 도입하기 위하여,

13. 민족군을 창군하고 전반적 군복무제를 실시하기 위하여,

14. 전 세계 평화를 위해 투쟁하는, 민주적이며 평화애호적인 모든 인접 국가들과의 친선을 강화하기 위하여 투쟁한다.

북로당의 강령 중 눈길을 끄는 것은 민족군 창군과 이를 위한 군 복무제를 실시한다는 조항이다.

소련군, '빨치산 양성소' 강동정치학원 설치

1947년 12월 초순에 소련군정 사령부는 "남한에서 좌익이 불법화돼

남한 내에서는 혁명 간부를 양성하기 어려우니 북쪽 지역에 혁명 간부를 양성할 학교를 세울 필요가 있다"라고 판단해, 평양 인근 평안남도 강동군 승호면 대성리에 강동정치학원이라는 '빨치산 지도자 양성소'를 세우기로 결정한다. 소련군정은 이와 같은 결정을 북로당에 지령해, 북로당으로 하여금 정치위원회를 열어 정식으로 강동정치학원 설립을 결정하게 하고, 소련에서 들어온 고려인 2세 박병률(1994년 모스크바에서 사망)을 초대 원장에 임명한다.

이러한 배경에서 태어난 강동정치학원은 1948년 1월 1일부터 1950년 6월 25일까지 2년 7개월여 동안 존속하면서 남한의 빨치산 활동을 지휘하고 수많은 빨치산 지도자를 양성해 남한에 파견함으로써 우리 현대사의 한 굴곡을 장식했다. 강동정치학원이 탄생했을 때부터 끝까지 원장을 지낸 박병률은 모스크바에서 필자와 만나 역사 속에 묻혀 있던 강동정치학원에 대해 다음과 같이 증언했다.[20]

"이그나치프 대좌를 비롯한 소련군정 사령부는 '남조선의 혁명 전선을 지도하고 유격전을 펼 수 있는 간부와 빨치산 양성이 시급하다'는 내용을 소련공산당에 보고하고 승인을 받아냈습니다. 이그나치프 대좌는 '당 박사'로 불리는 소련파 두목 허가이와 상의해 나를 원장으로 임명했습니다.

강동정치학원은 '박헌영 학교'라고 불릴 정도로 박헌영의 영향하에 있었습니다. 박헌영은 비서 조두헌조일명, 이승엽과 함께 일주일에 한 번꼴로 방문했고, 대체로 토요일에 와서 1박 2일 동안 지내다 갔습니다. 후에 박헌영의 두 번째 부인이 된 윤옥박헌영의 비서 조두헌의 처제도 학원생이었지요.

이러다 보니 나와 박헌영은 인간적으로 친근한 관계가 되어 내가 평양에 갈 경우 남산에 있는 박헌영의 집에서 묵을 정도였습니다. 남로당 출신들은

---

20) 박병률과의 인터뷰(모스크바, 1991.10.9).

대개 맨몸으로 평양에 왔기 때문에 학원에 묵으면서 치료도 하고, 혁명이론을 배우며 혁명을 위한 빨치산 훈련을 받는 교육기관 겸 초대소 역할을 했습니다. 그래서 학생 구성은 노동자부터 고급 인텔리까지 다양했습니다.

과정은 단기반3개월과 장기반1년으로 나누어졌고, 학생 수는 적을 때는 500명 정도, 많을 때는 1,200명 정도였습니다. 교육과목은 정치 학습마르크스-레닌주의과 군사학유격전이 전부였지요. 2년 7개월 동안 모두 4,000여 명의 빨치산 지도자와 빨치산을 양성했습니다. 이 가운데 여자가 30%를 차지했습니다. 남조선 빨치산의 제1군단장 이효재, 제2군단지리산 특수공작반장 이현상1948년 수료, 제3군단장 김달삼 등도 모두 나의 제자들입니다."

강동정치학원생들의 역할은 한두 가지가 아니었다. 마르크스-레닌주의와 빨치산 정신으로 무장된 학원생들은 남한의 지하에서 활동하는 남로당과의 연락책을 맡았고, 남한의 각 지역에서 활동하는 빨치산의 무장혁명투쟁을 지도하거나 빨치산으로 밀파돼 직접 유격전을 펴는 것이 주된 임무였다. 심지어 여수군반란사건 때도 강동정치학원생들을 밀파했다. 학원장을 지낸 박병률의 증언은 계속된다.

"여수군반란사건은 자연발생적으로 일어난 사건입니다. 그러나 북조선에서는 이를 보고만 있을 수 없어 실패할 줄 알면서도 소련의 지시를 받아 강동정치학원 출신 180명을 밀파해 이 사건을 지원하도록 했습니다. 이밖에 남조선에서 일어난 크고 작은 각종 지하운동 사건이 발생할 때마다 학원생들을 밀파해 지원하는 것도 강동정치학원의 몫이었습니다.

1948년 남한의 지하선거 때에도 강동정치학원생들이 결정적 역할을 수행했습니다. 이 지하선거는 우리 학원생들이 치른 것이나 다름없다고 말할 수 있습니다. 투표용지를 가득 담은 투표함 몇 트럭 분을 학원생들이 수거해 가져왔고, 선거공작도 학원생들의 역할이었습니다.

특히, 1948년 8월 박헌영의 주도로 치른 해주 인민대표자대회도 강동정치학원생들이 주도해 이뤄졌습니다. 1948년 4월 남북 연석회의 때와 해주 인민대표자대회 때 월북한 남한 출신 혁명가들 모두가 강동정치학원에 입교했습니다. 이 무렵이 강동정치학원의 전성기였지요. 최고인민회의 초대 대의원으로 뽑힌 남쪽 출신 360명 중 강동정치학원생이 200명이 넘을 정도였으니까요."

북한에서 내무성 부상 등을 지내다 숙청돼 러시아로 망명한 강상호(1996년 사망)는 강동정치학원에서 일어난 에피소드를 이렇게 소개했다.21)

"소련군정 치하의 평양에서는 '소련에서 공부하고 와야 고위직에 등용될 수 있다'는 말이 상식으로 여겨졌습니다. 이 때문에 북로당 선전부장 김창만과 간부부장 이상조 같은 노른자위 당 간부들, 남로당의 핵심 간부인 이현상과 김삼룡이 소련 유학을 위해 강동정치학원에서 러시아어 공부를 하고 있을 때인 1948년 7월 말경이었습니다.

이들은 술자리에서 북조선의 최고지도자 문제를 놓고 입씨름을 벌였습니다. 김창만이 '곧 수립될 공화국에서 김일성 장군이 북조선의 최고지도자를 맡는 것이 너무도 당연한 순리'라고 말했습니다. 그러자 이현상이 '김일성은 인민무력부장 정도가 적당하고 최고지도자는 박헌영 선생이 맡는 것이 남북 인민들의 뜻에 부합하는 것'이라고 반박했습니다. 이에 이상조가 '박헌영은 당파 싸움을 일삼는 종파주의자이기 때문에 지도자로는 절대 불가하고 빨치산 대장 출신인 김일성 장군만이 우리 조선을 이끌 수 있는 자격이 있다'며 맞섰습니다.

분위기가 험악해져 술자리는 패싸움으로 번졌고, 두 파는 강동정치학원

---

21) 강상호와의 인터뷰(모스크바, 1992.6.1).

에서 훈련용 총까지 들고 나와 서로 위협할 정도가 됐습니다. 이 패싸움은 즉시 소련군정 사령부에 보고됐고 소련군정 사령부는 중앙당 허가이에게 '진상을 조사한 후 엄벌하라'는 명령을 내렸습니다. 중앙당은 이들의 소련 유학을 취소하고, 김창만 선전부장을 내각 간부학교 교장으로 좌천시켰으며, 이상조 간부부장을 군대로 발령하는 동시에, 이현상과 김삼룡은 평양에 있지 말고 즉시 남조선으로 보내라는 엄명을 내렸습니다.

당시 소련군정은 이 사건을 '김일성파'와 '박헌영파'의 노골적인 대결로 보고 주목하기 시작했습니다. 이 사건으로 인해 남조선으로 밀려 내려간 이현상은 지리산 등지에서 빨치산들을 지도하던 중, 김삼룡은 지하에서 남로당을 이끌던 중에 각각 총살당하는 최후를 맞이했습니다. 그리고 좌천된 김창만과 이상조는 나중에 복권되기는 했지만 결국 숙청됩니다."

이와 같은 사건의 흔적이 레베데프 정치사령관의 비망록에 기록돼 있다. 레베데프 정치사령관은 1948년 7월 31일자 비망록에 전후 과정은 설명하지 않고 느닷없이 "소련 유학을 위해 러시아어 강습을 받고 있는 김창만북로당 선전부장, 이현상남로당 간부부장, 유축운남로당, 고찬보남로당, 이상조북로당 간부부장, 김광식 등 6명을 모스크바 유학생으로 보내지 말 것"이라고 기록했다. 소련군정 사령부가 이 사건을 매우 중요하게 다뤘음을 보여준다.

인민회의 구성, 시행 끝낸 토지개혁 등 뒤늦게 승인

북조선의 최고 정권기관인 임시 인민위원회 창설에 이어 토지개혁을 비롯한 5대 민주개혁 실시, 공산당과 신민당의 합당을 통한 강력한 북조선 노동당 탄생 등으로 정권의 기본 틀을 잡아간 소련군정은 1년 후인 1947년 2월 17일부터 2월 20일까지 4일간 북조선 도·시·군 인민위원회 대회를 개최해 형식상 인민의 대표기관인 인민회의(국회에 해당) 창설에 나선다. 그리고 이 인민회의에서 선 시행 후 승인 원칙에 따라 지금까지 실시한 토지개혁 등 각종 법령과 도·시·군·면·리 인민위원회 대의원선거 규정 등을 승인받는다.

필자가 모스크바에서 발굴한 희귀 문헌인 『북조선 도·시·군 인민위원회 대회 회의록』의 첫 장에는 대회장의 분위기 등에 대해 다음과 같이 기술되고 있다.

> 1947년 2월 17일, 평양시내 북조선 도·시·군 인민위원회 대회장 외벽에는 "우리 민족의 위대한 영도자 김일성 장군 만세!"를 비롯한 거대한 표어들이 내걸렸고 조선과 소련 양국 국기가 펄럭였다. 대표석 입구에는 김일성 장군의 전신 그림이 걸렸다.
>
> 조명이 휘황한 무대의 정면에 조소 양국 국기가 장식되고, 김일성 장군과 스탈린 대원수의 초상이 걸렸다. 전면 주석단석에는 안락의자 55개가 놓였고, 맨 앞줄에는 붉은색 비단으로 덮인 탁자가 길게 놓여 있다. 회의장 주위 상하층에는 축기 30여 개가 걸렸다. 회의장석에는 1,200여 명의 인민위원 대표들이 지방별로 입장을 마쳤고, 방청석에는 600여 명의 인사가 자리를 가득 메웠다.
>
> 드디어 전 대표들이 기립해 박수하며 환영하는 가운데 김일성 임시 인민위원장이 주석단으로 등장하고 뒤따라 김두봉북조선노동당 중앙위원회 위원장, 김달현천도교청우당 당수, 강양욱임시 인민위원회 서기장 등이 등단하면서 역사적 대회가 개막됐다.

4일간 계속된 이 대회는 첫날 대회 의장인 강양욱의 개회사에 이어 애국가 합창, 묵상, 주석단 선거, 서기국 선거, 대회 대표 심사위원 선거, 대회 토론사항 제출 등의 순서로 진행한 후 김두봉, 김동영(민주당 대표),

김달현, 최경덕(북조선직업동맹 중앙위원회 위원장), 강진건(북조선농민동맹 중앙위원회 위원장), 김은주(북조선민주여성동맹 부위원장), 김욱진(북조선민주청년동맹 중앙위원회 위원장), 이기영(북조선문학예술동맹 위원장) 등의 축사로 끝났다.

이들의 축사는 "우리에게 직접적 자유 해방을 얻어준 소련군대에 감사해야 할 것이며 조선의 완전 독립국가 건설에 선진적 원조자인 소련 인민과 그들의 영도자 스탈린 대원수, 그가 지도하는 소련군대에 심후한 경례를 보낸다"라고 하는 등 스탈린과 소련군대, 김일성 장군에 대한 찬양 일색이었다.

둘째 날 대회 의장은 김일성이 맡았다. 이어 남조선민주주의민족전선 의장단인 허헌, 박헌영, 김원봉, 여운형, 김창준, 김기전 등이 보내온 메시지를 낭독했다. 남조선민주주의민족전선 의장단은 '북조선 도·시·군 인민위원회 대회에 드리는 글'에서 "인민회의 대의원선거를 위한 오늘의 인민대회는 위대한 소련군의 성심성의와 원조, 그리고 위대한 스탈린 동지의 지도 아래 인민이 요구하는 민족적·역사적 대과업을 성취한 것으로 조선 인민들은 태양을 보는 것처럼 명확하게 인식하고 있다"라고 강조했다.

이어 강양욱이 이 대회에서 비준해야 하는, 북조선 임시 인민위원회 이름으로 발표한 제 법령에 대해 보고했다. 이 보고의 토론에는 김제원(황해도 대표), 김시환(평안남도 대표), 한인갑(강원도 대표), 이순금(함경남도 대표), 송창렴(평안남도 대표), 김병직(길주군 대표), 박상순(진남포 대표), 전덕순(평안북도 대표), 박윤길(청우당 대표), 박지권(함경북도 대표), 김성준(평안남도 대표) 등 11명이 참가했다. 이어 소련군 제25군 사령부에서 보내온 메시지를 낭독한 후, 1년 전 이미 시행된 법령인 토지개혁법령, 노동법령, 농업·교통·체신·운수·은행 등의 국유화법령, 남녀평등권 법령, 개인소유권을 보호하고 산업 및 상업에 있어서의 창발성을 발휘시키기 위한 대책에 관한 결정서 등을 승인했다.

셋째 날 대회에서는 김두봉이 의장을 맡았다. 대회 시작과 함께 김일성이 등단해 '1947년도 북조선 인민경제 발전에 관한 보고(예산보고)'를 한다. 이에 대해 홍기주(평안남도 인민위원장), 이순근(임시 인민위원회 농림국장), 김영수(함경북도 대표), 김응기(황해도 인민위원장), 김정주(평안남도 대표), 김완걸(평안북도 대표), 이문환(농림국장), 오기섭(노동국장) 등 8명의 토론이 있었다.

이어 최용건(북조선노동당 중앙위원회 부위원장)이 북조선인민회의 창립에 관해 보고했다. 그리고 최창익(북조선노동당 중앙위원회 부위원장), 성낙현(평북 인민위원장), 한면수(평양특별시 인민위원장), 이강국(외무국장), 허정숙(노동당), 이정우(조선민주당) 등 8명의 토론이 이어졌다.

토론이 끝나자 북조선인민회의 창립에 대한 북조선인민위원회 대회의 결정서를 만장일치로 통과시키고, 북조선인민회의 대의원 후보자를 추천하기 위한 전형위원을 선거한 뒤 휴회에 들어갔다.

20일에 속개된 넷째 날 대회는 북조선인민회의에 관한 규정과 북조선인민회의 대의원선거 절차에 관한 규정을 만장일치로 통과시키고 인민회의 의원을 선출할 대의원 후보자(1947년 2월 20일에 선출한 1,158명)도 반대자 없이 승인했다.

이어 인민회의 의원선거에 들어가 민주주의민족통일전선에서 추천한 의원 후보 237명이 전원 당선됐다. 북조선 인민회의 의원 명단에는 김일성, 김두봉, 김용범, 주녕하, 최창익, 한설야, 이강국, 박일우, 허정숙, 오기섭, 무정, 김책, 최용건, 박정애 등이 포함돼 있으나 박헌영, 이승엽 등 남로당 지도부와 허가이 등 소련파 인사들이 빠져 있다. 당선자를 정당별로 보면 노동당 86명(36%), 민주당 30명(13%), 청우당 30명(13%), 무소속 91명(38%)이다. 성분별로는 노동자 52명(22%), 농민 62명(26%), 사무원 56명(24%), 인텔리 36명(15%), 기업가 7명(3%), 상인 10명(4%), 종교인 10명(4%), 수공업자 4명(2%) 등이다. 성별로는 남자 203명(85%), 여자 34명

(15%)이다.

이렇게 하여 형식상 선출된 의원들로 최고 인민 대표기관인 인민회의 구성을 갖추게 됐다. 이들 대의원은 마지막으로 "영웅적 소비에트 군대의 힘으로 우리 인민들이 대대손손 갈망하던 민주주의적 개혁을 실시하고 있는 것은 오직 스탈린 대원수 덕분"이라는 내용을 담은 감사문을 스탈린 대원수에게 보낼 것을 만장일치로 채택한 뒤 폐회했다.[22]

북조선 헌법도 소련공산당 작품

소련군정은 중앙 정권기관인 임시 인민위원회 창설에 이어 정당·사회단체를 조직하고 인민의 대표 주권기관인 도·시·군 인민회의까지 구성해 시나리오대로 한 가지씩 국가의 골격을 갖춰간다. 남은 문제는 국가 통치체제의 기본적 조건과 인민의 기본적 권리·의무 등을 규정한 근본법인 헌법 작성뿐이었다.

소련군정은 1947년 말부터 국호를 '조선민주주의인민공화국'이라고 정하고 모스크바에서 파견된 법률 전문가들에게 동유럽 위성국들을 창설할 때 작성한 헌법을 참고해 북조선 헌법 초안을 작성하도록 지시한다. 그리고 이 초안을 소련 외무성과 소련공산당에 보고하고 소련공산당 중앙위원회가 세부적으로 검토한 뒤 다시 평양의 소련군정에 지령해 헌법 작성에 그대로 반영시켰다. 즉, 1948년 9월 9일 북한 최고인민회의에서 통과된 조선민주주의인민공화국 헌법은 소련공산당 중앙위원회의 '작품'이다.

소련공산당 중앙위원회는 평양의 소련군정에서 올라온 북조선의 헌법 초안을 보고 다음과 같이 지적한 뒤 다시 소련군정에 돌려보낸다. 이 문건

---

22) 북조선인민위원회 선전부, 『북조선 도·시·군 인민위원회 대회 회의록』(1947.4.1).

에는 '비밀'이라는 도장이 찍혀 있다.

1. 왜 헌법과 조선 민주정부를 '임시적'이라고 부르는지 설명이 없다.
2. 제2조의 시안을 변경시켜 1945년 8월 15일은 소련군대가 가한 타격 때문에 일본이 패망한 결과 조선 인민이 해방됐으며, 조선에서 인민위원회를 조직할 조건이 조성된 날임을 강조해야 한다.
3. 토지에 대한 사적 소유를 인정하는 제5조와 제6조는 이 법령에 따라 농민들에게 분배되는 토지는 매매·임대·저당하는 대상이 될 수 없다는 현행 토지개혁법 제10조와 어긋난다.
4. 토지개혁이 실시되지 않은 곳남조선을 염두에 둔 것으로 보인다에서는 북조선 토지법령을 기초로 토지개혁을 실시해야 한다고 언급돼 있는 제7조를 이른바 '과도 조항'으로 넘겨야 하며, 북조선 토지 법령 대신 본 헌법 해당 조항을 인용하는 것이 낫다.
5. 제1장은 국가의 인민민주주의적 성격을 반영하는 사회적·정치적·경제적 구조의 제 원칙을 더욱 명확히 규정하기 위해 근본적인 개작이 필요하다. 헌법 초안에는 국가의 경제적 토대가 규정되지 않았고, 국가의 주가 되는 지주로서의 전 인민적 소유가 우선된다는 점이 확정되지 못했다. 헌법은 개인 소유에 대한 국가의 관계나 국가의 인민민주주의적 성격에서 발생하는 권한, 일정한 조건에서 개인 소유를 제한하고, 소유권을 이전하며, 국유화하는 경우 등을 규정하지 않았다. 더구나 개인 소유와 더불어 토지의 국가적·협동적 소유가 허용된다고 지적돼 있는 제6조의 표현은 민주 건설 위업에서의 전 인민적 소유의 의미를 감소시킨다.

　　제10조는 인민 경제계획 수행에 있어서 국가가 의거하는 경제 제도만 설정하고 있다. 그런데 헌법에서는 민주국가 건설 위업에서 직업동맹노조과 사회단체가 수행하는 역할을 반영하는 것이 매우 중요하다. 국가는 인민 경제계획을 수행할 때 이 단체들에 의거한다는 것을 지적해야 했다.

6. 헌법 초안은 사회경제적 기본 요인으로서의 노동을 다루지 않았다. 제6조는 근로 농민의 이익만을 옹호할 뿐 다른 부류의 근로자에 국가가 배려한다거나 경제적·사회적 시책으로 이들에게 도움을 주는 문제를 도외시한다.

7. 제13조는 조선 공민들의 민주주의 정당, 노조, 기타 단체나 협회를 결성하고 그 사업에 참가할 권리를 주장하고 있다. '민주정당'이라는 개념을 구체화할 필요가 있다. 이러한 제 정당의 결성은 헌법으로 제정된 국가적·사회적 질서에 저촉되지 않으며, 법은 인민이 쟁취했고, 헌법으로 보장된 권리와 자유에 반대해 싸우는 것을 목표로 삼는 단체의 결성은 금지한다는 의미에서 해석돼야 한다.

8. 제14조는 교회와 국가를 분리시키며 종교단체가 교회와 종교를 정치적 목적에 악용하는 것을 금지하고 있다. 이 조항은 민주주의민족통일전선의 현존 관례에 어긋난다. 민주주의민족통일전선에 망라된 정당 가운데 가장 영향력 있고 대중적인 정당의 하나이며, 조선 민주화를 위한 투쟁에 참여하고 있는 정당이 바로 천도교를 기초로 한 청우당임을 감안한다면 이 조항은 바람직스럽지 못한 사태를 초래할 수 있다. 이 당의 강령은 민주개혁에 대한 요구와 종교적인 요구를 동시에 내포한다.

9. 제13조와 제22조는 언론의 자유, 출판과 집회의 자유, 여성의 평등권 등을 언급하고 있으나 어떤 조치 때문에 이 권리가 보장되는지를 밝히지 않고 있다. 이 조항들은 부르주아 헌법의 해당 조항들과 유사하다. 한 가지 차이가 있다면 스탈린 동지가 지적한 바와 같이 그들은 공민권을 형식상으로만 선언한다는 점이다.

10. 제30조에는 공민들에게 노동할 의무가 있다고 밝힌다. 이는 공민들의 일할 권리가 보장된다고 해석할 근거를 제공할 수 있는데, 조선 경제가 이런 권리를 선언할 상황이 되지 못한다는 것은 주지의 사실이다.

11. 제49조 제7항에는 최고인민회의 상임위원회가 훈장을 수여하거나 각종

칭호를 제정할 권리가 있다고 언급돼 있으나, 이 권리를 누구에게 부여했는지는 어디에서도 찾아볼 수 없다.

결론적으로 조선민주주의인민공화국 임시헌법 초안의 기본 결함은 이 초안이 나라의 현존 사회경제적 관계와 인민민주주의 발전 수준을 불충분하게, 때로는 부정확하게 반영하는 데 있다.

대부분 조항들의 시안은 불충분하다. 그들 사이에는 헌법의 기본 문제들을 서술함에 있어서 엄밀한 상호연관성이나 시종일관성이 없다. 예를 들어, 토지 문제는 제6조와 제8조에서 같은 견지에서 고찰하고 있다. 노동 문제는 제15조와 제30조에 반영됐으나 이 두 조항 중 어느 조항에서도 완전하고 명백한 해석이 주어지지 않는다. 민주주의민족통일전선으로 단합된 대중적 정당과 사회단체 결성에서 표현된 조선 인민의 정치적 열의가 헌법에는 전혀 반영되지 않았다.

초안은 전체적으로(특히, 제1·2장) 심오한 개작을 필요로 한다. 개작은 국내 정세와 경제 상황, 동유럽 민주주의 국가들에서의 헌법 제정 경험을 참조해 조선 국가구조의 정치적·경제적 토대를 명확하게 규정짓는 방향에서 이뤄져야 한다. 헌법 초안을 개작한 후 다시 한 번 심의할 필요가 있다.[23]

이에 앞서 소련공산당 중앙위원회는 조선임시헌법 초안 검토·승인과 같은 의사 일정이 진행될 북조선인민회의 개최에 동의하라고 외무성에 지령한다.[24] 소련공산당 중앙위원회는 이 지령에서 "헌법 초안은 이 회의에서 심의하지 말고 헌법위원회가 작성한 헌법 초안에 대한 조선 인민의

---

23) 소련공산당 중앙위원회,「조선민주주의인민공화국 임시헌법 초안에 대한 지적과 결론」(1948.4), 소련 대외정책 고문서 보관소.
24) 소련공산당 중앙위원회,「소련 외무성 소관 문제」(1948.1.21), 소련 대외정책 고문서 보관소(문서번호: F.07, OP.21, P.22, D.316).

요구를 충분히 반영할 수 있도록 초안을 공개해 전 인민의 토의에 붙이고 임시헌법 초안 검토 승인을 위한 북조선인민회의를 1948년 3월 소집하라"라고 지시한다. 아울러 "북조선인민위원회가 민족보위국을 창설하고 인민회의 마지막 날 평양시에서 1개 사단과 군관학교가 참가한 군중집회 성격의 조선인민군 열병식을 거행하도록 허락하라"라고 외무성에 지령하고 있다.

소련 외무성 장관 몰로토프는 평양주둔 소련군 제25군 참모장 툰킨(G. Tunkin), 연해군구 군사위원 스티코프, 소련 외무성 차관 말리크 등 3인이 공동으로 작성한 지령 추진 결과를 소련공산당 중앙위원회 국제담당 비서 비신스키(A. Bisinski, 유엔주재 소련대사 역임)에게 보고한다.[25]

> 인민회의는 1948년 2월 7일에 인민회의 헌법위원회에서 준비한 조선 헌법 초안을 전 인민의 토의에 부치기 위해 공개하고, 오는 3월에 헌법 초안 승인을 위해 인민회의를 소집하기로 결정했으나, 사정상 인민회의 소집이 오는 4월로 연기됐다.

> 몰로토프는 헌법 초안에 규정된 기본 조항들을 다음과 같이 보고한다.

> 조선을 민주주의인민공화국으로 선포한다. 국가 최고 주권기관은 최고인민회의이다. 기간산업, 운수, 체신 수단, 은행, 광산 등 지하자원, 산림, 수역, 에너지 자원, 수도 시설 등 과거 일본과 조선 인민의 반역자들이 소유했던 재산을 국유화하고, 지주와 일본인이 소유한 토지를 몰수해 농민들에게 분배한다. 생산수단은 국가, 협동단체, 개인 등 3개 소유 형태로 구분한다.

---

25) 말리크·스티코프·툰킨, 「비신스키, 몰로토프 동지에게: 비준을 바람」(1948.4.19), 소련 대외정책 고문서 보관소(문서번호: NO.88/MA).

공민들에게 언론·출판·집회·결사·신앙의 자유를 제공한다.

지난 2월 11일에 발표된 헌법 초안은 남북조선 각계각층 인민들의 환영을 받았다. 다만 우익 반동분자들이 반대에 나섰다. 북조선에서는 교회를 국가로부터 분리시키고, 학교를 교회로부터 분리시키며, 종교와 교회를 정치적 목적에 악용하는 것을 금지한다는 조항이 담긴 제14조를 둘러싸고 논란이 빚어졌다. 종교 활동가들은 교회를 국가로부터 분리시키는 것에는 반대하지 않으면서도, 학교를 교회로부터 분리시키며 교회와 종교를 정치적 목적에 이용한다는 규정을 헌법 초안에서 없애라고 주장했다.

헌법 초안의 다른 규정들은 전 인민 토의에서 논쟁을 야기하지 않았다. 우리들은 조선 헌법 초안에 일부 수정과 보충을 가할 필요가 있다고 생각한다. 그리고 북조선인민회의가 헌법 초안을 비준할 것이 아니라 승인하는 것이 합리적이라고 본다. 북조선인민회의는 전 조선 헌법을 비준할 권한이 없기 때문이다.

남조선에서 미국인들이 유엔 임시위원회의 협조하에 금년 5월 10일로 예정된 선거를 실시하고 남조선 단독정부를 수립한 뒤에, 조선민주주의인민공화국 헌법 초안을 북조선 영내에서 실시하고 최고인민회의 선거를 실시하며 내각제 정부를 수립해야 한다.

보고에 따라 소련공산당 중앙위원회는 같은 날인 1948년 4월 19일에 이와 관련한 결정을 내리고 이를 외무성에 지령한다.[26]

조선민주주의인민공화국 헌법 초안에 별첨과 같은 수정과 보충을 가할 것을 권고하라.

---

26) 소련공산당 중앙위원회 결정, 「조선 헌법 문제에 대하여」(1948.4.19), 소련 대외정책 고문서 보관소.

1. 1948년 4월 27일 소집되는 북조선인민회의에서 헌법 초안을 심의·승인하기 위해 다음과 같은 결정을 채택하라. 즉, 헌법위원회에서 인민회의 심의에 제출한 조선민주주의인민공화국 헌법 초안을 승인하라.
2. 조선이 통일될 경우 조선민주주의인민공화국 헌법 초안은 조선 헌법 작성을 위임받은 전 조선 기구에 북조선 명의로 제출해 심의한다.
3. 남조선에서 단독선거가 단행돼 남조선 정부가 수립될 경우 북조선인민회의를 조속히 소집할 것을 권장하며 다음과 같은 결정을 채택하라.
    1) 금후 조선이 통일될 때까지는 북조선인민회의 4월 회의에서 승인된 조선민주주의인민공화국 헌법 초안을 북조선 영내에서 실시한다.
    2) 본 헌법을 기초로 최고인민회의 대의원선거를 진행하라. 금후 조선이 통일될 때까지 최고인민회의는 북조선 내에서 최고 주권기관이 된다.
    3) 최고인민회의는 내각제 조선 정부를 창설하라.

이 지령은 별첨에서 조선민주주의인민공화국 헌법 초안에 수정·보충한다. 이는 헌법조문에 그대로 반영된다.

1. **초안 제5조 내용** "모든 토지, 산림, 수역, 대공업 기업소, 철도·수상·항공 운수 수단, 체신 수단, 전력, 광천, 자연 에너지, 은행, 배수관, 과거 일본인 소유 및 조선 인민의 반역자들의 소유 등은 국가 소유임을 공포한다. 대외무역은 국가에 의해, 그리고 국가의 통제하에 진행된다"를 "조선민주주의인민공화국의 생산수단은 국가 소유이거나 협동단체 소유이거나 자연인과 법인의 소유이다. 땅속의 광물이나 기타 부원(富源), 산림, 수역, 대기업, 은행, 철도 운수, 수상 운수, 항공 운수, 자연 에너지 원천, 체신 수단, 배수 시설, 과거 일본인이 소유했거나 일본인과 결탁해 조선 인민을 침해한 자들친일파이 소유했던 것은 국가 소유로 한다. 대외무역은 국가의 통제하에 둔다"라고 서술하라.

2. 초안 제6조 제2 단락 "땅은 자신의 노력으로 가꾸는 사람들에게 속한다. 법으로 제정된 규모를 능가하는 땅의 개인 소유는 금지한다. 개인이 소유한 토지의 최대 규모는 특별법으로 규정한다"를 "땅은 자신의 노력으로 가꾸는 자에게 속한다. 땅은 매매 대상이 될 수 없다. 법으로 제정된 규모를 능가하는 땅의 개인 소유는 금지한다. 개인이 소유한 토지의 최대 규모는 따로 법령으로 규정한다"로 서술하라.

3. 초안 제14조의 내용 "공민들에게 양심의 자유와 신앙의 자유가 보장된다. 교회는 국가에서, 학교는 교회에서 분리된다. 교인들의 종교단체는 송교사업과 종교예식을 수행함에 있어 자유로우나 교회와 종교를 정치적 목적으로 악용하는 것은 금지한다"를 다음 시안대로 서술할 것. "조선민주주의인민공화국 공민들에게는 양심의 자유, 신앙의 자유, 종교예식을 거행할 자유가 보장된다. 교회는 국가로부터 분리된다. 종교단체는 종교활동에서 자유롭다. 성직자를 육성하는 학교를 둘 수 있으며, 이 학교는 국가의 전적인 통제하에 있다. 교회와 종교를 반민주적 목적에 이용하는 것은 금지한다. 국가는 종교연합을 물질적으로 지원할 수 있다."

4. 초안 제30조 내용 "모든 공민은 일할 의무가 있다. 조선민주주의인민공화국에서 노동은 전체 인민경제와 나라 문화의 성과적 발전의 기본이 된다"를 "조선민주주의인민공화국에서 노동은 인민경제와 나라 문화의 성과적인 발전의 기초이며 노동력은 공민의 영예이다"라고 서술하라.[27]

---

[27] 소련공산당 중앙위원회 결정, 「조선민주주의인민공화국 헌법 초안에 대한 수정·보충」 (1948.4.19), 소련 대외정책 고문서 보관소.

제9장

소련군정이 기획·연출한 남북 연석회의

김구, 북에 가기 전 암살을 예견했다

1948년 4월 19일부터 30일까지 평양에서 남북 56개 정당·사회단체 대표 545명이 참가한 가운데 일련의 정치회담인 남북 연석회의가 열렸다. 이 회의는 김구와 김규식 등 남측 민족지도자들이 민족 분단을 막기 위해 쏟은 마지막 노력이었다.

회의는 1948년 2월 김구·김규식 등 남쪽의 '양김'이 김일성·김두봉 등 북쪽의 '양김'에게 서신으로 남북협상 개최를 제의하자 북쪽이 전 조선 정당·사회단체 대표자 연석회의 형태로 열자는 수정안을 제안함으로써 성사됐다.

김구·김규식 등 두 민족 지도자의 남북협상 제의는 당시 남한에서 남한만의 단독정부 수립 움직임 등 민족의 분단이 대세로 굳어지자 '어떻게든 분단은 막아야 한다'는 절박한 상황에서 이뤄졌다. 회의 기간 중 ① 4김회담, ② 남북 요인 15인 회담, ③ 정당과 사회단체 대표자 연석회의 등 다양한 형태의 모임을 통해 남북 정치인들이 한 자리에 모여 분단을 막기 위한 방안을 모색했다.

　김구·김규식·박헌영·백남운 등 남쪽 대표 11명과 김일성·김두봉·최용건·주영하 등 북쪽 대표 4명이 참가한 남북 요인 15인 회담에서는 ① 미소 양군 즉시 철수, ② 전 조선 정치위원회 주도로 남북총선거 실시, ③ 남한 단독선거 반대, ④ 외국군 철수 후 내전 발생 부인 등 4개 항에 합의했다. 이와 함께 김구·김규식·김일성·김두봉의 4김 회담에서는 ① 북측의 남쪽에 대한 송전 계속, ② 연백수리조합 개방, ③ 조만식의 월남 문제 등에 합의하는 정치적 성과를 얻기도 했다.

　그러나 이와 같은 약속은 이후 남북에 각각 단독정부가 수립됨으로써 휴지 조각이 되고 말았다. 북측은 오히려 남북 연석회의를 자신들의 정권의 정통성을 확보하는 데 이용했다.

　지금까지 우리 역사는 이들 회의와 회담은 북조선노동당과 김일성이 주도한 것으로 기록했다. 그러나 필자가 모스크바에서 단독 입수한, 소련군정 정치사령관과 민정사령관을 겸임했던 레베데프 소장(1992년 5월에 90세로 사망)의 일기 형식 비망록(대학노트 크기로 총 96쪽이다)[1]에서, 이들 회의와 회담 모두가 처음부터 끝까지 소련군정이 기획·연출·감독을 맡은 주도면밀한 각본인 것으로 드러났다.

　비망록에는 남북 지도자 연석회의에 대한 소련 측의 의도와 역할, 소련군정의 북한정권 수립과정 등이 상세하게 기록돼 있다. 또 김구와 김규식이 남북 연석회의에 참가하기 전인 1948년 4월 8일 북조선인민위원장 김일성과 북조선노동당 위원장 김두봉은 레베데프 정치사령관에게 "한국독립당 당수 김구와 민족자주연맹 대표 김규식 등이 참여한 이른바 '4김 회담'에서 김구와 김규식에게 헌법은 채택하지만 당분간 내각은 구성하지 않고 김구·김규식 두 선생에게 직위를 부여하고 헌법이 통과된 후 통일정

---

[1] 이후 『레베데프 비망록』으로 표기함.

▶ 1948년 4월 하순 남북 연석회의에 참가한 김구 선생을 안내하는 김일성.

부를 세울 것이라고 제의해 두 정치 지도자를 회유할 계획"이라는 의견을 제시했다고 기록돼 있다.[2]

이는 통일정부 수립 때 김구와 김규식의 상징성이 대단함을 감안해 이들에게 자리를 주고 포섭하려는 의도가 숨어 있음을 알려주는 자료로서는 최초로 공개된 것이다.

이와 함께 소련군정은 김구와 김규식 일행이 남북 지도자 연석회의를 결렬시키거나 회의에서 퇴장하면 이들을 '미제 간첩'으로 몰아붙인다는 대책을 세워놓았다. 특히, 『레베데프 비망록』(4월 17일자)에는 남한으로부터 받은 정세 보고서에서 김구가 기자들에게 "나를 5월 10일까지 암살하려는 것을 알고 있다"라고 기록해, 김구는 평양으로 출발하기 전 이미 자신이 암살당할 것임을 예견하고 있었음을 알 수 있다.[3]

---

[2] 같은 자료, 20쪽.

▶ 1948년 4월에 남북협상을 위해 평양에 도착한 김규식 선생(왼쪽).

이후 평양에 간 김구는 1948년 5월 3일, 1시간 30분 동안 김일성과의 단독회담에서 "만일 미군정이 나를 강하게 압박하면 북한에서 나에게 피난처를 제공할 것이라고 기대할 수 있는가"라고 묻자 김일성이 긍정적으로 대답했다고 기록돼 있다.[4]

또 김두봉은 4월 25일 만찬회의에서 레베데프 소장에게 "김규식을 남조선 선거가 끝나는 5월 10일까지 평양에 체류하게 하자"라는 의견을 내놓았다. 이는 김규식이 미군정에 의해 대통령으로 선출될 가능성이 있음을 감안해 그를 북한에 묶어두려는 의도가 있었음을 보여준다.[5]

특히, 1948년 4월 6일자에는 소련군정 정치사령관 레베데프 소장이

---

3) 같은 자료, 30a쪽.
4) 같은 자료, 52쪽.
5) 같은 자료, 44쪽.

소련군 연해군구 군사위원이자 스탈린의 북한 문제 전권대사격인 스티코프 대장으로부터 "남한의 김구와 김규식이 제의한 남북 지도자 연석회의를 평양에서 열겠다고 발표하고 연석회의에 김구와 김규식을 평양으로 불러들여 ① 남한의 총선 반대와 봉쇄, ② 조선에서 유엔 한국 임시위원회 추방 요청, ③ 소련군과 미군 철수, ④ 임시정부를 수립하기 위한 남북 총선거는 외국군 철수 후 실시하는 등 한반도의 소비에트화를 위한 네 가지 지침을 관철하라"라는 지령을 받은 것으로 기록돼 있다.6)

이는 지금까지 남북 연석회의가 김일성을 비롯한 북한 공산주의자들이 계획해 열린 것으로 알려졌으나, 소련이 주도면밀하게 계획한 각본이었음을 보여준다. 즉, 소련이 김구와 김규식 등 남한의 주요 정치 지도자들을 불러 연석회담을 열어 남한의 총선을 반대하게 하며, 이러한 시도가 실패하더라도 북한에 단독 정권을 창출할 정당성을 확보하려는 의도가 숨어 있음을 읽을 수 있는 대목이다. 이를 위해 소련군정은 '혁명 논리와 투쟁전략'을 주 내용으로 연석회의 참석자들의 결의문에 해당하는 '조선 인민에게 보내는 호소문'을 사전에 작성했다. 남한 대표들에게도 이와 같은 지침을 미리 전달해 지침 내용대로 연설을 준비하도록 지도시켰다.

소련군정, 김일성에 '인공기·인민군기 제작' 지시

또 소련군정은 정부를 수립하기 두 달 전, 김일성이 수상과 민족보위상(국방부 장관)을 겸임하고 박헌영은 외무상만 맡도록 하는 등 초대 수상과 내각, 최고인민회의 상임 의장단 등에 대한 후보 명단을 작성해 모스크바 '중앙(소련공산당 중앙위원회나 스탈린을 지칭)'에 상신했다.

---

6) 같은 자료, 18a쪽.

그러나 '중앙'이 남한 인사들이 소외됐다고 지적하자, 김일성은 수상만 맡고 박헌영을 제1부수상 겸 외무상, 남로당 출신 이승엽을 사법상, 조선 인민공화당 당수 김원봉을 검열위원장으로 각각 추가하라고 지시했다고 기록돼 있다. 이 밖에 소련군정은 남북이 정치 협상하는 와중에도 인공기와 인민군기를 속히 제작하도록 김일성에게 지시하기도 했다.

이와 같은 사실들은 지금까지 남북 연석회의와 북한 정부 수립 등을 소련군정이 주도했으리라고 막연히 짐작해왔을 뿐, 이를 증명할 만한 소련 측 사료가 없었으며, 특히 김일성이 이들 과정 모두를 주도했다는 북한 당국과 일부 한국의 주장을 정면으로 뒤엎는 증거이다.

평양의 4김 회담

해방 이후 평양주둔 소련군정 정치사령관이자 민정사령관이었던 레베데프 소장이 일기 형식으로 상세히 기록한 비망록을 주요 이슈와 날짜별로 정리한다.

■ **1948년 3월 24일(확대회의에서 김일성에게 지시)**
- 남북한 정세 보고는 (남로당 위원장 박헌영이 보고하지 못할 경우) 김일성파·김두봉파·허헌파 3개 그룹 대표가 한다.
- 의견을 교환한 후 정치 정세에 관한 결정을 채택한다.
- 회의 일정을 채택한다.

회의 첫째 날
1. 개회사.

2. 주석단, 당수, 단체 지도자들.
3. 회의 순서와 절차를 채택할 것. 축사할 때 축사자인 김두봉·김구·허헌·김규식·김달현북조선천도교청우당 당수·이극로건민회 대표·최용건조선민주당 당수·김원봉조선인민공화당 등 8명의 이름을 밝힌다. 회의 경축 경연은 합창과 오케스트라로 한다.

회의 둘째 날
1. 첫 번째 문제에 대해 보고 3건, 토론은 15분.
2. 첫 번째 문제에 대한 결정서 작성을 위한 위원회 선출.

회의 셋째 날
1. 토론 후 첫 번째 문제에 관한 결정서 채택.
2. 두 번째 문제 보고자는 허헌(이때 선전 효과와 조직을 강조할 것).

김일성에게 지시
- 1948년 8월 15일까지는 소련과 미국 정부에 보내는 소련군과 미군 철수에 관한 메시지를 채택할 것.
- 남조선의 총선을 반대·분쇄하기 위한 투쟁위원회를 결성할 것.

■ 1948년 3월 25일
김일성과 만남
- (당)대회에서 중앙 검열위원을 선출하지 말라고 김일성에게 충고했음. 당에서는 노동자가 우선이다. 근로 대중의 정치적 지도자로서의 노동당은 마르크스-레닌주의 학설을 기초로 한다(여타 민주정당들도 마찬가지).

김일성이 보고해옴
- 국내 정세: 모스크바 삼상회의 결정에 대해 남조선 국민은 미국을 의심하고 있다. 남조선에서의 미국정책, 주권의 새 형태 등.

■ 1948년 3월 26일
- 남조선 방송을 청취할 수 있는 라디오 일체를 통제하라고 김일성에게 지시.

스티코프와 의견 교환, 20시 30분
1. 북조선 인민들은 다른 당의 남북 연석회의 참석을 반대하지 않는다.
2. 조선 인민은 미군정과 유엔 한국 임시위원단 없이도 조선 문제를 해결할 수 있다.
3. 2~3일간 더 기다리자. 그래도 오지 않으면 신문 기사를 내거나 기자 회견을 통해 성명을 발표한다.
4. 남북 지도자 연석회의는 모스크바 결정을 기반으로 한다. 누가 소미공위를 결렬시켰으며, 초래된 결과는 무엇인가? 이미 3년 동안 정부 없이 허송했다. 모스크바 결정을 실천했더라면 상황은 달라졌을 것이다. 즉, 정부가 수립됐을 것이다. 당은 일치단결하여 사업을 잘한다. 단결만이 이런 결과를 가져다준다.
5. 남북 연석회의를 준비해야 한다. 자료 준비가 중요하다.
- 대회에 대해서는 보안을 유지하라.
- 스티코프가 불가닌국방부 장관을 만나기 위해 월요일에 모스크바에 간다. 남북 연석회의에서 제 정당의 단합을 반드시 강조하고 기타 소수 정당들을 격려해야 한다.

- **1948년 3월 27일**
  - 북로당 제2차 당 대회 개회. 참석 인원 990명(여자 142명).
  - 노동자 461명(46.6%), 고등교육 144명(14.5%), 농민 256명(25.9%), 중등교육 195명(19.7%), 사무원 232명(23.4%), 초등교육 651명(65.8%), 기타 41명(4.1%).

  식순
  - 개회사(김두봉), 중앙당 총화보고(김일성), 당 규정 개정(주영하) 후 중앙위원회 중앙위원과 중앙검열위원 선출. 김일성의 총화보고에 대해 16명이 토론에 참가했다. 대회는 4일간 계속됐다. 토론에서 다뤄진 안건은 다음과 같다.
  - 김구와 김규식의 평양 초청에 따른 문제.
  - 반당적 요소가 짙은 오기섭에 대한 문제.

- **1948년 3월 31일**

  김일성에게 지시
  - 김창만북로당 선전부장이 소련을 비판하고 다닌다. 우리는 앞으로 그를 신임하지 않을 것이다. 당 대회 개회사를 할 원로를 고를 것.

  스티코프에게 문의
  - 조만식을 연석회의에 초청하거나 만나겠다는 문제가 제기되면 어떻게 대처해야 좋은가?
  - 남조선 기자들을 회의장에 출입시켜야 하는가? 연석회의에 대한 남조선 언론보도에 대한 대책은? 북조선 기자들의 출입은?
  - 연석회의에서 소련군정 사령부의 축사가 필요한가?

- 기타 정당·사회단체 대표들에게 발언권을 부여해야 하는가?
- 이 회의를 남북 임시 인민회의(국회와 전 조선을 대표한) 성격으로 규정하면 어떤지?
- 기타 정당·사회단체들에 발언권을 부여해야 할지, 회의에서는 반드시 만장일치를 고집해야 할지 여부가 고민이다.

■ 1948년 4월 2일
- 서울의 방송에 의하면 김구·김규식·중도당들이 우리가 보낸 연석회의에 대한 편지를 받았다고 한다. 아마 그들이 동의한 것 같다.

문일김일성 비서, 재소 고려인의 남한 정세 보고
- 김구 집에서 연석회의에 초청된 당수들이 회의를 갖고, 앞으로 평양에서 개최될 연석회의에 대한 대책을 토의했다. 회의 식순과 어떤 노선을 택해야 할지 등이 집중 토의됐다고 한다. 남한 기자들이 앞으로 개최될 연석회의에 대해 딘 미국 소장에게 질문했다.

기자 연석회의에 대한 당신의 의견은 무엇인가?
딘 선거를 준비 중이므로 남북 지도자 연석회의에 관심이 없다.
기자 당신은 남한 대표단 평양 수송에 협력하겠는가?
딘 북으로부터 초청된 사람들이 북한에 가는 것을 방해하지도 않고, 협력하지도 않겠다.
기자 남한의 중요 지도자 중 한 사람인 김구가 방북을 한다면 안내할 의향은 있는가?
딘 김구는 북한 가는 길을 모르는가? 기차도 자동차도 있다. 소련군정 사령부는 유엔 한국 임시위원단의 입북을 거절했다. 우리는 입북을 신청하지 않겠다. 김구 등은 회의 일정 등 문제를 북측과 사전에 협의하기 위해 자신들의 대표를 북에 보낼 예정이라고 알고 있다. 남한에서는 김구 등을 북한이 정중하게 대해줘야 한다고 생각한다. 김일성이 김구에게 보낸 편지는 강렬한난폭한 내용이었다. 편지처럼 김구에게 강렬한 표현은 삼가야 한다. 과거에 대한 인식을 버려야 한다.

스티코프에게 남조선에 대한 정보 보고
- 국경이 모두 닫혀 있다.
- 군대와 경찰이 아주 많다. 계속 감시하고 있으나 이에 대한 대책을 전화로 지시해달라.

■ 1948년 4월 2일같은 날이 나뉘어 기록됨
- 4월 3일 새벽 3시에 청년 대표단이 도착한다. 그들에게 음식과 돈을 지급하도록 지시했다.
- 김구와 김규식의 숙소로 브라운미국 선교사의 집을 제공하려면 수리해야 한다.
- 여의치 않으면 평양에 도착한 4월 8일부터 돌아갈 때까지 호텔을 제공한다.
- 남북 연석회의에서 토론할 때 발생될 문제에 대해, 미리 우리 측 전략을 세우도록 김일성에게 지시.
- 김구와 김규식처럼 중간 정당들에도 공식 초청장을 보내야 하는가? 아니면 라디오와 신문에 초청 보도를 내는 것이 좋은가?
- 남조선에서 새 화폐 발행을 준비하고 있다고 한다(신빙성 있는 정보).

- **1948년 4월 6일**
  - 백남운근로인민당 부위원장 외 3명이 4월 5일부터 원산에 체류 중. 이들은 허윤구와 라승규 등 민중동맹 2명이다. 이들은 6일 평양에 도착할 예정이다. 남조선에서 우익과 중간파가 적극적으로 나서고 있다. 좌익들은 무슨 이유인지 침묵하고 있다. 김원봉조선인민공화당 당수과 남로당 중앙위조차 한마디도 하지 않는다.
  - 미군정의 딘 소장은 김구를 38도선까지 데려다 줄 수 있으나, 김구가 남조선으로 다시 돌아올 생각은 말아야 한다고 했다고 한다. 조소앙 한국독립당 부위원장은 북조선에 남는 데 반대하지 않는다고 말했다.
  - 백남운은 남조선 경찰이 김구와 김규식을 미행하고 있다고 전했다. 김일성과 김두봉이 소련을 다녀오고 싶다고 제의했다. 이그나치프는 김일성에게 보리 150톤을 줘라.

- **1948년 4월 8일**

  스티코프의 지시, 0시 30분
  백남운에게 다음 사항을 물어보거나 확인시킬 것.
  - 남조선 인민들의 민심은?
  - 남조선 인민 대다수는 총선을 지지하는가, 반대하는가?
  - 김구 대리인과 만나 김구의 경호 문제를 협의할 것.
  - 김구가 꼭 회의에 참석하도록 할 것.

  소련의 남북 지도자 연석회의에 대한 4대 지침
  - 남한 총선 반대와 분쇄.
  - 유엔 한국 임시위원단 조선에서 추방.
  - 소련군·미군 철수.

- 총선은 외국군이 철수한 뒤 실시.
▶ 김일성이 스티코프에게 "평양에 모스크바 무역 연락사무소를 설치할 것인가"라고 묻자 스티코프가 "그렇다"라고 답변.
▶ 김구와 김규식이 보낸 비서 안경근김구 측, 권태양김규식 측은 사리원에 있다. 오늘 12시에 평양에 도착한다.

김일성·김두봉·백남운 회담, 7일 저녁

- 백남운과 홍명희민주독립당 당수에 의하면 김구와 김규식은 "인민들이 대표자 회의에 큰 기대를 걸고 있으니, 남북조선인들은 단결해야 하며 국가기관을 창설하기 위한 준비위원회를 구성해야 한다"라고 주장했다.
- 남조선에서는 서북청년들이 주택가를 돌며 남조선 총선에 대한 찬성 여부를 묻고 있다. 찬성하면 도장을 찍도록 하고, 도장을 안 찍으면 좌익이라며 앞으로 어떻게 될지 두고 보라고 협박한다. 인민의 60%가 도장을 찍었다. 인민들은 연석회의 결과를 기다리고 있다. 김구와 김규식은 늦더라도 꼭 오겠다고 약속했다. 그들은 며칠만 기다리고 자신들이 없으면 회의를 진행하지 말라고 당부했다. 홍명희에게도 이와 같이 당부했다고 한다.

백남운 만일 김구가 오지 않으면 회의가 연기되는가?

김일성 4월 14일 꼭 개회될 것이며 김구가 올 때까지 대표자 회의는 연기한다. 김구가 꼭 와야 하고 우리는 그를 기다릴 것이다. 남북 공동기관을 구성하고자 한다면 그를 기다려야 한다.

백남운 남조선 인민들은 전적으로 남조선의 단독선거를 반대한다고 생각한다. 김구와 김규식이 국경을 넘어오는 것은 어렵지 않다. 김구에게 북조선의 공장과 민주건설 성과를 보여주면 그는 고무될 것이며 그에게 투쟁 의욕을 줄 것이다.

김일성 우리는 헌법을 채택하지만 내각을 구성하지는 않을 것이다.
김두봉 김구와 김규식에게 직위를 주고 헌법채택 이후 범민족정부를 구성할 계획이다.

김일성에게 지시
- 회의 참석자들이 돈이 없다. 이들에게 비용을 부담시킬 수 없다.
- 김구에게 언론과 활동의 자유를 주라.
- 토의시간을 제한하지 말되 끝나면 실천사항을 결의하도록 하라.
- 토론에서 한쪽의 독단이 없게 하라. 김구와의 회담을 꼭 관철시킬 것. 회담의 파트너로 김구를 선택했음을 알려주는 명확한 자료이다

■ 1948년 4월 8일
- 4월 7일 서울에서 2명의 연락원이 출발했다는 라디오방송이 있었다. 이들은 자동차로 38도선을 넘었다. 10일 동안 북조선에서 체류할 것이라며 회의를 4월 24일로 연기해달라고 요구했다.
- 이들은 김구가 작성한, '김일성·김두봉에게'라는 제목의 편지를 전달했다. "3월 15일자 서한을 감사히 받았다. 우리 두 동무김구 측 안경근, 김규식 측 권태양를 연락원으로 보내니 이들에게 지시를 주기 바란다"라고 쓰여 있다. 이들은 김일성과 김두봉을 만나 다음과 같이 제의하려고 한다.
- 남북 연석회의를 4월 24일로 연기한다고 라디오방송으로 통보할 것.
- 초청한 인사 외에도 선거를 반대한 인사들을 더 초청할 것.
- 지난 일은 잊어버리고 백지에서 출발하자. 당신들의 잘못도 있었고, 우리도 잘못을 인정한다. 남조선에서 기자 2~3명이 올 수 있다.

나의 구상
- 김구에게 물어봐야겠다. 그가 바라는 자유는 어떤 것인지, 남조선에서 총선 반대 서명운동을 하고 있다는데 사실인지, 누가 남조선의 선거를 막을 수 있는지?
  - 김구는 남조선 인민들의 절대적인 신임을 받고 있는가?
  - 김구와 김규식의 서한 내용을 스티코프에게 보낼 것.

백남운, 소련군정의 남북정치협상 전략구상에 결정적 역할

이들 비망록 내용의 대부분이 지금까지 역사의 뒤안길에 묻혔다가 처음으로 공개된 것들이다. 1948년 3월 25일 밤, 평양방송을 통해 "4월 14일 평양에서 남북정치 협상을 개최한다"라고 발표한 평양주둔 소련군정과 북한 지도부는 남한 좌익 세력 등을 통해 미군정과 남한의 정세를 면밀히 파악해가면서 김구와 김규식의 입북 지연에 대처할 방안 등 남북 정치 협상에 대한 전략을 수립했음이 극명하게 드러난다.

다른 참석자들보다 평양에 먼저 도착한 백남운(근로인민당 부위원장)은 레베데프(소련군정 정치사령관)와 김일성(북조선인민위원장), 김두봉(북로당 위원장) 등을 만나 남한 정세, 김구·김규식의 입북 동향과 회의 참석 목적 등을 소상히 전달해 소련군정이 남북 정치 협상에 대한 전략을 구상하는 데 결정적인 역할을 하고 있다. 양김과의 회담 외에도 비망록 곳곳에, 백남운이 서울에 있으면서 남한의 좌·우익과 미군정 동향 등에 대한 정세와 한반도의 소비에트화에 대해 소련군정과 북로당 지도부와 은밀하고 깊이 있게 논의했음을 시사하는 대목들이 나타난다. 이와 같은 공을 인정받아서인지 백남운은 북한에 남아 초대 교육상을 지내는 등 말년까지

요직을 지냈다.

소련군정과 북한 지도부가 여러 차례 회의를 연기해가면서까지 김구와 김규식이 입북하기를 기다려 이들 두 지도자를 기어코 참석시키고자 했음이 『레베데프 비망록』에서 확실히 나타난다. 특히, 소련군정은 두 지도자의 입북과 회의 참석을 관철하기 위해 김구에게는 언론과 활동의 자유를 최대한 보장하고 참석자들에게 소요되는 비용을 지원할 결정까지 해뒀을 정도이다. 소련군정의 이와 같은 의도에는 두 지도자가 법통 있는 임정(臨政)의 대표자이자 당시 남한의 대표적 정치 지도자였기 때문에, 소련의 '민주기지'인 북한정권 수립의 정통성과 두 지도자의 상징성을 감안한 고도의 전략이 숨어 있었던 것으로 보인다.

특히, 북한의 두 김씨가 "남한의 두 지도자에게 직위를 주고 헌법을 채택한 이후 범민족정부를 구성할 계획"이라고 회유한 것 등도 같은 의도와 맥락이라고 해석할 수 있다. 이런 가운데서도 소련군정은 김구가 남한의 단독선거를 막는 데 과연 영향력을 행사할 수 있을지, 또 국민이 김구를 얼마나 신임하는지 등에 대해 의문을 떨치지 못하고 있다. 레베데프의 비망록을 계속해서 살펴보자.

■ 1948년 4월 9일
소련군 극동군구 사령관 비루소프 동지의 암호 전문
- "앞으로 조선에 대한 모든 지시는 나를 거쳐야 한다고 스티코프 동지에게 전달하라. 스티코프는 나의 정치부관일 뿐 연합회의에서 소련 대표가 아니다."
▶ 북조선에 스탈린의 초상화가 너무 많다.레베데프의 생각을 메모한 것으로 보인다. 레베데프의 비망록을 번역한 김이노겐치는 당시 이 메모가 적발됐다면 레베데프는 즉시 숙청됐을 것이라며 놀라운 표정을 감추지 않았다

- **1948년 4월 12일**

  스티코프 전문
  - 김일성에게 다음과 같은 신문 보도문을 전달하라. 북조선 정당과 사회단체의 요청에 따라 북조선주둔 소련군정 사령부는 북조선의 민주정당과 사회단체가 초청해 평양에서 개최되는 남북 연석회의에 참석하고자 입북하는 남조선의 정당·사회단체들의 입북을 방해하지 않겠다는 성명을 냈다.
  - 4월 12일 현재 평양에 도착한 인원은 다음과 같다. 백남운근로인민당 부위원장과 비서 2명, 라승규민주동맹 조직부장, 홍남표남로당 중앙위원, 허성택조선노동조합전국평의회 의장 등 2명, 민중구락부 2명, 전국농민총연맹 1명.

  스티코프(오전 6시)와 툰킨외무부 고문(오전 4시) 지령
  - 김일성은 김구가 요청해 회의가 연기됐다고 보도하도록 하고, 대표단이 도착하면 순차적으로 맞이할 것. 회의에서 조선 인민과 소미 정부에 보내는 2개의 간단한 호소문을 채택할 것.

- **1948년 4월 14일**

  스티코프와 협의, 오후 7시
  - 입북한 정당 대표들의 명단을 보도할 것인지는 남조선 사람들과 협의하라.
  - 그들의 사진은 회의에서 논의하라.
  - 당사자가 신문에 공개할지를 결정하되 나의 재가를 받을 것.
  - 김원봉조선인민공화당 당수을 공개할 여부는 본인과 상의하되 신중히 결정하고 나의 재가를 받을 것.

스티코프 지시
- 남조선 대표들이 사전에 연설을 준비하도록 그 내용을 지도하라.
- 연설 내용에 스탈린의 말을 인용하도록 하라.
- 라디오방송에서 계속 회의를 홍보하라.

■ 1948년 4월 15일

김일성에게
- 인민회의를 4월 말에 소집할 것.
- 인공기와 인민군기를 제작하되 붉은색과 청색, 흰색과 검은색선과 악 상징을 배합하도록 할 것.

■ 1948년 4월 16일
- 미군정 하지에게서 전기요금 협상에 관한 서한이 오지 않으면 김일성에게 4월 20일부터 남조선에 대한 송전을 중단하도록 지시할 것.
- 김구, "나를 암살하려는 것 알고 있다" 기자회견.

■ 1948년 4월 17일
- 서울의 방송에 의하면 김구가 4월 18일에 출발한다고 성명을 냈다.

김구의 기자회견 문건
- "나는 이북에 가고 싶다. 일부 사람들은 나를 비판한다. 어떤 사람들은 내가 북조선에 잘못을 고하러 간다고 한다. 하지만 그렇지 않다. 결코 그러려고 가는 것이 아니다. 나는 이를 해명할 장문의 편지를 쓸

수도 있지만, 이런 편지가 외국인들의 손에 들어갈 우려가 있다. 나는 한 핏줄인 동포들과 우리말로 이야기하러 간다. 나의 방북은 내 신변에 큰 위험을 초래할 수 있다. 하지만 나는 조선 인민을 위해 평생 싸워왔기에 두렵지 않다. 5월 10일 내로 나를 암살하려는 것을 알고 있다. 4월 18일에 떠난다. 김규식은 일주일 늦게 출발할 것이다."

스티코프 지령, 오후 8시
- 조선 인민에게 보내는 호소문에서 혁명 논리와 투쟁 전략을 강조.
- 북조선 인민이 선택한 노선이 옳음을 간접적으로 표현.
- 남북 인민들이 공동으로 투쟁하도록 유도.
- 제 민주정당은 이승만 반대투쟁에 일치단결.
- 회의 참석자들이 남조선으로 돌아갈 것이라는 허위 정보를 계속 흘려 미군정과 남조선 당국이 혼란에 빠지도록 할 것.
- 남조선 대표와 상의해 신문에 실명이나 가명으로 발표할 것.
- 반동자와 미군 간첩이 끼어들 수 있으니 자격심사위를 강화해 실명을 꼭 알아둘 것.

■ 1948년 4월 19일 11시
- 김구의 출발 정보에 따라 4월 19~20일 지도자 회의 개최 여부 결정. 김규식 측 두 대리인이 도착해 각종 사안에 대해 동의를 받았다는 점에 대해 라디오로 방송할 것. 4월 18~19일 밤에 김규식 측의 두 대리인 평양 도착.
- 이들은 "민족통일을 위해 유엔의 후원을 받는 것은 민족 자주독립 실현의 조건이다"라는, 연석회의에서 토의될 원칙적인 문제를 제의했다. 또한 다음과 같은 메모를 가지고 왔다. ① 어떠한 형태의 독재

정치도 배격할 것, ② 사유재산 제도를 인정하는 국가를 건설할 것, ③ 전국적 총선거를 통해 통일된 중앙정부를 수립할 것, ④ 어떠한 외국에도 군사기지를 제공하지 말 것, ⑤ 미소군의 철수는 양군 당국이 조건·방법·기한을 협정해 공포할 것.

라디오로 방송할 것
- 연락자인 배성룡과 권태양이 가져온 준비 조건은 전적으로 해결됐다. 기술적 조건이 필요한 모든 사항이 해결됐다.
- 회의는 시작하되 아직 신문에 발표하지 말 것. 소회의에 31명이 참석했다.

남북 연석회의, 예비회의 오전 11시
- **김두봉**북로당 위원장 김구와 김규식이 요청해와 회의가 연기됐다. 조선 해방을 위해 피 흘린 소련군은 북조선에서 철수할 것을 제의했다. 미군은 피를 흘리지 않았다. 김구와 김규식은 아직 도착하지 않았으나 두 사람 때문에 더 기다릴 수는 없다. 역사는 우리가 이렇게 기다리는 것을 용서하지 않을 것이다. 얼마 안 있으면 총선거남한의 총선가 실시될 것이니 더 기다릴 수 없다. 온갖 난관을 헤치고 회의에 온 남측 대표들을 열렬히 환영한다.
- **김원봉**인민공화당 위원장 우리나라의 긴박한 문제를 해결하기 위해 우리가 여기에 모일 수 있게 된 것도 김일성의 공로가 컸음을 인정해야 한다. 이 회의에서 우리는 완전한 의견일치에 이르러야 한다.
- **백남운**근로인민당 부위원장 김일성이 제안한 회의 일정을 지지한다. 국제공산당코민테른 당수도 조선의 재건을 위한 우리의 회의를 지지했다. 빨리 남으로 가서 사업을 시작해야 한다.
- 본회의모란봉 극장는 18시 5분에 개회되고 1시간 반 동안 진행됐다.

김일성, 박헌영남로당 부위원장, 허헌남로당 위원장 등이 등단했다. 개회사는 김월송당시 82세, 남조선 반일투사회이 맡고 주석단은 만장일치로 선출됐다. 김두봉, 허헌, 최용건조선민주당 당수, 백남운이 축사를 했다. 모두 소련의 역할과 업적에 대해 말했다.

스티코프에게
- 국경을 차단할 때가 됐고 생각한다. 회의 참석을 이유로 국경을 넘는 사람은 이제 통과시키지 말아야 한다.

김일성과 김두봉이 김구 예방
김구 나는 김일성과의 단독 회담에 큰 의미를 부여한다.

김일성 근본 과업은 독립에 대한 위협 해소이다. 나는 아무 욕심이 없다. 당 대표들이 많이 왔다. 당수는 회의에 꼭 참가해야 한다. 나는 홍명희민주독립당와 엄항섭한국독립당 선전부장도 만나고 싶다.

김구 나는 회의 주석단에 들어가지 않겠다. 그런 곳에 참석하는 것이 습관이 되지 않았다. 비망록의 필자인 레베데프는 김구가 부득불 참석을 거절한다면 강요하지는 말고, 그의 대리인이 참석하게 하는 것이 좋겠다고 적고 있다. 나는 회의에 큰 의미를 부여하지 않는다. 하지만 당신들이 계획한 대로 회의를 계속하라. 나는 단지 김일성을 만나러 왔다. 단독회담에서 우리가 해야 할 긴박한 문제를 해결해야 한다. 나는 김규식이 제안한 선행조건 질문지를 작성하는 데 참여하지 않았다. 그 작업은 김규식이 했다.

김두봉 미군이 조선에서 철수할 가능성이 있는가?

김구 그들은 내쫓기 전에는 나가지 않을 것으로 본다. 북의 헌법은 단독정부 수립을 의미하는 것이 아닌가?

김두봉 당신은 그렇게 생각하는가?

김구 남에서 북의 헌법에 대한 보도가 많아 그렇게 믿게 된다.
김두봉 뱃속에 있는 아이를 놓고 아들이다 딸이다 하며 왈가왈부하는 것과 다를 바 없다.

우리의 결정은

- 김일성과의 회견 때 김구는 자기 당 대표들과 협의하기 전에는 회의에 참가할 수 없으며 결코 주석단에 들어가지 않겠다고 거듭 말했다. 공개회의는 계획대로 4월 21일에 시작한다. 47명의 지도자 호소문에는 정부 수립 제안이 포함돼야 한다고 김일성과 김두봉이 제의했다.
- 문제는 다음과 같다. 김구와 그의 측근들이 회의를 훼방하고 퇴장하면 어떻게 하나? '나가라'고 한 뒤 그들을 미제 간첩으로 몰자. 그리고 회의는 계속한다. 중요한 것은 총선 반대, 조선 분단과 정당·단체의 분열 불허, 상부스탈린이나 소련공산당 중앙위원회 지시대로 소미 주둔군 철수 후 정부 수립이다. 회의는 계획대로 진행한다. 김구 측 사람들 중 참석할 사람은 참석해도 좋다. 그들이 소란을 피우면 "이 대회는 총선을 반대하자는 취지인데, 왜 퇴장하는가?"라고 몰아붙일 것.

도착했거나 오는 중

- 조소앙한국독립당 부위원장, 이극로건민회 대표, 엄항섭, 여운홍사회민주당 선전국장 등 75명이 오고 있다. 합하면 남조선 사람은 205명이나, 여기에 김규식이 포함되지 않았다. 오고 있는 사람은 아침에 평양 도착 예정이다. 홍명희가 평양에 도착했다.

■ 1948년 4월 21일

김일성과 김구의 회담

김일성 만일 당신이 회의에 참가하지 않는다면 여기에 온 목적이 무엇인가?

김구 정치범 석방, 38도선 철폐 등의 문제를 해결하려고 왔다. 내가 어떻게 총선거를 실시하는 데 동의하는 서명을 할 수 있겠는가? 그렇게 되면 우리 당은 비합법적 처지에 처하게 될 것이다.

- 서울 방송에 의하면 김규식이 오전 6시 평양으로 출발했다. 4월 20일 아침 기차로 21명이 도착했다. 사회민주당 3명, 한국독립당 8명, 민주독립당 9명, 건민회 1명이다.

회의 과정

- 회의 주석단에 조소앙과 여운홍을 포함했다. 정세에 관한 김일성의 보고는 깊은 관심 속에서 진행됐다. 서른여섯 차례나 박수가 터져나와 보고가 중단되기도 했다. 보고 후 북측의 북로당이주연·민주당·청우당 등 3명이 토론했고, 남측의 홍남표남로당 중앙위원·김모남조선민주애국청년동맹가 "북조선에서는 조선인이 통치하고 지도한다. 이는 우리 인민의 업적이다. 붉은군대, 소련 인민, 스탈린 지도자에게 심심한 감사를 드린다. 그리고 지도력을 발휘한 김일성에게도 심심한 감사를 드린다"라고 발언했다.
- 저녁에는 회의 참가자들에게 최승희 무용을 관람시켰다. 김규식 일행에게 승용차 3대와 화물차 1대를 제공했다.

4월 21~22일에 스티코프와 통화

- 최용건조선민주당 당수과 김달현북조선청우당 당수 없이는 문제를 해결하지 말 것.

- 박헌영 등도 없어서는 안 된다.
- 조선의 민주통일 전선이 굳건하도록 남조선민주주의민족전선과 북조선민주주의민족통일전선의 분열을 방지할 것.
- 북조선 인민들이 서울에 간 것이 아니고 남조선 인민들이 우리에게 왔다는 사실을 중시하라. 북조선 인민들은 그들을 따라 남조선으로 가지 않을 것이다.
- 남조선의 총선 반대투쟁에 분열이 없도록 하고 지도자들이 인민들의 신임을 받도록 하라.
- 남북 측에서 토론에 활용할 웅변가를 사전에 많이 확보해둘 것.

■ 1948년 4월 22일

홍명희와 김두봉의 대화
- 4월 21일 8~9시까지 홍명희와 만났다. 면담은 다음과 같은 문제들을 놓고 진행됐다.

   홍명희(민주독립당 당수) 당신들은 유엔에 조선 사람들이 참여하지 않았다는 이유 하나만으로 불법인 데다가 부당하다고 주장한다. 모스크바 삼상회의에도 조선인의 참여가 없지 않았는가? 그런데도 당신들은 모스크바 회의에는 반대하지 않는다. 게다가 소련 정부의 철군 제안을 지지해야 한다고 강조함으로써, 소련을 미국에 비해 더 유리한 입장에 놓으려고 하는가?

   김두봉 그것은 사실이 아니다. 주둔군 철수 문제를 제의한 것은 미국이 아니라 소련이다.

   홍명희 물론 그게 사실이다. 그러나 강조할 필요는 없다.
- 김규식이 비서 등 일행과 함께 도착했다. 이 자리에 김구·조소앙·홍명희가 왔다. 김규식은 "나는 피곤하다. 4월 23일 회의에 참석하겠다"

라고 말했다. 이 부분은 김일성이 레베데프에게 보고한 것으로 보인다 김구·조완구한국독립당 중앙상무위원·조소앙·홍명희가 회의에서 축하 연설을 했다.

스티코프에게
- 회의에 참석한 대의원 그룹이 흥남화학공장을 방문하고 싶어 한다. 남에서 미국인들이 이 공장이 망해 가동되지 않고 있다는 소문을 퍼뜨리고 있다(백남운 등 기타).
- 김두봉이 김구·김규식·조소앙·홍명희와 함께 내일 그 사정을 알아보고자 공장을 방문하려고 한다. 방문을 허락해야 하는가? 진남포와 평양으로 국한하는 것이 낫지 않은지에 대한 귀하의 의견을 듣고자 한다.
- 추후 계획.

문일김일성의 비서의 보고
- 회의에서 남조선 인텔리들은 "만일 우리에게 이런 조건이 갖춰졌고, 김일성과 같은 지도자가 있었더라면 상황은 달라졌을 것이다"라고 말했다.
- 김구는 5분 동안 연설하면서 "우리는 단결해야 한다. 어떤 내용과 목적으로 어떻게 단결해야 할지를 결정해야 한다. 당신 나라는 대체로 좋은데 경찰이 무례하다. 청년들도 마찬가지이다. 지령을 잘못 받았던 것 같다"라고 말했다.

■ 1948년 4월 23일
- 김일성의 보고에 따르면 김구와 김규식 두 영감은 국경에서 북조선

경찰이 공손하게 대접하지 않은 것에 격분했다. 경찰은 많은 사람 앞에서 김구에게 "반동자들을 옹호한다"라며 욕설을 퍼부었고, 김규식의 가방을 샅샅이 뒤졌다. 김규식은 오늘 몸이 아파서 못 일어났다. 노환인가, 아니면 꾀병인가? 김일성은 회의 전에 두 노인의 숙소를 방문하기도 했다.

스티코프로부터
- 박헌영과 김일성을 본 위원회남한의 총선반대투쟁위원회에서 선출할 것인지에 대해 신속히 전문을 보낼 것. 그에게 어떤 역할을 부여해야 하는가?

김일성에게
- 주(駐) 모스크바 북조선 무역대표부 개설 정령결정을 보고할 것.

김일성과 김규식 회담
- 우리들의 불참 아래 회의를 시작한 것에 대해 불만이 있다.
- 왜 미 제국주의라고 부르는가? 미국이라고 불러야 한다.
- 소회의예비회담를 시작해야 한다.그는 4월 24일에 소회의를 시작할 수 있다고 생각하고 있다
- 왜 대표단이 입북할 때 무성의하게 마중했는가?
- 스티코프에게 남북 연석회의를 성공적으로 끝마친 것을 축하하는 군중대회를 개최하겠다고 건의했더니, 4월 25일 일요일에 열도록 승낙했다.

■ 1948년 4월 24일

스티코프와 통화

- 연석회의에 만족한다.
- 남조선 대표들이 보고 싶어하는 것은 모두 보여줘라.
- 원한다면 군대(연대)도 보여줘라.
- 헌법 초안 가운데 토지 관련 조항에서 추가로 지역 특성과 지질에 따라 부농(富農)을 허용하라.
- 소회의에서 다음과 같은 문제를 해결할 것. 철군 후 회의 참석자들이 분열되지 않도록 하고, 남북 총선을 실시한 후 정부를 수립할 수 있도록 회의 참석자들에게 약속을 받아내라. 만일 반대하면 왜 평양에 왔으며, 무엇을 위해 싸워야 하는지에 대해 따져라.

■ 1948년 4월 25일

만찬에서

김규식 나는 항상 조선 문제는 조선 사람 스스로 해결해야 한다고 주장해왔다. 이번 회의에 실망했다. 이 만찬회에 참석하는 것이 양심에 꺼려질 정도이다. 아직까지 해놓은 일이 아무것도 없는데, 우리에게 전도금을 주는 형식이다. 북한은 돌이킬 수 없는 일들을 벌써 벌여놓았다. 나는 미국의 장단서양음악에 맞춰 춤을 췄지만 지금부터 조선의 장단만찬회에서 연주되고 있는 민속음악에 맞춰 춤을 추겠다. 누군가가 나를 30년간 공산주의자로 만들려 했다. 나는 한때 공산당 이르쿠츠파에 가입했으나 제명당했다. 그 후 나는 결코 공산주의자가 되지 않았다.

김구 여기에 올 때 내가 가장 나이 먹은 사람이라고 생각했는데 와 보니 82세 노인김월송도 있더라(김구는 그 이상 말하지 않았다).

- 김두봉은 김규식을 5월 10일까지 평양에 묶어두자고 제안했다. 이 제안은 김규식이 남한으로 내려가면 미군정에 의해 대통령으로 선출될 가능성이 있어 묶어두자는 의미로 해석된다
- 38도선에 군 사단이나 국경 경비여단을 배치할지를 김일성과 협의해야겠다. 레베데프가 남북 연석회의 참석자들의 귀환을 전후해 38도선에 긴장이 고조되고 있음을 감안한 것으로 해석된다
- 스티코프에게 '평양을 공화국의 임시수도로 한다'는 헌법 조항을 그대로 둘지에 대해 문의했더니, 그 조항은 아예 없애라고 지시했다.

■ 1948년 4월 26일

김일성·김규식 회담

- 김규식이 임시적 성격의 '남북 지도자협의회'에서 다음 문제를 논의하자고 제안했다.
  1. 남북 연합기구를 창설한다.
     1) 그렇게 되면 단선에 동참한 정당들도 우리 편으로 넘어올 것이다.
     2) 그렇지 않으면 그들은 고립될 것이다.
     3) 남한 국민들은 우리를 지지하는 그룹이 있다는 것을 믿게 된다.
  2. 이 회의는 단선에 반대하는 투쟁일 뿐 아니라 통일조선을 창조하는 미래 조선의 초석이 될 것이다.
  3. 우리의 평양 방문에 대한 결과가 있어야 한다.

지도자 협의회 명단

- **남측(9명)** 김구한국독립당 당수, 김규식민족자주연맹 위원장, 홍명희민주독립당 당수, 이극로건민회 대표, 조소앙한국독립당 부위원장, 허헌남로당 위원장, 박헌영남로당 부위원장, 김원봉인민공화당 위원장, 백남운근로인민당 부

위원장
- **북측(8명)** 김두봉북로당 위원장, 김일성북조선인민위원회 위원장 겸 북로당 부위원장, 최용건조선민주당 당수, 김달현천도교청우당 당수, 최경덕직업동맹 위원장, 박정애여성동맹 위원장, 이기영조소문화협회 위원장, 현칠종농민동맹 위원장
- ▶ **조선통일촉진 전국 준비위원회라고 부를 것**.지도자 협의회 명칭에 대한 소련군정의 구상으로 보인다

■ 1948년 4월 29일

허가이 보고
- 남북 지도자협의회에 관해 김구는 남한 대표 9명은 모두 우익파로 하고, 박헌영과 중간 좌익파는 제외하거나 북측 대표로 할 것을 요구했다. 이때 주녕하남북 연석회의 영접위원장가 김구의 제의에 반대했다. 김구와 김규식은 인민회의에 참석할 경우 북조선 단독정부 수립에 참여했다는 비난이 두려워 불참을 결정한 것으로 분석된다.

■ 1948년 5월 3일

김일성에게 물어볼 사항
- 왜 김두봉이 남측 대표들과 식사를 자주 하는가?
- 김구와 김규식 귀환 일자는 언제가 좋은가?

김구와 김일성 회담, 1시간 30분 동안
- 회담 분위기는 좋았다.
- 한국독립당 당원 석방 문제에 대한 대화는 다음과 같다.

김구 감옥에 있는 우리 당원들을 석방시켜라.

김일성 한국독립당 당원이어서 체포한 것이 아니고 그들은 테러 분자들이다.

김구 테러 분자들이면 석방시키지 말라.

• 조만식에 대한 언급은 다음과 같다.

김구 조만식은 식사 등이 형편없어 심하게 고생하고 있다고 들었다. 조만식이 나와 함께 남한으로 갈 수 있도록 선물을 달라.이와 같은 김구의 요청에 대한 김일성의 대답은 비망록에 기록되지 않았다 나는 늙은이이다. 나를 아껴야 한다. 남한의 공산당원들에게 미리 전해라. 원칙적인 문제38도선 철폐 등를 해결해야지 지엽적인 문제에 매달려서는 안 된다. 원칙적인 문제라면 그들과 대화할 수 있다.

• 남한 송전 문제에 대한 언급은 다음과 같다.

김구 당신들이 단전하려 한다는 기사를 읽었다. 전기료가 북한보다 비싸다. 우리는 지금까지 전기료를 제때 지불하고 있다고 생각한다. 미국 사람들은 돈을 어디에 쓰고 있는지 모르겠다. 당신들에게 전기료를 지불하지 않고 있다고 자주 방송해라. 그러면 우리도 주장할 근거가 생긴다.

• 자신의 장래 활동에 대한 언급은 다음과 같다.

김구 만일 미국인들이 나를 탄압한다면, 북한에서 나에게 정치적 피난처를 제공할 수 있는가?

김일성 (긍정적으로 대답했다)

• 김일성은 김구를 만난 뒤 곧바로 조소앙을 만났다고 김일성의 비서 문일이 저녁에 보고했다.

■ 1948년 5월 4일

김구의 기자회견

- 남한에는 해결해야 할 문제가 산적해 있다. 북한에는 건설 기반이 조성되고 있으나 남한에는 그렇지 못하다.
- 건국에 대한 언급은 다음과 같다.

  김구 민족 자주독립을 기초로 진정한 민주국가를 세워 국민의 이익을 옹호해야 한다.

  기자 남한에서는 미국인들이 깊이 간섭하는가?

  김구 내정에 깊이 간섭하고 있으며, 이 때문에 국민들의 불만이 높아진다.

  기자 서울 방송에 의하면 남조선에는 총선을 위한 자유 분위기가 조성됐다고 하는데?

  김구 그렇지 않다.

- 출발 직전에 김구의 발언은 다음과 같다.

  김구 (주녕하에게 반말로) 내가 무엇을 원하고 있다고 생각하는가? 나는 어떤 권력도 직위도 원하지 않는다.

■ 1948년 5월 5일

스티코프와 상의

- 백남운근로인민당 부위원장, 이극로건민회 대표, 홍명희민족독립당 당수 등 당수급 3명이 평양에서 일하기 위해 북조선에 남겠다고 한다. 이들 모두 대학에서 일하기를 희망하고 있다.
- 허정숙의 남편 박니콜라이알세이비치북조선인민위원회 국가계획국장는 어떻게 됐나? 허헌이 걱정하고 있으니 알아봐라. 소련에 가족을 둔 박이 허정숙과의 동거로 말썽이 나서 '병 치료'라는 명분을 붙여 소련으로 소환시켰다고,

제9장 소련군정이 기획·연출한 남북 연석회의 275

비망록 작성자 레베데프가 필자와의 인터뷰에서 밝혔다. 그러나 이 사실을 몰랐던 스티코프가 허헌의 부탁을 받고 물어본 것으로 해석된다

■ **1948년 5월 7일**

스티코프에게
- 중국 인민지원군 대표들이 수풍 수력발전소의 공동 관리와 전력 공급에 대해 문제를 제기하고 있다. 우리의 의견은 중국 중앙정부가 수립될 때까지는 공식 협상을 하지 말자는 것이다.

■ **1948년 5월 8일**

스티코프 지시
- UP 통신에 김구가 자신의 당원들에게 총선을 방해하지 말라고 지시했다는 보도가 있다. 확인해 보고하라.

■ **1948년 5월 11일**

스티코프에게
- 김구가 자신의 당원들에게 선거를 방해하지 말라는 지시가 있었다는 보도는 사실과 다르다.

인민회의 결정
1. 인민회의 제5차 회의에서 채택된 조선민주주의인민공화국 헌법을 조선이 통일될 때까지 북조선에서 실시할 것.
1. 조선민주주의 헌법을 기초로 하여 조선 최고인민회의 대의원선거를

실시할 것.
1. 구성된 최고인민회의는 '조선 정부'를 수립하기 위해 조선 통일을 지지하는 남조선 대표들이 참여할 수 있도록 할 것.
1. 북조선인민회의 상임위원회에 최고인민회의 대의원선거법을 작성하고, 중앙선거위원회를 구성할 권한과 책임을 부여한다.

위의 내용들은 레베데프 장군의 비망록 가운데 남북 연석회의에 관련된 부분만 정리한 것이다.

제10장

소련군정이 주도한 초기 북한정권 내각 구성

초대 내각과 인민회의 의장단도 소련이 내정

이 비망록은 이 밖에 북한정권 창출 과정의 중요한 대목들을 기록하고 있다. 조선민주주의인민공화국 창설을 눈앞에 두고, 김일성과 박헌영이 협의해 1948년 7월 31일 레베데프 장군에게 <표 10-1>, <표 10-2>와 같이 내각과 최고인민회의 의장단을 제안한다.

소련군정 사령부는 김일성과 박헌영이 제안한 초대 내각과 최고인민회의 의장단 명단을 놓고 한 달여 동안 심의에 들어간다. 이와 함께 발라사노프 정보팀은 이들 인사의 경력과 소련에 대한 충성도 등을 세밀하게 조사해 하바로프스크 극동군구 사령부와 모스크바 소련공산당 중앙위원회에 보낸다.

이 과정에서 당 중앙(당 중앙위원회나 스탈린)에게서 내각 명단에 남조선 대표를 늘리라는 지시가 떨어진다. 소련군정 사령부는 북과 남, 정당과 파벌을 안배해, 두 사람이 제안한 명단을 대폭 수정한 뒤 소련공산당 중앙위의 승인을 받아 최종 확정하고 김일성과 박헌영을 불러 이를 통보한다.

<표 10-1> 김일성과 박헌영이 소련군정에 제안한 초대 내각

직위	성명
수상	김일성
제1부수상	홍명희(민주독립당)
제2부수상	허헌(남로당)
제3부수상	홍기주(조선민주당)
국가계획위원장	정준택(북)
민족보위상	김일성
검열위원장	김원봉(민족혁명당)
내무상	박일우(연안파)
외무상	박헌영(남로당)
산업상	김책(빨치산파)
농림상	송봉준(북)
상업상	장시우(북)
교통상	허남희(북)
재정상	최창익(연안파)
교육상	백남운(남)
체신상	주황섭(청우당)
사법상	최용달(북로당)
문화상	허정숙(북)
노동상	이승엽(남로당)
보건상	이병남(남한)
도시건설상	이용(신진당)
무임소상	이극로(남한)
무임소상	최용건(빨치산파)

소련군정이 최종 확정한 내각 명단은 부수상에 허헌과 홍기주가 빠지고 제1부수상에 박헌영, 제2부수상에 홍명희(당초 명단 그대로), 제3부수상에 김책이 들어갔다. 또 농림상은 송봉준에서 박문규, 교통상은 허남희에서 주영하(북로당), 체신상은 주황섭에서 김정주(북조선천도교청우당 부위원

<표 10-2> 김일성과 박헌영이 소련군정에 제안한 초대 최고인민회의 의장단

직위	성명
위원장	김두봉
부위원장	김달현(천도교청우당), 성주식(인민공화당)
서기	강양욱(목사)
상임위원	홍남표·이구훈(남한, 농민당), 유영준(남한, 여성동맹), 장권(남한, 사회민주당), 김병재(남한, 천도교청우당), 김창준(남한, 기독교연맹), 라승규(남한, 민중동맹), 홍명희파 1명과 민주독립당 1명 등 이상 남한 대표, 최경덕·강진건(농민동맹) 박정애, 정성욱, 정순명, 김세율(불교) 등 이상 북한 대표

장), 사법상은 최용달에서 이승엽(남한 남로당), 노동상은 이승엽에서 허성택(남한), 민족보위상은 김일성에서 최용건(당초 무임소상) 등으로 각각 바뀠다.

또 최고인민회의 의장단은 상임 부위원장으로 김달현과 성주식을 빼고 홍남표(남한)와 홍기주(조선민주당)로 교체했고, 최고인민회의 상설회의 의장에 허헌, 부의장에 김달현과 이영으로 보강했다.

소련군정 사령부가 초대 내각과 최고인민회의 의장단을 선정하면서 가장 주안점을 뒀던 것은 ① 소련에 우호적이고 북한에서 실시한 소련 정책을 지지하는지 여부, ② 조선 해방 이전 사회주의 혁명 활동, ③ 일제 압박 속에서 투쟁한 경력(감옥살이 등)과 친일파 숙청에 대한 확고한 의지, ④ 인민을 이끌 수 있는 정치력과 전문성 등이었다.

소련군정은 이와 같은 기준에서 내각과 최고인민회의 의장단을 출신지역, 정당, 파벌 등을 고려해 배치했으며, 내각의 주요 부상(副相)에는 소련파(소련의 명령으로 입북한 소련 거주 고려인)를 집중 배치한다. 외형상으로는 상(相)이 해당 부처를 대표하지만 실질적으로 부상이 모든 권한을 행사하는 '2중 구조'의 내각 형태이다. 이들 소련파 부상을 통해 간접적으로 내각을 감시하고 지휘하겠다는, 소련의 '위성국 전략'이 숨어 있다. 소련군

<표 10-3> 조선민주주의인민공화국 초대 내각

직위	성명
수상	김일성
제1부수상	박헌영(남한)
제2부수상	홍명희(남한)
제3부수상	김책
국가계획위원장	정준택
민족보위상	최용건
국가검열위원장	김원봉(남한)
외무상(겸임)	박헌영(남한)
내무상	박일우
산업상(겸임)	김책
농림상	박문규(남한)
상업상	장시우
교통상	주영하
재정상	최창익
교육상	백남운(남한)
체신상	김정주
사법상	이승엽(남한)
노동상	허성택(남한)
보건상	이병남(남한)
문화선전상	허정숙
도시건설상	이용(남한)
무임소상	이극로(남한)

주: 이 외에도 최고검찰소장(검찰총장)은 장해우, 부검찰소장은 채규현, 최고재판소장(대법원장)은 김익선, 최고재판소 부소장은 김동철이 임명됐다.

정이 최종 확정한 조선민주주의인민공화국 초대 내각과 최고인민회의 의장단, 내각의 부상 명단은 <표 10-3>, <표 10-4>, <표 10-5>와 같다.

<표 10-4> 소련군정이 최종 확정한 최고인민회의 의장단

직위	성명
의장	허헌
부의장	김달현, 이영
상임위원회 위원장	김두봉
상임위원회 부위원장	홍남표, 홍기주
서기장	강양욱
상임위원	강진건, 성주식, 구재수, 이구훈, 박정애(여), 김창준, 장순명, 장권, 유영준(여), 박윤길, 라승규, 최경덕, 이능종, 김병제, 이기영, 강순, 조운

<표 10-5> 초대 내각 부상

소속	내각
국가계획위원회	김두삼(북), 강승재(남)
산업성	고희만(소련파), 정일용(북)
국가검열위원회	권알렉산드로(소련파)
민족보위성	김웅(연안파), 강건(총참모장 겸임), 김일(문화총정치국장 겸임)
외무성	박동철(소련파)
체신성	박병섭(북), 박세영(남)
교통성	박의완(소련파), 김황일(북)
농림성	송봉욱(북), 김창화(북)
교육성	남일(소련파), 김웅황(북)
문화선전성	오성화(소련파), 김오성(남)
보건성	이동화(소련파), 유기천, 노지한(남)
도시건설성	이병재, 김광현(북)
상업성	유가이(소련파), 김광수(남)
사법성	김종학(남)
내무성	방학세(소련파), 이주봉(북)
노동성	박경산(남)
재정성	이장철(남)

소련군정이 볼셰비키에 보낸 인물 평정서

한편 소련군정 사령부가 소련공산당 중앙위원회에 보낸 초대 내각과 최고인민회의 의장단 등 주요 인사들의 평정서[1]는 다음과 같다.

■ **초대 내각 및 최고인민회의 의장단 소속 주요 인사 평정서**

홍명희(내각 제2부수상)
- 1887년 충북 괴산군 지주 집안에서 출생했다.
- 3·1운동에 참가한 죄로 체포돼 1년 반 동안 감옥 생활을 했다.
- 출옥 후 1924년부터 1년간 동아일보와 시대일보사에서 서기와 편집자로 근무했다.
- 1924년 신간회를 조직한 죄목으로 다시 체포돼 3년간 감옥생활을 했다.
- 출옥 후 조선이 해방되기 전까지 농사를 지었다.
- 조선사와 조선어를 잘 알아 일련의 문학서적을 집필했다.
- 1945년 이후 조선작가동맹과 소조문화협회 위원장을 맡았다.
- 1947년부터 민주독립당 중앙위원회 조직부장으로, 지금은 당 총재이다. 이 당은 온건 우익당이며 진보적 부르주아의 이익을 대표한다.
- 조선 민족독립과 해방을 위해 싸우는 진보적 우익 정치 활동가이다. 현 단계에서 그는 조선의 민주화 조치를 지지하고, 미국의 남조선 식민지화 정책을 반대하며, 조선에서 실시하는 소련의 정책을 지지한다.
- 중소 부르주아 사이에서 권위 있는 조선의 민족해방 투사로 알려졌다.

---

1) 이 평정서는 소련군정 정치사령관 레베데프 장군이 필자에게 제공한 것이다. 레베데프 장군은 "평정서는 당시 소련군정에서 소련공산당 중앙위원회 등에 보낸 원본이며, 전문은 러시아 대외정책 고문서 보관소에 보관돼 있을 것"이라고 밝혔다.

- 1948년 남북조선 제 정당·사회단체 지도자 연석회의에 온건우익 정당·사회단체들을 끌어들이고, 조선 중앙정부를 창설하는 데 적극 참여해 큰 역할을 했다.

허정숙(문화선전상)
- 1908년 서울 법조인 집안에서 출생했다.
- 부친인 허헌은 노련한 혁명가이며 남로당 지도자이다.
- 1925년부터 조선공산당 당원이었고, 1941년부터는 중국공산당 당원이었다.
- 중등교육은 1925년에 서울에서 받았다.
- 1931년에 반일운동으로 투옥됐고, 출옥 후 의원 양성소에서 공부했다.
- 1935년 10월 서울로 돌아가 병원에서 일하다 혁명 활동 혐의로 해고당했다.
- 1936년 남경에 가서 1945년 12월까지 중국에 있었다.
- 중국에 있을 때 육군사관학교에서 정치사업을 했고, 제8인민혁명군에서 선동사업을 했다.
- 1945년 12월에 북조선으로 귀국했다.
- 북조선공산당 중앙위원회 조직국 선전부에서 일했다.
- 1946년 8월 조선인민대표단의 일원으로 스탈린에게 보내는 서한을 가지고 모스크바로 갔다. 모스크바에서 국제여성동맹 대표자 회의에 참가했다.
- 1946년 11월부터 1947년 2월까지 노동당 중앙위원회 간부부장으로 일했다.
- 1947년 2월 인민위원회 제1차 회의에서 최고위원이 됐다.
- 1946년 12월부터 북조선인민위원회 선전부장으로, 그 후 선전총국장으로 일했다.

- 북조선 최고인민회의 대의원이다.
- 1948년 9월 초선최고인민회의 제1차 회의에서 정부를 구성할 때 조선민주주의인민공화국 문화선전상으로 임명될 예정이다.
- 독신이다.
- 아들 허계현(1927년생)은 1946년 10월 소련에 유학갔다.
- 선전선동사업을 지도하면서 자신이 정치적으로 유식함을 보였다.
- 정치적 사건을 옳게 판단할 줄 알며 문화선전성을 다스릴 능력이 있다.
- 민주건설사업에 충실한 친소파이다.
- 소련대표들을 잘 대해주며 그들의 지시를 따른다.
- 실무 경험이 부족한 탓에 대규모 조직 능력은 약하다.
- 단점으로는 출세주의, 허영심, 부정적인 자기 비판 태도, 문제를 해결할 때 심사숙고하지 않고 상부 지시에만 따른다는 점 등이 있다.

김원봉(국가검열위원장)
- 1898년 경남 밀양군에서 출생했다.
- 일반 지식은 좋은 편으로 중국 육군사관학교를 졸업했다.
- 1919년 3·1운동 봉기 후 빨치산부대를 조직했으며, 1926년에 중국 홍군 대오의 일원으로 전투에 참가했다가 체포됐다.
- 출옥 후 1931년에 조선 혁명 간부 양성학원을 열어 원장이 됐고, 1935년 중국에서 조선민주혁명당을 창당해 총비서가 됐다.
- 1938년 민족전선동맹 위원장으로 선출됐고, 그해 빨치산부대를 조직해서 일제에 반대해 싸웠다.
- 상하이 조선임시정부 무력상으로 활약했다.
- 김구 정부와 인연을 끊고 1945년 귀국해, 1946년에 민주주의민족전선 중앙위원회 위원장으로 선출됐다.

- 민족혁명당을 창건해 당수가 됐다. 민족혁명당은 민주주의민족전선의 일원이며, 정치노선으로 봤을 때 노동당에 가깝다.
- 조선 최고인민회의 대의원선거 추진 지도위원회 회원이 됐다.
- 군사적인 준비 상태가 좋다.
- 주민들 속에서 반일투사로 신망이 높다.
- 민주주의 성향을 지니고 있다.
- 중국에 있을 때 장제스와 그 측근들과 관계가 있었으나 현재는 없다.
- 조선 해방 후 인민혁명당에서 활동하면서 미국의 민주 정책에 반대하는 입장을 취한다. 반미 감정이 강하다.
- 소련에 대해 긍정적이며, 조선에서 실시하는 정책을 지지한다.

이승엽(사법상)
- 1905년 함남 북청군 영흥면에서 출생했다.
- 인천상업학교를 졸업했고 1923년에 애국청년운동, 1924년에 노조운동에 참여해 제물포 쌀공장 노동자 파업을 지도했다.
- 1925년에 중국공산당에 입당했다. 반일운동 혐의로 체포돼 1926년부터 1928년까지 2년간 감옥생활을 했다.
- 1929년에 조선공산당 개편사업과 노동자 좌익동맹 조직사업에 참가했다.
- 공산당과 불가분의 연계를 맺었으며, 일본제국주의자들과 부단한 투쟁을 벌였다.
- 조선에서 일제에 반대하는 모든 행사와 사건들에서, 그는 지도자이자 조직자로 참여했다.
- 만보산사건만보산에서 조선인과 중국인 사이에 일어난 충돌사건을 항의하는 농민봉기를 지도했다.
- 일본군의 만주 진출을 반대하는 유인물을 제작·보급했다.

- 1944년 공산주의자들로 구성된 조국광복회를 조직·지도했다. 일본인들은 그를 계속 추적했으며 도합 10년간 감옥에 가뒀다.
- 조선 해방 후 서울로 돌아와 공산당을 창건하는 데 참여해 중앙위원회와 정치국 위원으로 선출됐다.
- 미국의 대한정책에 반대해 적극 투쟁한 결과 지하로 들어가야만 했다.
- 우수한 조직자이며, 남조선 반동과 미제에 반대하는 지하투쟁 지도자이다.
- 박헌영과 더불어 남조선 단선에 반대하며 투쟁했고, 1948년 3월 22일 총파업과 1946년 10월 총시위운동을 지도했다.
- 박헌영과는 친밀한 관계에 있다.
- 최고인민회의 남조선 선거위원회 위원장이었다. 이 선거를 준비·진행하기 위한 조직·정치사업을 직접 진행했다.
- 현재 남로당 중앙위원회 정치위원회 위원이다.
- 조선에서 소련정책을 지지하고 관철하는 데 적극적이다.
- 위신을 갖췄고 재능 있는 민주화 투쟁 지도자들 중 한 사람이다.

최창익(재정상)
- 함경북도 농민 집안에서 출생했고, 일본에서 대학을 나왔다.
- 1921년부터 정치에 참여해 일본에 저항했다.
- 1923년에 서울에서 청년협회를 지도했다.
- 1927년에 모스크바에 가서 조선공산당을 창건하는 문제로 코민테른 국제공산당을 방문했다.
- 1928년 민주주의 활동을 했다는 이유로 체포돼 1934년까지 감옥에 있었다.
- 출옥 후 1935년까지 금광에서 일하다가 만주로 가서 연안 팔로군인민혁명군 육군사관학교 교원으로 일했다.

- 1941년 만주에서 조선독립동맹을 조직했다.
- 1942년부터 1945년까지 조선독립동맹의 지도자로 일했다.
- 1942년과 1944년에 빨치산부대원 129명과 함께 항일전투에 참가해 세 차례 부상을 입었다.
- 조선이 해방된 후 북조선에 귀국해 1945년에 북조선공산당 중앙위원회 조직국 위원으로 선출됐다.
- 공산당과 신민당이 노동당으로 합당하자 북조선노동당 중앙위원회 정치위원회 위원으로 선출됐다.
- 정치적인 준비 상태가 좋다.
- 당 조직과 선전선동 사업 경험이 많다.
- 조선독립동맹과 신민당 출신 가운데서 영향력이 있다.
- 북조선노동당과 인민위원회의 모든 조치를 지지하며 관철하고 있다.
- 인민회의 제1차 회의에서 북조선인민위원회 구성에 포함됐고 인민검열총국장으로 임명됐다.
- 이 기간에 그는 사업에서 모범을 보였고, 총국의 사업을 바람직한 방향으로 인도했다.
- 실무와 정치활동에서 친소적이다.

백남운(교육상)
- 1894년 전북 고창군 농민 집안에서 출생했다.
- 동경 상대를 졸업했고, 1927년부터 1937년까지 서울공업전문에서 교원 생활을 했다.
- 1936년에 『조선사회경제사』, 1938년에 『조선봉건사회경제사』를 썼다. 이 저서들은 유물론적 견지에서 서술됐다.
- 1929년부터 1941년까지 학생들에게 마르크스주의를 보급했다는 이유로 감옥생활을 했다.

- 1941년부터 1945년까지 일반경제 분야에서 연구사업을 했다.
- 조선이 해방된 후 남조선 신민당 중앙위원회 위원장으로 선출됐다.
- 3개 정당을 합당해 새로 창건된 노동당에 입당하기를 거절하고, 근로인민당을 창당하는 데 참여했다. 초기에는 이 당의 부위원장으로, 그 후 위원장으로 일했다.
- 근로인민당은 중도노선을 견지하고 있으나 노동당에 가깝다.
- 실제 활동에서 조선 민주화를 위한 전반적 노선을 견지하지만, 때때로 남조선에서 실시되는 정책에 있어 우경 쪽으로 기운다.
- 초기에 조선 문제에 관한 모스크바 삼상회의 결정을 지지하지 않았다.
- 최근에 와서 미국의 대조선 식민지정책을 반대하고 소련의 대조선 정책을 지지한다.
- 조선 인민들에게 인기 있는 경제학자이다.

정준택(국가계획위원장)
- 1911년 농민의 가정에서 출생해 대학을 졸업했다.
- 1945년 11월 3일부터 북조선 산업총국장을 지냈고, 1946년 4월 4일부터 10월 3일까지 광산 지배인, 1946년 12월 18일부터 1947년 2월 22일까지 계획총국 부국장, 그 뒤 국장을 맡았다.
- 1946년부터 노동당원이며, 1948년부터 노동당 중앙위원회 위원이다.
- 행정경리 사업에 경험을 쌓았으며 유식하다.
- 1년 7개월 동안 계획총국장을 맡으면서 북조선 인민경제 계획을 작성했다.
- 성실하게 연구에 매진한다.
- 특히, 실제 사업에서 소련에 충실하며 평양주둔 소련군정 사령부의 민정지도부 조언과 지시를 잘 받아들인다.
- 조직을 이끌 지도력이 부족하고 마음이 약하다는 결함이 있다.

- 그러나 조선의 계획경제를 발전시키는 지도자가 될 수 있는, 재능 있고 빈틈없는 일꾼이다.
- 소련의 대조선 정책을 지지하며 찬동한다.

박문규(농림상)
- 1906년 경북에서 출생해 1930년 경성대학교를 졸업했다.
- 1928년 경성대학교 내에서 사회과학연구회를 조직해 조선경제를 연구하면서 여러 차례 논문을 발표하다가 검거됐다.
- 1934년부터 1936년까지 농사를 지었고, 1936년부터 1940년까지 동경의 한 대학원에서 경제학을 연구했다.
- 공산당에는 1945년에 입당했고, 1946년부터 남조선민주주의민족전선 중앙위원회 사무국장으로 일했다.
- 1946년 11월에 남로당 중앙위원에 선출됐다.
- 1947년 3월 남조선 총파업을 조직했다는 이유로 미군정에 체포돼 1948년 4월까지 감옥생활을 했다.
- 출옥 후 「조선의 토지개혁에 대하여」라는 애국적 논설을 썼다.
- 조선의 경제를 깊이 알고 있고 연구하고 있으며, 특히 조선의 농촌경제에 대해 관심이 크다.
- 남조선 학자들에게서 신망이 있다.
- 미국의 대조선 식민지정책에 반대해 투쟁하고 있다.
- 소련의 대조선 정책을 지지하며, 소련에 우호적이다.

박일우(내무상)
- 1911년 만주에서 빈농의 아들로 태어났다.
- 1918년부터 1929년까지 조선학교와 중국 사범전문에서 공부했다.
- 1930년부터 1932년까지 소학교 선생을 지냈다.

- 1933년부터 1937년까지 지하당원이었고, 1937년부터 1941년까지 제8인민혁명군에서 공산당 군당위원회 비서와 정치국 부장을 맡았다.
- 1942년부터 1944년까지 연안시 중국학교에서 청강했다.
- 1944년부터 1945년 8월까지 제8인민혁명군 육군사관학교 부교장과 정치부여단장으로 일했다.
- 1946년 3월부터 공산당 간부부장, 노동당 간부부장을 맡았다.
- 1948년 3월 노동당 제2차 대회에서 노동당 중앙위원회 위원 겸 정치위원회 위원으로 선출됐다.
- 정치적 준비 상태가 좋고 수양이 된 인물로서 조선의 민주개혁 조치를 옳게 이해하고 실제사업에서 구현하고 있다.

이용(도시건설상)
- 1889년 함남 북청군에서 출생했다.
- 민족해방 운동가이자 저명한 조선혁명가이다.
- 중국에서 육군사관학교를 졸업했다.
- 1920년부터 1921년까지 중국에서 육군사관학교 책임자로 일했다.
- 중국의 청산구역 군사행동 시(1922~1924년) 소련 측 조선빨치산부대 참모부장으로 일했고, 1925년부터 1931년까지 중국과 만주의 빨치산 운동에 참가했다.
- 1931년 항일무장투쟁을 조직했다는 이유로 일본 영사관 소속 만주경찰에 체포됐다가 5개월 감금된 뒤 조선에 왔다.
- 1932년 북청에서 농민동맹을 조직했다는 이유로 체포돼 5개월간 감옥생활을 했다.
- 출옥한 뒤 소련군에 의해 조선이 해방될 때까지 농사를 지었다.
- 1945년 남조선민주주의민족전선 중앙위원으로 선출되고, 그해 신진당에 입당했다. 이 당의 중앙위원회 위원장으로 선출됐다.

- 1910년 일본합병에 반대해 적극적으로 투쟁한 항일투쟁 참가자이자 혁명가로서 조선 인민들에게 신망이 두텁다.
- 공산당원은 아니다. 이용이 속한 당은 중도당이다. 그러나 원칙상 문제들에 관한 한 노동당의 정치노선을 지지한다.
- 미국의 남조선 강점을 반대해 싸우고 있으며 소련의 노선을 지지·찬동한다.

이병남(보건상)
- 1903년 충남 천안군에서 출생했고, 경성대학교 의과대학을 졸업했다.
- 비당원(무소속)이다.
- 1925년부터 1941년까지 경성대학교에서 의사로 근무, 1941년 9월부터 1945년 8월까지 개인병원을 운영했다. 이 병원에서 혁명가들과 그 가족을 도왔다.
- 해방 후부터 1946년까지 경성대학교 의과대학에서 교수로 있다가 사회 활동을 시작했다.
- 남조선민주주의민족전선 중앙위원으로 선출됐고, 남조선 과학자협회 회장과 남조선 보건일꾼동맹 위원장을 겸임했다.
- 주민들에게 의사로서, 특히 소아과 의사로서 신망이 높다.
- 조선해방 후 좌익노선을 지지했다는 이유로 네 차례 검거됐다.
- 남조선민주주의민족전선 서울시 위원회 위원장을 맡았다.
- 정치 수준이 높지 못하다. 그러나 민주주의적인 성향이 강하고 조선의 민주개혁을 위해 싸우고 있다.
- 노동당에 합류해 소련 정책을 지지하고 조선의 식민지정책에 반대하고 있다.

김정주(체신상)

- 1903년 4월 16일 평북 영변군 북신현읍 화산촌에서 화전민 아들로 출생했다.
- 천도교청우당 중앙위원회 부위원장이다.
- 1909년부터 1912년까지 고향에서 소학교를 다녔다.
- 1919년 3·1운동을 준비하기 위해 청년단체에 가담했다.
- 1922년 영변군에서 중학교를 졸업했다. 1924년까지 방직공장 책임자로 일하다가 1925년부터 1년간 일본 당국이 공식적으로 허가한 동아일보 지국 기자로 일했다.
- 1925년 동경으로 건너가 동경정치경제대학에 입학했고, 1930년에 졸업했다. 동경에서 대장간을 운영했고, 천도교청우당에 입당해 조선대학생연맹 위원장을 맡았으며 1930년 청우당 중앙위원이 됐다. 청우당의 당수는 친일파 최린이었다.
- 1930년부터 1937년까지 평양시 농민협회 직원으로 일했고, 1937년부터 해방될 때까지 개인 장사를 했다.
- 해방 후 봉산읍 인민위원회 부위원장과 영변군 인민위원회 부위원장으로 일했다.
- 1945년 10월부터 1946년 1월까지 새 강령에 기초한 청우당 재편에 적극 참여해 청우당 재건의 핵심 활동가로 일했다.
- 1946년 8월부터 10월까지 대표단의 일원으로 소련을 방문했다.
- 1947년 2월부터 북조선인민위원회 총무부장으로 일했으며, 북조선인민위 대의원이기도 하다.
- 청우당 당수 김달현의 신봉자이며, 당내 영향력은 김달현 다음이다.
- 북조선 민주제도에 긍정적이지만, 정권기관과 직위에 조선노동당원이 압도적 다수를 차지한 데 불만이 있다.
- 청우당이 집권당이 되기를 갈망한다.

- 김정주와 김달현은 당내 좌익분자들을 지지하고 우익 성향을 반대하지만 일관성은 없다. 이는 당내에 반민주우익성향이 잔존하는 결과를 낳았다.
- 조선 문제에 관한 모스크바 삼상회의 결정과 조선에서 소련군과 미군을 동시에 철수시키자는 소련의 제안을 적극 지지한다.
- 미국의 팽창주의정책을 규탄한다.
- 그러나 김정주의 실제 활동은 그리 철저하지 않다. 민주주의적 입장도 견고하지 못하다. 여전히 반동·친일분자 최린과 손을 떼지 않았다.
- 따라서 그는 극단주의가 대두하거나 계급투쟁하는 상황이 올 때 이에 동요돼 당내 극단주의에 빠질 수 있다.

허성택(노동상)
- 1910년 함경북도 청진에서 출생했다.
- 지식 정도는 가장 낮다.
- 1934년부터 1년간 모스크바에서 공부했다.
- 1945년부터 공산당원이 됐다.
- 직업적 혁명가이며 1924년부터 일본 제국주의와의 투쟁에 나섰다.
- 공산주의운동에 적극적이다.
- 1936년 청진농민동맹에 가담한 죄로 체포돼 소련군대가 조선에 올 때까지 감옥생활을 했다.
- 1945년 11월 노동연맹 위원장에 피선된 동시에 남조선민주주의민족전선 부위원장이자 남조선 노동당 중앙위원으로 일했다.
- 남조선에서 미국인이 실시하는 정책에 반대하는 투쟁에 적극 참여한 죄로 1948년 2월에 체포됐다가, 유엔 임시위원회 사업이 진행되던 시기에 석방됐다.
- 현재 노동연맹 중앙위원회 위원장이며 남조선노동당원이다.

- 최고인민회의 대의원선거 추진 지도위원회 남조선 측 위원으로, 남조선에서의 선거를 준비하고 진행하는 큰 사업을 해냈다.
- 정치적 준비 정도는 양호하다. 활동력 있고 대담하고 웅변가이다.
- 노조운동 지도사업의 실무 경험이 많다.
- 남조선 노동자들 속에서 위신이 높다.
- 현 단계 공산주의운동의 임무를 올바르게 이해하고 있으며, 나라의 민주화 과업 실현을 위한 투쟁을 전개하고 있다.
- 친소파이다.

장시우(상업상)
- 1896년생으로, 빈농의 가정에서 태어났다.
- 1918년에 중학교를 졸업해 소학교 교사로 일했다.
- 1919년 3·1운동에 가담했다.
- 1927년부터 1929년까지 블라디보스토크 당학교에서 공부했다.
- 1929년 조선에 귀국했다. 1931년에 체포돼 10년 언도를 받고 수감되던 중 1939년에 출감해 1945년까지 농사를 지었다.
- 해방된 뒤 평안남도 공산당 비서로 일했으나 유능하지는 않았다. 소련군정에 자문하거나 협조를 구하지 않았다.
- 1946년 5월에서 9월까지 북조선 소비조합연맹 위원장으로 일하다가 1946년 9월부터 임시 인민위원회 상업총국장을 맡았다.
- 일에 애착을 갖고 창의력을 발휘하며 나라의 산업발전에 많은 관심을 쏟는다.
- 산업 전반에 침투한 친일분자를 몰아내는 정화작업에 적극 참여한다. 모든 문제를 신중하게 처리하지만 독선적인 측면이 있다.
- 마르크스-레닌주의 지식은 부족하나 소련에 우호적이다.

이극로(무임소상)

- 1893년 8월 28일 경상도에서 출생했다.
- 독일 베를린 정치경제대학을 졸업했고, 철학교수로 불렸다.
- 1914년부터 1915년까지 빨치산 대열에 있었고, 그 뒤 1929년까지 서울 여러 대학에서 교편을 잡았다.
- 1929년부터 1932년까지 조선어사전 편찬위원회 위원장이었다.
- 1942년 반국가운동에 참가한 이유로 일본 당국에 체포돼 1945년까지 감옥생활을 했다.
- 1946년에 건민회를 조직해 위원장이 됐고, 1947년에 민족독립동맹 선전국장 겸 정치위원이 됐다.
- 현재는 건민회 위원장이다.
- 건민회는 우익 성향을 띠며 영향력이 크지는 않다. 강령은 독립국가 건설, 전체 국민이 평등한 권리를 누리는 경제제도 창설, 민족문화 재생 등이다. 기업가·상인·사무원 등이 기반을 이룬다.
- 이극로와 건민회는 모스크바 삼상회의 결정을 반대했고, 조선 문제에 대한 소련과 미국 정책 모두에 반대했다. 그러나 조선에서 군대를 철수하겠다는 소련의 제안이 나오자, 소련의 대조선 정책이 정당함을 깨닫고 입장을 바꿔 소련 제안을 지지했다.
- 현재 남북을 민주독립국가로 통일하자는 좌익의 정책을 지지한다.
- 그는 지금 소련에 대하여 우호적이다. 미 제국주의를 반대하고는 있으나 적극적으로 투쟁하지는 않는다.
- 그는 조선에서는 민족주의자로 알려져 있다.
- 정치적으로 견실하지 못하다.
- 상황이 달라지면 우익으로 넘어갈 수 있다.

김익선(최고재판소장)

- 1899년 함북 명천군 영파리에서 농민의 아들로 출생했다.
- 중졸이다.
- 1936년부터 1945년까지 감옥생활을 했다.
- 조선 해방 후 1945년 9월부터 1948년 3월까지 당 사업, 즉 노동당 면당 위원장, 군당 위원장을 지냈다.
- 노동당 중앙위원회에서 직접 재판소에 파견돼 1948년 3월에 평안남도 재판소장이 됐다.
- 실제 사업에서 정치적 성숙성과 실무적 능력을 발휘했다.
- 조선의 민주 건설을 옳게 받아들이며, 이를 관철하려 애쓴다.
- 반동들과 각종 협잡꾼에 대해 비타협적이다. 법정의 형벌정책을 현저히 제고했다.
- 자기 결심을 완강히 주장하는 편이다.

장해우(최고검찰소장)

- 1901년 평안남도 숙천군의 빈농에서 출생했다.
- 중졸이다.
- 1917년부터 1922년까지 소련 땅 연해주에서 유격대에 가담했다.
- 빨치산 운동이 끝난 후 만주로 가서 혁명운동에 몸담았다.
- 1923년 10월 혁명활동을 한 죄로 체포돼 1926년까지 중국 감옥에 수감됐다.
- 1928년부터 1934년까지 혁명활동 혐의로 서울에서 감옥살이를 했다. 출옥 후 함흥에서 제화공으로 일했다.
- 1935년 김일성 부대에 입대해 1937년까지 복무했다.
- 1937년 체포돼 1945년 8월까지 감옥살이를 했다.
- 1945년 9월 1일부터 함경남도 내무부장경찰국장, 1945년 12월부터

북조선 검찰총장을 맡았다.
- 1948년 3월 노동당 대회에서 중앙위원이 됐다.
- 검찰기관에서 일하면서 사업능력을 발휘했고, 정치적 식견을 뽐냈다.
- 조선의 민주건설을 옳게 이해한다.
- 검찰기관에서 친일분자와 반동분자들을 숙청했다.
- 이전에 전혀 모르던 법률지식과 실무를 배웠다.
- 소련에 대한 높은 존경심을 표시한다. 사생활에서 검소하고 근면하다.
- 조선 주민들에게서 위신이 있다.

홍기주(최고인민회의 상임위원회 부위원장)
- 1898년 부농 집안에서 태어나 1914년 사범대학을 나왔다.
- 1945년 8월 15일까지 목사로 일했다.
- 조선민주당 중앙위원회 부위원장이며 그때까지 당적은 없었다.
- 해방 후 첫날부터 자신이 민주개혁의 입장에 선 진보적 사회 활동가임을 보여줬다.
- 모스크바 삼상회의 결정을 지지하는 민주당의 투쟁을 지도한 첫 활동가이다.
- 조만식이 이끄는 민주당의 반동파를 폭로하는 데 적극 참여했다.
- 조만식을 필두로 한 평안남도 인민위원회 성원들이 사표를 내자, 위원장으로 선출돼 인민위원회에서 반동분자들을 숙청하고 민주개혁 실현사업을 근본적으로 개선하는 큰 사업을 진행했다. 그 결과 토지개혁, 노동법령, 남녀평등권 법령, 유일현물세법 등이 성공리에 시행됐다.
- 1946년 대표단 일원으로 소련을 방문했다.
- 1948년부터 북조선인민위원회 부위원장으로 일했다. 여기에서 실무적·조직적 경험을 많이 쌓았다. 정치적인 모범을 보였다.

- 민주당과 지방 중산 부르주아 계층에게서 신망이 있다.
- 진보적 정치활동가로 미국의 대조선 식민주의 정책을 적극 반대하고 소련의 대조선 정책을 지지·찬동한다.

홍남표(최고인민회의 상임위원회 부위원장)
- 1888년 경기도에서 출생했다.
- 중졸이다.
- 1910년 혁명운동에 가담했다가, 1919년 3·1운동에 참가한 후 만주로 망명했다.
- 1920년 빨치산 운동에 참가했으며, 1921년에 투옥돼 2년간 옥중생활을 했다.
- 1925년 조선공산당 창건에 가담했고, 이후 중앙위원회 후보위원에 선출됐다.
- 상하이로 망명해 중국공산당 내에 조선인민부서를 조직했다. 1932년까지 일하다가 검거돼 1939년까지 감옥생활을 했으며, 1940년 다시 체포됐다가 8개월 후 다른 지역에 가지 않는 조건으로 석방됐다.
- 해방 후 남조선공산당 중앙위원으로 선출됐고 남조선민주주의민족전선 부위원장으로 일했다.
- 1946년 미군정에 체포돼 4개월간 감옥에 갇혔다.
- 최근에는 ≪근로자≫의 편집자로 일했다.
- 남조선노동당원들 가운데 가장 노련한 공산주의 운동과 민족 해방운동 참가자의 한 사람이다.
- 남조선 인민들에게서 근로대중의 이익을 위해 싸우는 노련한 투사로 비춰짐으로써 큰 인기를 모으고 있다.
- 고령임에도 여전히 업무 수행능력이 뛰어나다.
- 공산주의 운동에 충실하며 미국의 대조선 식민주의 정책에 적극 반대

하는 투사이다. 소련에 대해서는 우호적이다.

강양욱(최고인민회의 상임위원회 서기장)
- 1904년 상인 집안에서 태어났다.
- 신학교 졸업 후 개신교회에서 목사로 있었다.
- 1919년 마르크스주의 운동에 참여했다.
- 한때 김일성도 강양욱에게서 배웠다.
- 소련군대가 북조선에 들어오자 소련 인민과 조선 인민 간 친선을 강화시킬 사업을 했다.
- 민주당 중앙위원인 강양욱은 좌익에 합류해, 조만식의 정책과 중앙위원회를 차지하던 조만식의 지지자들을 강력히 비판했다.
- 조만식의 테러분자들이 그의 집에 쳐들어와 아들과 딸을 죽인 1946년 이후 반동분자들과 관계를 끊었다.
- 1946년 한 해 동안 북조선 임시 인민위원회 서기장으로 일했다.
- 많은 시간을 북조선 개신교도 연합에서 일하는 데 바쳤고, 이 연합의 사실상 지도자이나 공식적으로는 부위원장을 맡고 있다.
- 그는 소미공동위원회 기간에 개신교회 반동분자들과 투쟁하면서 철저한 민주주의 노선을 관철해왔다.
- 항상 소련 편에 선 능란한 웅변가로서 소련의 정책을 지지한다. 조선에서 미국인들이 실시하는 식민주의 정책을 폭로하는 연설을 한다.

이구훈(최고인민회의 상임위원)
- 1910년 함경남도 청평군에서 태어났다.
- 소학교를 졸업했다.
- 1946년부터 남로당 당원이었다.
- 1928년까지 농사 짓다가 농민들을 반일 투쟁에 궐기시켰다.

- 일본인들에게 두 차례나 체포돼 10여 년간 감옥살이를 했다.
- 조선해방 후 1946년 12월에 전국농민동맹을 조직했고, 이 동맹 중앙위원회 부위원장이 됐다.
- 남조선에서 실시하는 미 제국주의자들의 정책을 단호히 반대했다는 이유로 1946년 미군정에 체포됐다가 1947년 4월에 석방됐으나, 8월에 다시 체포됐다. 이듬해 4월에 출옥한 뒤 전국농민동맹 위원장이 됐다.
- 실제 사업에서 친소적이며 북조선에서 실시된 민주개혁을 지지한다.
- 남로당원들과 남조선 농민들에게서 신망이 높다.

장권(최고인민회의 상임위원)
- 사회민주당 부총재이다.
- 1898년 서울에서 출생해 중학교를 다녔다.
- 1919년부터 민족해방운동에 참여했다.
- 1921년부터 1943년까지 개신교 청년중앙클럽 체육부 지도자였다.
- 해방 후 건국보위단 창설에 참가했으나 미군정에 의해 해체됐다.
- 1945년 인민당 중앙위원회 위원, 1946년에 민주주의민족전선 중앙위원이 됐고 그해 사회민주당 선전부장이 됐다.
- 1948년 민족독립동맹 상임위원에 선출됐고, 조선에서 유엔임시위원회의 결정에 반대하는 투쟁에 적극 참여했다.
- 남북조선 제 정당·사회단체 대표자 연석회의에서 사회민주당을 대표했다.
- 중도노선을 견지한다.
- 소련에 우호적이고 미국의 정책에는 반대한다.

이기영(최고인민회의 상임위원)
- 1895년 함경북도의 농민 집안에서 출생했다.

- 학력은 중졸이고 비당원이다.
- 해방 전까지 문필 활동을 했으며, 조선 문학의 대가이다.
- 일정 때와 해방 후 조선 농민들의 생활풍습을 묘사한 작품들로 대중에게 큰 영향을 미쳤다.
- 작품에서 일본 억압자들에 반대해 일본 당국의 온갖 박해를 받았다.
- 「고향」 등 많은 대작을 썼다. 「고향」은 소련에서 조선어로 출간되기도 했다.
- 1945년 8월 15일 이후 강원도 인민위원회 교육부장으로 일했다. 건강이 악화돼 1946년 4월 교육부장 직책에서 물러났다.
- 1946년 서울에서 진행된 프롤레타리아 작가동맹과 인민작가동맹 대회에 참가했다. 이 대회에서 조선작가동맹 부위원장으로 선출됐다.
- 조소문화협회 초대위원장으로 소련문화와 과학을 조선에 보급하는 큰 사업을 담당한다.
- 1946년 11월에 강원도 인민회의 대의원으로 선출됐고, 1947년 2월 인민회의 제1차 회의에서 북조선인민회의 상임위원으로 선출됐다.
- 1946년 8월에 스탈린에게 서한을 전하는 조선 대표단 단장으로 모스크바에 갔다.
- 소련에 대해 우호적이고 북조선 민주개혁을 지지한다.
- 조선 인텔리에게서 신망이 높다.

김창준(최고인민회의 상임위원)
- 1890년 서울에서 출생했다.
- 미국에서 대학을 졸업하고 귀국해 4년간 중학교 교장으로 일했다.
- 1919년 3·1운동에 참여했다는 이유로 체포돼 약 3년간 감옥생활을 했다.
- 출옥 후 목사로 일했고 1925년에 다시 미국으로 건너가 신학교에서

공부했다. 귀국 후 서울중앙교회 목사로 일했다.
- 1942년 일본 통치에 반대하는 발언을 한 뒤, 일본인의 탄압을 이기지 못해 만주로 가서 청년들에게 선교활동을 했다.
- 해방 후 서울로 돌아와 민주개신동맹을 조직해 위원장이 되는 동시에 민주주의민족전선 부위원장으로 활동한다.
- 북조선에서 실시한 민주개혁을 지지·찬동한다.
- 좌익 정당들과 협조하고 있다.
- 소련의 대조선 정책에 우호적이다.

최경덕(최고인민회의 상임위원)
- 1910년 빈농 집안에서 출생했다.
- 농촌학교 4학년 졸업했다.
- 북조선노동당원이다.
- 해방 전에 혁명운동에 적극 참여했다는 이유로 1934년부터 1945년까지 감옥생활을 했다.
- 해방 후 직업동맹 조직사업에 적극 참여했고, 1946년에 북조선직업동맹 위원장을 맡았다.
- 소련 등 여러 나라 직업동맹사업을 경험했다. 세계노조연맹 총이사회 대회에 참가하기도 했다.
- 조선 문제에 관한 유엔 결정에 단호히 항의하고, 조선 민주건설에 관한 소련의 제안을 전적으로 지지하는 등 정치적으로 믿을 만하다.
- 소련 유학을 원한다.

박윤길(최고인민회의 상임위원)
- 1900년생으로 중졸이며 빈농 출신이다.
- 천도교도이고 이전에 다른 당에는 적을 두지 않았다.

- 해방 전 금광에서 일했고, 정치생활에 관여하지 않았다.
- 해방 후 면 인민위원회 위원장, 천도교청우당 군 위원장으로 선출됐다.
- 1946년 8월부터 북조선천도교청우당 중앙위원회 부위원장이다.
- 당내에서 영향력이 크고 위신을 갖췄다.
- 정치적 수준은 높지 못하나, 끊임없이 배우려고 노력한다.
- 청우당 내 보수 반동파와 관련이 있다.
- 북조선 개혁을 지지하며, 이를 관철하려 애쓴다.
- 소련에 대해 우호적이나, 정치적으로 완전하게 믿을 수는 없으므로 계속 면밀히 관찰할 필요가 있다.

이능종(최고인민회의 상임위원)
- 남조선 민주독립당 중앙위원회 위원이다.
- 1912년 경상북도에서 출생했다. 독학으로 중학 정도 지식을 갖고 있다.
- 1929년 청년동맹을 조직했다.
- 이 때문에 1930년에 체포돼 1931년 5월까지 감옥생활을 했다.
- 해방 전까지 탄광 사무원으로 근무했다.
- 1946년 3월 신민당에 입당했고, 이후 남조선민주독립당으로 옮겨 사업을 했다.
- 남로당 파벌의 일원이다.
- 남조선에서 미군정을 반대하고 소련의 정책을 지지하고 있으며, 북조선 민주개혁을 전적으로 지지한다.

유영준(최고인민회의 상임위원, 여성)
- 1889년 서울에서 출생했다. 일본 적십자병원에서 의학공부를 했다.
- 1918년부터 반일 투쟁에 나섰고, 1919년 3·1운동에 참가했다.

- 1930년부터 여성해방운동의 지도자가 된다.
- 해방 후 남조선민주여성동맹을 창설해 위원장이 된다.
- 소련에 대해 우호적이고 미국인들의 정책을 적극 반대한다.
- 노련한 여성 지도자로서 남조선 여성들에게 위신이 높다.
- 남로당 중앙위원회 상무위원이다.

조운(최고인민회의 상임위원)
- 1900년 전남 영광군 영광읍에서 출생했다.
- 상업학교를 나와 영광읍 사립학교 교사로 복무했다.
- 1926년 청년운동에 가담했고 청년동맹 조직부장으로 일했다.
- 문학 활동을 하면서 자기 작품에 청년동맹 좌익파의 견해를 반영하고 있다.
- 반일운동 때문에 1937년부터 1940년까지 감옥생활을 했다.
- 해방 후 인민위원회 조직에 적극 참여했고, 영광군 인민위원회 위원장을 맡았다.
- 1946년부터 현재까지 작가동맹 중앙위원으로 활동했다.
- 소련에 대해서는 우호적이며 미국의 대남 조선 정책을 반대하고 있다.

라승규(최고인민회의 상임위원)
- 1900년 전라남도에서 출생했다.
- 중학 중퇴했다.
- 1920년부터 중학교 교장 1년, 농민동맹 위원장 1년, 운수노동자동맹 위원장 1년씩 일했다.
- 일제에 반대해 청년운동·농민운동과 같은 운동에 적극 참여했다는 이유로 5년여 동안 감옥생활을 했다.
- 인민대중동맹 당원으로서 1946년부터 인민대중동맹당 조직부장·총

무부장을 맡았다. 이 당은 중도노선을 견지한다.
- 현재는 민주주의를 지지하며 남로당과 손잡고 협조한다.
- 조선의 민주건설을 놓고 동요한 적이 있었다.
- 남북조선 정당·사회단체 연석회의 이후 조선의 민주화 노선과 조선 문제에 관한 소련정책을 적극 지지하며 미국의 식민지정책에 반대하고 있다.

강순(최고인민회의 상임위원)
- 1989년 함북 경산군 주을읍에서 출생했다.
- 1920년부터 1946년까지 중국 각지에서 살았다.
- 중국 민족해방운동에 참가했다는 이유로 투옥돼 3년간 감옥생활을 했다.
- 귀국해 근로대중당을 창당해 총재가 됐다.
- 소위 대한민국 과도정부 경제의원이었다.
- 검증되지 않은 자료에 따르면 미군정 정보부와 관계가 있다.
- 자신의 정치적 견해는 공개적으로 표명하지 않는다.
- 내향적이다. 정치적 지식은 많지 않다.
- 그의 정치적 활동을 계속 면밀히 주시해야 한다.

성주식(최고인민회의 상임위원)
- 1890년 충남 온양군 태생으로 학력은 중졸 정도이다.
- 1928년 중국공산당에 입당해 김원봉과 더불어 중국의 조선민족해방운동 중앙위원회에서 일했다.
- 중국공산당 폭동에 가담했다.
- 해방된 후 김원봉과 함께 귀국해 인민공화당을 조직했다.
- 중도노선을 견지하면서 남로당과 협조 관계를 유지하려고 노력한다.

- 소련에 우호적이며 미제의 대남정책에 반대하고 있다.

김병제(최고인민회의 상임위원)
- 1894년 함남 고원군 운곡읍 운희촌에서 출생했다.
- 한문 중학교를 졸업했다.
- 1926년부터 천도교회 교인이 되어 적극 활동했다.
- 1929년 서울 천도교 중앙위원회 상무위원, 1934년부터 1945년까지 천도교 중앙기관지 편집자로 일했다.
- 해방 후 지금까지 남조선청우당 중앙위 위원장이다.
- 미제의 대남조선 정책에 반대하는 동시에 소련의 정책을 지지하고 있다.
- 정치적으로 준비되지 않았고 유식하지도 않다.

장순명(최고인민회의 상임위원)
- 1901년생으로 빈농 출신이며 중졸이다. 북조선노동당원이다.
- 일정 때 공산주의운동에 가담한 죄로 17년간 감옥살이했다.
- 정치적 수준이 높고 상황을 잘 판단한다.
- 노동당 함경북도 도당 위원장을 맡고 있으며, 군당 단체들을 결속시키는 큰 사업을 했다.
- 우수한 노동당원으로 평가돼 북조선노동당 중앙위원회 부위원장에 발탁됐다.
- 자기 할 바를 잘 아는 철저한 당원이다.
- 소련을 절대 지지한다.

구재수(최고인민회의 상임위원)
- 1912년생이다.

- 중국에서 육군사관학교를 졸업했다.
- 1933년 일본에서 반일운동에 합류했다.
- 1935년부터 1946년까지 중국 각지에 살면서 민족해방운동에 적극 참여했다.
- 김원봉의 민족혁명당과 중국 인민해방군 모두에 소속돼 있었다.
- 1946년 조선에 귀국해 신진당 지도자의 한 사람이 됐다.
- 3당 합당 후 남조선노동당 중앙위원회 정치국원으로 선출됐다.
- 미 제국주의자들의 대조선 정책을 반대하고 조선에서 소련의 정책을 지지하며 적극 투쟁한다.
- 남로당의 우수한 간부 중 한 사람이다.

강진건(최고인민회의 상임위원)
- 1885년 빈농 집안에서 출생했다.
- 독학으로 지식을 얻었다.
- 북조선노동당원이다.
- 타당에 적을 둔 적이 없다.
- 농민운동을 조직한 죄로 1922년부터 1941년까지 감옥생활을 했다.
- 오랫동안 농사를 지어 조선 농민들의 생활을 잘 안다.
- 모든 민주개혁에 적극 참여한다.
- 북조선 민주농민동맹 중앙위원회 위원장을 맡고 있으면서 토지개혁을 할 때 큰 역할을 했다.
- 인민위원회 위신을 강화하고 제고하는 데 열성적으로 참가한다.
- 농민 대중에게서 위신이 높다.
- 조선 문제에 대한 유엔의 결정을 단호히 규탄한다.
- 독립된 조선민주주의 국가를 건설하는 데 대한 소련의 제안을 전적으로 지지한다.

- 북조선의 정치노선을 올바르게 실시하고 있으나, 노쇠한 탓에 일하는 데 기력이 부족하다.
- 정치적으로 성숙하지 못하나 농민동맹사업에 큰 영향력을 지녔다.
- 소련에 대해 우호적이다.

소련군 철수 후 '고문정치'로 북한정권 관리

조선민주주의인민공화국 내각과 최고인민회의 의장단 구성을 끝낸 소련군정 사령부는 북한 지역에서 소련군이 철수한 이후에 대한 대책 수립에 들어간다. 레베데프 정치사령관의 비망록을 살펴보면 다음과 같음을 알 수 있다.

소련군정 사령부가 해체되면 민정을 관리했던 민정관리국의 각 부는 내각의 각 성에 이관하고 각 성에 소련인 고문관을 둔다. 예를 들어, 민정관리국의 산업부는 내각의 산업성에 이관하고 고문과 자문위원을 둔다. 농업부 대신 농림성에는 군정 농업부 출신 고문관을, 교통부 대신 교통성에 고문(소련인 노르기프), 재정부 대신 재정성에 고문(소련인 이라노프스키), 법률 전문가를 사법부에 고문으로, 체신성 고문으로 소련인 라사레비치 등을 두는 식이다. 이는 소련이 동유럽 위성국에서 실행했던 '고문정치'의 전형이다.

또 북한정권 수립과 함께 설치될 평양 주재 소련대사관 외에 소련군정 사령부에 '사령관부'라는 기관을 증설해 민정연락부·간부부·강의그룹·행정경리부·출판부 등을 두기로 했다. 도(道) 위수사령관은 그대로 두고 군(郡) 위수사령관은 장교 1명만 남겨놓고 폐지하기로 했다. 이 밖에 소련군정 사령부가 운영했던 조선민족인재양성 학교는 북한정권으로 이관하기로 했다.

▶ 1948년 12월 26일 최고인민회의 상임위원장 김두봉(앞줄 가운데)이 북한에서 철수하는 소련군 장령에게 '조국해방공로메달'을 수여하고 있다. 뒷줄 오른쪽부터 차례대로 박헌영 부수상, 허가이 조선노동당 부위원장, 김일성 수상이 지켜보고 있다.

▶ 1948년 12월 26일 평양에서 열린 소련군 환송대회를 끝마치고 김일성 수상(앞줄 왼쪽)과 함께 평양역으로 나가는 소련군정 정치사령관 레베데프 소장(앞줄 가운데).

제10장 소련군정이 주도한 초기 북한정권 내각 구성 311

소련군정, 소련파 북한 잔류 여부 조사

북한정권을 수립하는 작업이 거의 끝날 무렵인 1948년 8월 13일, 『레베데프 비망록』은 색다른 기록을 담고 있다. 레베데프 장군은 소련의 명령으로 북한에 들어와 소련군정 사령부에서 3년 가까이 일하면서 김일성을 지도자로 옹립하는 데 큰 역할을 했던 소련파 인사들을 불러, 북한정권 수립 후 잔류와 소련 국적 포기 여부 등을 조사했다. 대부분 북한 잔류를 원하지 않았지만, 소련이 명령하면 잔류할 수도 있다는 의견을 피력했다.

결국 소련파 대부분은 북한정권 수립 이후 북한에 잔류했다. 내각과 당 등에서 고위직을 지내다 1956년 이후 숙청된 뒤 소련으로 돌아갔고, 북한에서 탄광 등에 유배돼 죽었거나, 최후를 알 수 없는 신세가 됐다. 레베데프 장군은 비망록(1948년 9월 13일자)에 주요 소련파 인사 23명의 잔류 여부를 다음과 같이 기록했다.[2]

> 남일* 당증을 소련공산당 중앙위원회에 반납하겠다. 나를 필요로 한다면 북조선에 잔류하겠다.
> 박영* 함남도당 위원장을 지냈다 당증은 소련공산당에 보관하고 있다. 소련이 명령하면 북조선에 체류하겠다.
> 채규현* 최고검찰소 부소장이었으나, 소련파 숙청 때 총살당함 당의 명령이 있다면 체류하겠다.
> 남학용 교통성 부상을 지내다 소련으로 돌아가 사망 절대 체류하지 않겠다.

---

[2] 레베데프, 『레베데프 비망록』, 96a쪽. 이름 옆의 별표(*)는 북한에서 내무성 부상 등을 지내다 러시아로 망명한 강상호와 외무성 부상 등을 지내다 모스크바로 망명한 박왈렌친의 증언에 따라 첨가한 사항이다. 이들은 북한정권 수립 후 고위직을 지내던 중 숙청된 뒤 행방불명됐거나, 정치범 수용소로 보내졌거나, 총살됐다.

다만 명령하면 한 해 정도 머무를 수 있다.

천치억자동차도로국장을 지내다 소련에 망명한 뒤 사망 기본적으로 북조선에 잔류하기를 원하지 않는다.

김찬조선중앙은행 총재와 재정성 부상 등을 지낸 후 소련에 망명한 뒤 사망 북조선 국적은 취득하지 않겠다. 하지만 오랫동안 일할 수 있다.

허가이*당 노동부장, 조직부장, 제1비서, 부위원장, 자녀 5명 소련에서 아이들을 기숙사에 맡겨준다면 남겠다.

문일러시아어 담당 김일성 비서, 소련 귀국 후 사망 남지 않겠다. 이미 소련에 보내달라고 신청했다.

김동학*최고검찰소 부소장 필요하다면 남겠다.

김승화건설상, 중앙당 학교장, 내각 사무소장, 소련에서 사망 북조선에서 무슨 일이든지 할 수 있다. 하지만 영원히 체류는 못한다.

장주익*과기원 서기장 필요하다면 남겠다.

박동초*외무성 부상 아들이 앓고 있다. 하지만 남을 수 있다. 소련 국적은 갖고 있겠다.

박창식*평양시 인민위원회 부위원장, 농업성 부상, 자강도 인민위원장, 소련에서 사망 명령하면 남겠다. 그러나 나의 바람은 아니다.

김재욱평남도당 위원장, 농업성 부상, 소련에서 사망 아이들의 교육이 문제이다. 러시아에서 공부해야 한다. 명령하면 남겠지만 소련 국적은 보유하겠다.

엄승렬국가계획위 계획국 부국장, 소련에서 사망 북조선에 남아 국가기관에서 일하고 싶다. 그러나 소련 국적은 보유하겠다.

김일인민군 총정치국 부국장, 소련에서 사망 북조선 국적은 갖고 싶지 않다.

정석화 당의 결정에 따르겠다.

장철보위성 후방국장, 황해도당 부위원장, 전선 사령부 후방국장, 소련 망명 남는 것에 반대하지 않는다. 그러나 북조선 국적 취득은 반대한다.

정재국　북조선 국적은 안 받겠다.
강병률당 학교 교원, 북한 대사관 영사부장　북조선 국적은 안 받겠다.
신도준　북조선에 체류하고 싶지 않다. 귀국하겠다.
방학세내무상　북조선 체류를 희망하지 않는다. 그러나 당이 명령하면 잔류하겠다.

한반도 현대사를 새로 쓰게 한 레베데프 비망록

지금까지 살펴본 『레베데프 비망록』은 자료의 희귀성과 가치 면에서 매우 중요하다. 비망록을 작성한 레베데프는 1945년 8월 말부터 소련군정 사령부의 정치사령관을 역임했고, 1947년 중반부터는 민정사령관을 겸임하면서 북한정권 탄생에 가장 핵심적인 역할을 담당했기 때문이다.

이 비망록은 1948년 4월 평양에서 개최된 남북 연석회의가 소련 측의 각본에 따라 개최된 것임을 일일이 기록함으로써 남북 연석회의의 주도자와 조정자가 소련임을 분명하게 보여준다. 이러한 사실은 지금까지 밝혀지지 않은 것으로 후기 해방 정국에서 가장 뜨거운 쟁점으로 부각된 남북협상의 성격과 그 역사적 진실을 밝혀주는 중요한 대목이다.

특히, 비망록은 일기 형식으로 기술돼 남북 연석회의의 전모를 진행 과정에 따라 일목요연하게 파악할 수 있게 해준다. 이를 분석해보면, 남북 연석회의에 대한 명령 계통은 당시 소련군 극동군구 사령부 군사위원이었던 '스티코프→ 레베데프→ 김일성'으로 이어지고, 주요 결정은 스티코프와 레베데프 간 협의를 거쳐 김일성에게 지시됐음을 알 수 있다. 이 과정에서 소련군 극동군구 사령관 비루소프와 스티코프 사이에 북한에 대한 정책 결정의 주도권을 놓고 미묘한 갈등이 있었음이 드러난다.

소련군정 측과 김일성 등은 일련의 소비에트화 과정을 통해 북한정권을

▶ 북한정권 창출의 주역인 소련군정 정치사령관 레베데프 소장이 자신의 70회 생일을 기념해 부인과 함께 찍은 사진이다.

수립하기 위한 제반 준비를 끝낸 뒤, 자신들이 수립할 정권에 정통성을 부여하기 위해 김구와 김규식을 회유하려 했음이 비망록에 자세히 적혀 있다. 김구와 김규식 등에게 일정한 직위를 부여하는 대가로, 그들의 참여 하에 헌법을 통과시킨 후 정부를 수립할 계획을 세운 것이다.

비망록에서 드러난 또 다른 충격적인 사실은 김구가 "(남한에서) 나를 5월 10일까지 암살하려는 것을 알고 있다"라고 언급한 대목이다. 김구의 암살 배후자가 지금도 밝혀지지 않은 상태에서, 김구가 이 무렵에 벌써 자신에 대한 암살을 예견했다는 점을 통해 폭력과 테러로 얼룩진, 당시 격동의 정치상황을 실감할 수 있다.

또 한 가지 시선을 끄는 대목은 북한 조선노동당의 초대 위원장과 최고 인민회의 상임위원회 의장, 김일성대학의 총장 등을 역임하다가 1958년 연안파에 대한 숙청 때 실각한 김두봉을 소련 측이 1948년 4월부터 민족주의적 성향을 지녔다는 이유로 특별 감시하라고 지시했다는 사실이다. 이와 같은 내용들 모두『레베데프 비망록』을 통해 처음 공개됐다. 이 비망록의 자료적 가치를 더해주는 지점이다.

해방 정국에 대한 올바른 이해는 이 시기의 실질적인 주도 세력인 미국과 소련의 자료를 함께 분석할 때에만 가능하다. 25년이 경과한 미국 측 자료는 '자국의 이익을 해치지 않는 한 모두 공개한다'는「자료공개법」에 따라 대부분 입수할 수 있다. 그러나 소련 측 자료는 극히 일부를 제외하고는 거의 공개되지 않았으므로 아예 이용할 수 없는 실정이다.

이렇게 볼 때『레베데프 비망록』은 한국 현대사의 새로운 역사적 진실을 밝혀줄 뿐 아니라 현대사 자료의 커다란 공백의 한 부분을 메워준다는 점에서 대단히 귀중한 자료임에 틀림없다.

제11장

60년 만에 벗겨진 제2차 남북 연석회의의 비밀

일사천리로 진행된 '고무도장'

조국통일의 물줄기를 잡아보려던 1948년 4월의 제1차 남북협상은 남한의 5·10총선거가 예정대로 치러지자 결국 사상누각이 되고 말았다. 협상에서 합의한 대로 뭇 정당과 사회단체들이 선거일을 전후로 해서 크고 작은 단선 반대와 무효 투쟁에 나섰지만 흐름을 돌이킬 수는 없었다.

이렇듯 정세가 돌변하자 소련군정과 북로당은 조선민주주의인민공화국을 수립하는 외길로 줄달음쳤다. 이 과정에서 제2차 남북협상은 조선민주주의인민공화국 창건에 더할 나위 없는 '외풍막이'이자 주춧돌이 됐다. 평양의 소련군정 사령부와 북로당 중앙당사는 다시 숨이 가빴다.

소련군정 지도부와 남북노동당 실세의 모임이 꼬리를 물었고 38도선을 들락날락하는 비선의 물밑 걸음도 더욱 총총해졌다. 이는 4월에 있던 제1차 연석회의 직전의 급박한 움직임과 흡사했다. 소련군정과 북로당이 이른바 제2차 남북조선 제 정당·사회단체 지도자 연석회의를 위해 다시 남한의 지도자를 평양으로 끌어올리는 데 눈을 돌린 것이다. 제1차 지도자 연석회

▶ 1948년 4월 21일 김일성이 평양에서 열린 남북조선 정당·사회단체 대표자 연석회의에서 '북조선 정치정세'에 대해 보고하고 있다.

의 후 북에 눌러앉은 인사들이 70여 명 됐지만, 이들만 참석시킨 지도자 연석회의로는 명분이 약했기 때문이다.

북로당 지도부는 김구·김규식 등에게 제2차 지도자 연석회의에 참석해 달라는 초청장을 보냈다. 그러나 김구·김규식은 "국토 양단과 민족 분열을 막자고 4월에 평양 회담을 가졌고 앞으로도 계속 통일을 모색하자고 약속해놓고, 이제 와서 단정이 수립되니 북한에서도 단정을 수립하겠다는 것은 민족 분열 행위가 아닌가"라는 항의와 책망을 담은 회신을 보냈다.

두 지도자의 회신에도 아랑곳하지 않고, 북로당은 이들이 빠진 제2차 지도자 연석회의를 예정대로 추진했다. 이에 따라 1948년 6월 29일부터 7월 5일까지 7일 동안 평양시에서 '조국통일을 지지하는 남북조선 제 정당·사회단체 지도자 연석회의'가 진행됐다.

소련군정은 이 연석회의의 전 과정을 속기록으로 기록해, 모스크바의 소련공산당 중앙위원회에 긴급 보고했다.[1] 제2차 남북 지도자 연석회의의 성격은 박헌영과 김일성, 홍명희 등의 보고와 뒤이어 진행된 참가자 19명의 토론에서 확인할 수 있듯, '소련의 위성 정권'인 조선민주주의인민공화국 수립을 위해 일사천리로 진행된 '고무도장'에 불과했다. 제2차 연석회의는 먼저 박헌영의 '남조선 총선 이후 조선 정세에 대한 보고'에서 남조선의 총선을 평가한 뒤 그동안 준비해둔 조선민주주의인민공화국 헌법을 시행할 필요성과 조선 최고인민회의 선거 절차에 관한 합의를 이끌어내는 데 초점을 맞췄다. 제2차 연석회의의 항목은 다음과 같다.

1. 조국통일을 지지하는 남북조선 제 정당·사회단체 지도자 준비회의
2. 조국통일을 지지하는 남북조선 제 정당·사회단체 지도자 회의
3. 남조선 총선 이후 조선 정세에 대한 박헌영의 보고
4. 김일성의 보고, '조선민주주의인민공화국 헌법 시행의 필요성에 대하여'
5. 홍명희의 보고, '남조선 단독선거로 인해 조성된 조선 정세에 대하여'
6. 근로인민당 당수 이영의 보고
7. 회의 참가자들의 토론
    1) 김일경남조선민주독립당
    2) 김원봉남조선인민공화당

---

[1] 소련군 대장 스티코프,「소련공산당 중앙위원회 수슬로프 동지 앞, '조선통일을 지지하는 남북조선 제 정당·사회단체 제2차 연석회의 속기록'」(1948.8.21), 소련공산당 중앙위원회 고문서 보관소(문서번호: NO.30/79). 소련군 연해주군구 사령부 군사위원 스티코프 대장은 소련군정 사령부가 보내온 이 연석회의 전 과정의 속기록을 1948년 8월 21일 소련공산당 중앙위원회 정치위원 겸 사상담당 비서 수슬로프에게 보낸다. 이 속기록은 지난 60년 동안 소련공산당 중앙위원회 고문서 보관소에서 잠자다 이번에 처음 햇빛을 보게 됐다. 모두 11개 항목으로 구성돼 있으며 112쪽 분량이다. 속기록 표지에는 제목과 함께 이 속기록을 열람했던 코발리오프(E. Kovaliov)와 포노마리오프(B. N. Ponomariov)와 같은 소련공산당 중앙위원회 고위 간부들의 서명이 적혔다.

3) 이극로건민회 대표
4) 허성택남조선노조연맹 대표
5) 고경인남조선농민동맹
6) 라승규남조선민중동맹
7) 김재원남조선애국청년동맹
8) 김병제남조선청우당
9) 최용건북조선민주당
10) 최경덕북조선직업동맹
11) 박정애북조선민주여성동맹
12) 김창준남조선개신교동맹
13) 이기영북조선문예총연맹
14) 김달현북조선청우당
15) 유영준남조선민주여성동맹
16) 강순남조선근로대중당
17) 김충규남조선신진당
18) 기양권남조선사회민주당
19) 이영섭북조선청년동맹

8. 조국의 통일을 지지하는 남북조선 제 정당·사회단체 지도자 연석회의 결정서
9. 조국통일을 지지하는 남북조선 제 정당·사회단체 지도자들의 조선 최고인민회의 선거 절차에 관한 합의서
10. 남조선 인민대표자대회에 참가할 대의원선거 추진 지도위원회 구성
11. 남조선 인민에게 고함. 남조선 출신 조선 최고인민회의 대의원선거 추진을 위한 지도위원회 호소문

첫날(6월 29일) 열린 '조국통일을 지지하는 남북조선 제 정당·사회단체

지도자 준비회의'에는 북조선에서 16명, 남조선에서 17명 등 모두 33명이 참석했다. 남조선 대표의 성분은 좌익 8명, 중도파 5명, 우익 3명이었다. 준비회의는 북조선노동당 중앙위원회 위원장 김두봉이 주재했다.

회의 벽두에 남조선신진당 대표 김충규가 일어나 "이 회의에 초청받은 남조선의 주요 정당·사회단체 대표자들이 누구이며, 아직 오지 않은 사람은 누구인가"라고 질문하자 김일성이 "두 당의 대표자가 오지 않았다"라고 답변했다. 이어 남조선근로대중당 대표 강순이 일어나 "내가 알기로는 남조선의 정당·사회단체 대표자들은 비공식적으로 이 회의에 초청받았다. 김구와 김규식도 분명 그랬을 것이다. 그러나 아직 도착하지 않았다. 그들이 오는 것은 매우 중요하므로 올 생각이 없다면 오도록 조치해야 하며, 올 작정이라면 기다려줘야 한다"라고 말했다. 이번에는 김두봉이 "우리는 김구와 김규식이 온다는 소식을 전해듣지 못했다. 그들을 여러 번 초청했지만 무소식이다"라며 잘라 말했다.

이어 연석회의 의사 일정을 토의, ① '남조선 단독선거와 조국통일 대책에 대하여', ② '당면 회의 보고자 수에 대하여' 등 두 가지로 결정했다. 이와 같은 회의 일정으로 조국통일을 지지하는 남북조선 제 정당·사회단체 지도자 연석회의는 1948년 7월 2일부터 5일까지 평양에서 개최됐다. 연석회의에서는 남조선 단독선거와 조국통일 방안이 집중 토의됐다.

회의 참가자들은 이 문제에 관해 4명의 보고자가 발언하기로 합의했다. 즉, 보고자는 북조선조국통일민주주의전선 대표, 남조선민주주의민족전선 대표, 남조선 우익 정당과 사회단체 대표, 그리고 남조선 중도 정당과 사회단체 대표 등으로 결정했다.

회의에는 북조선 측에서 16명, 남조선 측에서 17명 등 33명이 참석했다. 북조선 측에서는 노동당 대표 김두봉과 김일성, 민주당 최용건, 천도교청우당 김달현, 직업총동맹 최경덕, 농민동맹 강진경, 민주여성동맹 박정애, 민주청년동맹 이영섭, 문예총 이기영, 북조선 개신교 협회 강양욱, 불교협회 김선유, 항일투사원호협회 김일호, 기술자협회 이병제, 농산학자협회 이영석, 보건일군협회 이호림, 적십자사 방우영 등이 참석했다.

남조선 좌익 정당·사회단체에서는 남로당 박헌영, 전국노동연맹 허성택, 전국농민동맹 고경인, 민주여성동맹 유영준, 작가동맹 임화, 개신교동맹 김창준, 인민공화당 김원봉, 청우당 김병제 등이 참석했다. 또 남조선 중도 정당·사회단체에서는 근로인민당 이영, 신진당 김충규, 한국민주독립당 김일천, 사회민주당 장권, 민중동맹 라승규 등이 참석했고, 남조선 우익 정당·사회단체에서는 민주독립당 홍명희, 근로대중당 강순, 건민회 이극로 등이 참석했다.

연석회의 의장으로는 북조선노동당 당수 김두봉이, 서기는 남조선작가동맹 대표 임화가 만장일치로 선출됐다. 남조선 단독선거와 조국통일방안에 관한 보고는 북조선조국통일민주주의전선 측에서 김일성, 남조선민주주의민족전선 측에서 박헌영, 남조선 중도 정당·사회단체 측에서 이영, 남조선 우익 정당·사회단체 측에서 홍명희가 했다.

남한 총선에 대한 평가

제일 먼저 박헌영이 등단해 '남조선 단독선거', '단독선거 반대투쟁 결과', '우리의 임무' 등의 순서로 장문(A4 용지 20장 분량)의 보고를 했다. 박헌영의 보고에는 당시 남한 총선에 대한 소련군정과 북한정권의 시각이 적나라하게 드러난다. 특히, 박헌영은 이 보고에서 남한의 단독선거 후 세워질 정부를 전면부정하면서 "전 조선 인민을 대표하는 민족정부를 세워야 한다"라고 주장하고 "이 인민민주정부는 전 조선 인민의 대표기관인 최고인민회의를 통해 창설돼야 한다"라고 제안한다.

박헌영은 "최고인민회의를 구성할 대표는 북조선의 경우 민주선거를

▶ 남북협상이 막을 내린 1948년 5월 초순, 북한의 정당·사회단체들이 평양시가지에서 '단선반대'라고 쓴 플래카드를 들고 시위하고 있다.

통해 대의원을 선출하면 되지만, 남조선의 경우 민주선거를 실시할 여건이 되지 않으므로 남조선 인민대표자대회에서 대표를 뽑아야 한다"라고 보고했다. 남한의 경우 '남로당 지하선거'를 통해 대표를 뽑고 이들로 남조선 인민대표자대회(속칭 '해주대회')를 열어 남조선 측 최고인민회의 대의원을 뽑겠다는 안을 제시한 것이다. 1948년 5월 10일, 대한민국정부의 기원이 된 역사적인 5·10총선거 후 남로당을 주축으로 한 공산당원들이 시국을 뒤흔들어놓았던 '지하선거' 등은 바로 박헌영이 제2차 남북 연석회의에서 제안한 것임이 드러나는 대목이다.

박헌영은 보고에서 "남조선에서의 선거 실시에 관한 결정은 민주적인 방법으로 채택됐다고 볼 수 없고, 국제기구의 결정에 의해서였다고 간주할 수도 없다"라는 식으로 기술함으로써 소련이 한반도에 '민주기지' 설치를 놓고 미국과 냉전체제 구축의 대립각을 세우는 주장을 그대로 대변하기도

했다.

박헌영은 또 보고에서 "제1차 남북조선 제 정당·사회단체 연석회의에서 단선을 반대하는 광범한 투쟁의 방향과 강령을 제시했다"라고 주장하기도 했다. 그는 보고에서 "소련정부는 북조선 주둔 소련군 철군에 관한 제1차 남북조선 제 정당·사회단체 연석회의의 호소에 즉각 응답하면서, 미군이 동시에 철수하는 조건하에서 즉시 자국 군대를 철수할 용의가 여전히 있음을 확인했으나 미국정부는 남조선에서 주둔군을 즉각 철수하는 문제에 관한 연석회의의 호소문에 대답조차 하지 않았다"라고 강조함으로써 향후 미군 철수를 선전·선동의 어젠다로 삼으려는 의도를 드러냈다.

박헌영은 남조선의 단독선거 반대 인민투쟁의 사례로 제주도민과 대구 시민의 투쟁 등을 예로 들면서 "우리 인민의 지도자 김일성 동지 만세"를 외치고 보고를 마쳤다.

김일성, "임시헌법 시행 남북조선독립국가 창설"

이어 김일성이 등단해 '조선민주주의인민공화국 헌법 시행의 필요성에 관한 보고'를 했다.

김일성은 5·10총선거로 구성된 남한의 국회를 거부한다고 선언했다. 그리고 이에 대한 조치로 남북 전 조선 인민을 대표하는 최고정권기관을 창설해야 하고 조선민주주의인민공화국 임시헌법을 조속히 시행해야 한다고 주문하고 있다. 김일성은 특히 조선 인민은 단일하며 그 어떤 힘으로도 갈라놓을 수 없기에 통일된 민주주의 조선독립국가를 창설해야 한다고 역설한다. 이때부터 '김일성 식 통일', 즉 6·25전쟁 의지가 잉태돼 있었다고 보는 것은 무리일까? 김일성의 보고는 계속된다.

구국 위업의 첫째가는 조치는 전체 조선 인민의 의사와 희망을 대변할 수 있는 대표자들로 구성된 전조선 최고기관을 창설하며, 조선민주주의인민공화국 임시헌법을 시행하는 것이다.

그리하여 우리는 단독정부가 아니라, 전체 남북조선 인민을 대표하는 남북조선 제 정당·사회단체 대표자들로 구성된 전 조선 정부를 수립할 것이다. 이 요구는 과거나 현재나 불변한다. 그것은 우리의 통일된 민주주의 조선독립국가를 창설하는 것이다. 조선 인민은 하나이기에 우리는 남조선의 단독선거와 단독정부를 반대한다. 남북조선 인민을 대표하는 전 조선 최고정권기관을 창설해야 하며 조선민주주의인민공화국 임시헌법을 시행해야 한다. 그리고 전 조선 정부를 수립해야 한다.

우리는 조선민주주의인민공화국 헌법을 보장할 수 있는 공고한 정치적·경제적 기지를 갖고 있다. 우리에게는 인민공화국의 임시헌법을 시행하기 위한 공고한 정치적·경제적 토대가 되는 북조선의 위대한 민주개혁과 인민정권이 있으며, 인민정권이 보장해준 진정한 민주주의와 자유가 무엇인지를 아는 북조선 인민이 있다.

주저 없이 조선민주주의인민공화국 임시헌법을 시행해야 하며 남북조선 인민을 대표하는 전 조선 최고정권기관을 창설해야 한다. 나는 남북조선의 애국적인 정당·사회단체 지도자들이 나의 제안을 지지하고 그 실현에 협조해주리라는 것을 확신한다.

김일성의 보고 요지는 지난 3년 동안 소련군정의 주도로 시행된 민주개혁과 정당·정권기관 창설 등 소비에트화를 기반으로 남한의 단독 정부를 부정하고 미리 준비된 조선민주주의인민공화국 임시헌법을 시행하고 전 조선을 대표하는 공산주의 정부를 수립해야 한다는 것이다.

홍명희, "우리의 과제는 소련과의 우호 강화"

김일성의 이와 같은 선포에 이어 홍명희의 '남조선 단독선거 실시와 관련한 조선 정세와 조선의 통일을 위한 투쟁 대책'이라는 제목의 보고가 이어졌다. 사회자는 홍명희를 남조선 우익 정당 대표로 소개한다. "남조선의 단선 반대투쟁에는 민주주의민족통일전선과 나란히 중도 및 우익 정당·사회단체들도 적극 참여했다. 중도계와 우익계의 단선 반대투쟁은 합법적이었고, 이는 단선에 반대해 싸우는 인민들을 고무하는 등 단독선거 반대에 적지 않은 의의를 갖고 있다." 홍명희는 중도계와 우익계가 남조선의 단선 반대에 참여한 의의에 대해 장황하게 보고한다. 홍명희의 보고가 이어진다.

> 우리의 이웃 소련은 끝까지 우리 인민의 이익을 지켜주고 우리가 단결하고 독립하도록 도와주려고 했으며, 또 도와주고 있다. 소련이 우리 인민의 해방운동에 얼마나 큰 도움을 줬고, 북조선에서 민주개혁을 실시하는 데 얼마나 큰 도움을 주고 있는지는 구태여 말하지 않더라도 모두가 잘 알고 있을 것이다. 따라서 우리 인민의 과제 중 하나는 소련과의 우호관계를 더욱 강화하는 것이다.

이 회의에서 김일성은 물론 박헌영도 전혀 언급하지 않았던 친소발언이 홍명희의 입에서 거침없이 튀어나왔다. 평소 품고 있던 그의 친소사상이 그대로 드러나는 대목이다. 홍명희는 "조국의 분단을 막고 통일을 위해서 인민의 대표자들로 구성된 중앙정부와 단일적인 입법기관을 수립하는 것이 시급하다"라면서 보고를 마쳤다.

보고의 마지막 순서는 근로인민당 당수 이영의 '남조선 정세보고'였다. 이영은 "이번 지도자 연석회의에서 우리는 첫째, 단선으로 말미암아 남반부에 조성된 정세를 평가하고 숙고해야 하며, 둘째, 우리가 벌이고 있는 투쟁의 약점이 무엇인가를 살피고 금후 투쟁을 위해 역량을 재편성하고 강화해야 한다"라고 강조했다.

이영은 이와 같은 목표를 위해 "단독정부 수립으로 우리나라를 분단시키지 않기 위해 우리는 전 조선 입법기관과 조선인민정부를 수립해야 한다. 조선 인민의 구국 투쟁의 결과로 조선민주주의인민공화국을 창건해야 한다"라면서 김일성의 보고를 지지했다.

토론자 20명 중 남한 출신 13명

이어 토론으로 들어갔다. 토론자는 북조선에서 7명, 남조선 측에서 13명 등 모두 20명이었다. 남조선 토론자 중에서 좌익이 6명, 중도계가 5명, 우익이 2명이었다.

토론자를 개인별로 보면 김원봉(인민공화당), 김충규(신진당), 라승규(인민대중동맹), 허성택(노동조합), 김달현(북조선천도교청우당), 강순(근로대중당), 이극로(건민회), 장권(사회민주당), 김창준(남조선기독교동맹), 김일천(조선민주독립당), 이영섭(북조선민주청년동맹), 이기영(북조선문예총동맹), 박정애(북조선여성동맹), 최용건(북조선민주당), 김천제(남조선청우당), 최경덕(북조선직업동맹), 고경인(남조선농민동맹), 공진경(북조선농민동맹), 김재원(남조선애국청년민주동맹), 유영준(남조선민주여성동맹) 등이다.

토론자들은 4명의 보고에 대해 반대의견 없이, 조선민주주의인민공화국 헌법을 시행할 필요성과 조선 최고인민회의 선거실시에 관한 제안을 환영하며 전적으로 지지했다. 속기록에는 토론자 전원의 연설이 속기돼 있으나 지면이 한정되므로 남한 출신 토론자들의 토론과 연설 요지만 소개한다. 이들 남한 출신 토론자들 중 일부가 토론과 연설을 마치면서

'김일성 만세'를 외쳤다.

- **한국독립당청년부장 김일청** 제2차 지도자 연석회의의 기본과제로 다음과 같은 세 가지를 지적한다. 첫째, 제1차 연석회의에서 채택된 결정과 기본원칙을 재확인하고 인민의 구국 투쟁을 진척시키며 미제 반대투쟁에서 한 걸음도 물러서지 말 것. 이른바 '국회'와 결성되고 있는 단독정부를 폭로하고 외국 군대 철수를 주장하고 통일된 민주 정부를 수립한다. 둘째, 단선 반대투쟁에서 성장된 인민의 역량을 금후 동원하기 위해 단선 반대투쟁위원회의 조직사업을 강화하고 일체 민주역량의 단합과 단결을 달성한다. 셋째, 애국주의 정신을 배양하는 것만으로는 인민의 투쟁에서 성과를 거둘 수가 없다. 단독정부를 폭로하고 통일적인 인민 민주 정부를 수립해야 한다는 것을 인민에게 실증해 인민들로 하여금 자신의 행복한 생활을 쟁취할 의향과 자신의 정부를 수립할 자신이 생기도록 해야 한다.
- **인민공화당 당수 김원봉** 북한의 초대 내각에서 국가 검열위원장을 맡았다 한국민주당을 제외한 전체 조선 인민은 조선에서 외국 군대를 동시에 철거하며 조선 인민 자신이 통일된 조선 정부를 수립할 권리를 제공하자는 소련의 정당한 제안을 지지한다. 이와 같은 제안을 실현하는 길은 최고 입법기관과 통일된 민족정부를 수립하는 것이다.
- **건민회 지도자 이극로** 북한의 초대 내각에서 무임소상을 맡았다 남조선에서 단행된 5·10단선은 조선의 분단을 영구화하고 남조선을 미국의 식민지로 만듦으로써 조선 인민을 예속시킨다. 설정된 목표를 달성하고, 빠른 시일 내에 통일된 독립민족정권을 수립해 남조선에서의 단독정부 수립을 폭로하기 위해 우리는 더욱더 조직력을 강화해야 한다.
- **한국노조연맹 대표 허성택** 북한의 초대 내각에서 노동상을 맡았다 남조선 노동계급은 단독선거 반대투쟁에서 전위대 역할을 수행했다. 남조선 노동자

들은 국회도, 국회에서 작성된 헌법도, 이 헌법에 따라 수립될 정부도 반대하며 끝까지 싸울 것을 맹세한다.

- 남조선농민동맹 대표 고경인 남조선 농민들은 제주도에서 애국적 운동과 무장봉기를 일으켰고, 소백산과 지리산 등지에서도 역경을 딛고 단선을 반대하며 투쟁했다. 우리는 남조선 단독정부 창설을 파탄시키고 조국통일을 달성하기 위해, 지금 회의에서 채택되는 결정을 관철할 준비가 됐다.

- 애국민주청년동맹 대표 김재원 지금 조선의 남반부에서는 애국민주청년동맹원들이 청춘을 바쳐 적들과 무장투쟁하고 있다. 조선민주주의인민공화국 헌법을 기초로 해서 전조선인민위원회가 창설되고 중앙인민정부가 창건될 것이라는 소식이 알려져 조선독립을 위해 싸우는 청년을 크게 북돋아주고 있다.

- 남조선청우당 대표 김병제북한의 초대 최고인민회의 상임위원을 맡았다 남조선의 단독정부 수립에 대항하기 위해서는 김일성과 박헌영이 보고에서 지적한 바와 같이 전 인민적 최고 입법기관을 창설하고, 북조선인민회의 특별회의에서 조선민주주의인민공화국 정부를 수립할 필요가 있다. 이렇게 함으로써 조국통일에 대한 인민의 염원을 성취할 것이며, 조선인민의 힘을 전 세계에 과시할 것이다.

- 남조선개신교민주동맹 대표 김창준북한의 초대 최고인민회의 상임위원을 맡았다 지난 4월, 남북조선 지도자 연석회의에서는 외국 군대를 철수시킨 후 전 조선 제 정당·사회단체가 모여 회의를 열어서 민주주의임시정부를 결성함으로써, 이 정부로 하여금 외세의 간섭 없이 총선거를 실시하도록 하는 결정을 채택했다. 그러나 이 결정이 채택된 지 벌써 두 달이 지났고, 상황이 전혀 다르게 전개됐다. 남조선에 괴뢰정부를 허용하지 않으려면 민주주의 단일정부를 수립하기 위한 투쟁을 계속 전개해야 한다.

- **남조선민주여성동맹 위원장 유영준**북한의 초대 최고인민회의 상임위원을 맡았다
  남조선 여성들은 단선에 반대하는 투쟁에서 수류탄 제작과 투척에 참여하고, 제주도·소백산·지리산 등지에서 봉기자들에게 식량을 나르는 등 중대한 역할을 담당했다. 앞으로도 남조선 여성들은 이 회의 결정을 성과적으로 관철하기 위해 모든 힘을 바칠 것이다.

- **근로대중당 위원장 강순**북한의 초대 최고인민회의 상임위원을 맡았다 인민회의를 창설하려면 이 연석회의에 김구와 김규식을 초대해야 한다. 우익의 영향하에 있는 이들을 초대한다면, 남조선에서의 미 제국주의자들이 시행한 정책과 이승만·김성수의 반역 행위를 폭로하는 사업에서 중대한 일보 전진이 된다. 우리의 지도자 김일성 만세.

- **남조선신진당총무부장 김충규** 북조선에 와본 남조선 당 대표들은 혼란하고 황폐한 남조선과 비교해보며, 북조선이야말로 우리나라의 민주적 발전 기지이며 독립을 위한 투쟁의 전초 기지임을 깨달았다. 남조선의 투사들에게 경제적 원조를 제공해야 한다. 지금 수립되고 있는 단독정부를 고립시켜 숙청하려면 정치 투쟁의 과학적 전략이 필요하다.

- **남조선 사회민주당훈련국장 장권**북한의 초대 최고인민회의 상임위원을 맡았다 소련은 진정으로 조선 인민의 자유와 행복을 위해 싸우고 있다. 남조선 인민의 전 인민적 투쟁에 있어서, 우리 당들의 전위대적 역할과 남조선 단선을 폭로하는 선동사업을 확대·강화해야 한다.

제2차 남북지도자 연석회의는 토론을 끝낸 후 남조선의 반인민적 단독선거 보이콧을 호소한 남북조선 제 정당·사회단체 대표자 4월 회의 결정은 전적으로 정당한 것이었으며, 소위 '국회'와 '단독선거'를 인정하지 않았음을 확인했다. 연석회의 참석자들은 다음과 같은 3개 항을 결정했다.

1. 소위 남조선 국회와 남조선 괴뢰정부를 단호히 폭로할 것. 이 국회와

괴뢰정부 창설의 목적은 나라에 반인민적·반민주적 제도를 수립해 조선을 둘로 갈라놓고 남조선을 미제의 식민지이자 군사기지로 만드는 데 있기 때문이다.
2. 자유선거를 실시해 남북조선 대표들로 조선 최고인민회의를 창설하고 조선중앙정부를 구성할 것.
3. 조선 최고인민회의와 조선중앙정부는 조선에서 외국 군대의 즉각적이며 동시적인 철수를 위해 노력할 것이다.

끝으로 참석자들은 "남북조선 제 정당·사회단체 지도자 연석회의는 이 회의에 참석한 수많은 당원들과 사회단체원들, 조국의 모든 애국자들이 우리의 결정을 열렬히 지지해줄 것이며, 우리 조국의 반역자·변절자들과의 투쟁, 조선의 통일과 독립된 민주주의 조선국가 수립을 위한 투쟁에 온 힘을 다 바치리라는 절대적인 확신을 표명한다"라고 했다.

이상과 같은 박헌영·김일성·홍명희·이영 등 4명의 보고와 결정서를 분석해보면, 제2차 남북 지도자 연석회의는 소련군정의 기획·연출에 따라 남한의 단독선거를 성토하면서 소련 공산주의 정권 북조선인민공화국을 수립할 명분을 찾고, 조선민주주의인민공화국 성립을 위해 미리 준비해둔 임시 헌법 시행, 남로당의 지하선거, 남조선 인민 대표자대회(해주대회)를 통한 최고인민회의 구성 방법 등을 결의하는 자리였음을 알 수 있다.

'남한지하선거' 등 합의서 채택

이어 연석회의는 '조선 최고인민회의 선거 절차에 대한 조선의 일치를 주장하는 남북조선 제 정당·사회단체 지도자들의 합의서'를 채택했다. 이 합의서는 앞서 채택한 '결정'을 실천하기 위한 구체적 내용을 담고 있다.

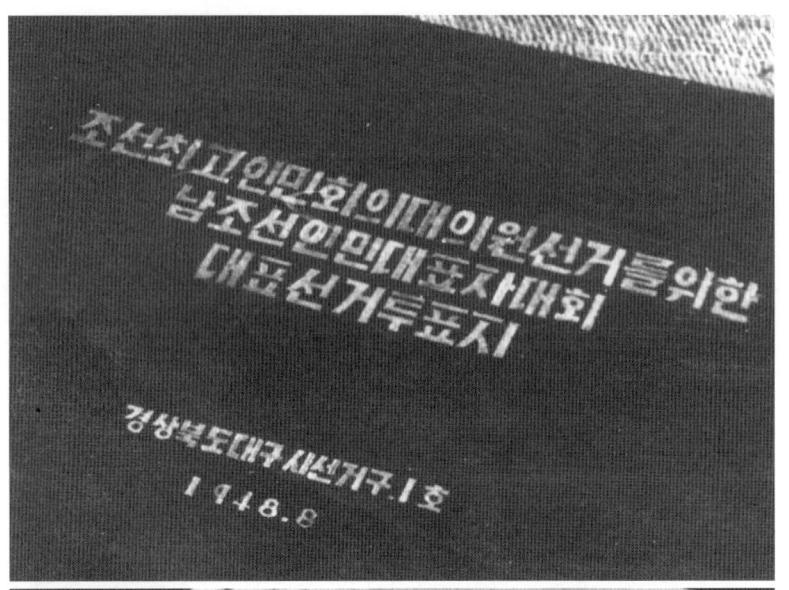

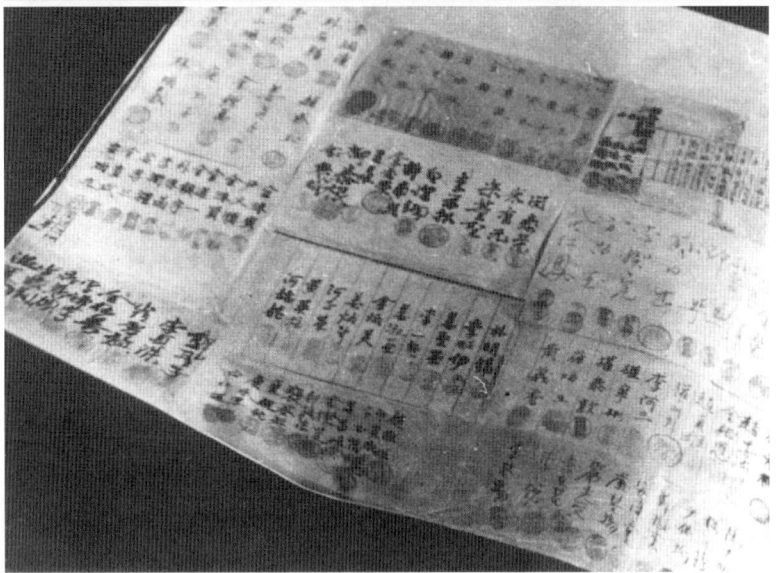

▶ 남로당 중심 좌익계가 남한의 지하선거에서 최고인민회의 남조선 인민대표를 선출하기 위해 인민들의 서명 날인을 받아 '조선 최고인민회의 대의원선거를 위한 남조선 인민대표자대회'에 제출한 서명첩 표지(위)와 속지이다.

합의서 내용은 다음과 같다.

조선의 남반부 단독선거에 따른 조선 정세의 변화와 조선의 통일을 위한 투쟁에서의 금후 대책과 관련해 1948년 7월 5일에 채택된 남북조선 제 정당·사회단체 지도자 연석회의 결정에 따라 남북조선 제 정당·사회단체 지도자들은 다음과 같이 합의했다.
1. 나라의 최고 입법기관이 남북조선 자유선거를 실시함으로써 최고인민회의를 선출한다.
2. 언론·출판·집회·결사의 자유가 있고 인민이 자유롭게 자신의 의사를 표현할 수 있는 북조선에서는 1948년 4월 25일에 북조선인민위원회에서 승인한 조선민주주의인민공화국 헌법을 기초로 하여 조선 최고인민회의 선거를 실시한다.
3. 직접선거를 실시할 수 없는 남조선에서는 조선 최고인민회의 대의원선거를 2단계로 한다.
   1) 남조선 인민대표자대회를 갖는다. 인구수에 따라 시와 군별로 대회 대표자들을 선출하되, 대회 대표 후보자 명단에 선거자들이 서명하는 방법으로 한다.
   2) 이와 같은 방법으로 선출된 대회 대표가 조선 최고인민회의에 보내는 남조선 측 대의원을 선출한다.
4. 조선 최고인민회의 대의원 수는 인구에 비례해 선출하되, 인구 5만 명당 대의원 1명으로 한다.

공산주의 정권 창설을 위해 넘어야 할 언덕 중 하나인 남북조선 제 정당·사회단체 제2차 연석회의는 합의서 채택을 끝으로 1948년 7월 5일에 막을 내렸다. 비록 이 연석회의가 북한의 단독정부 수립을 위한 북로당의 '고무도장'이기는 했지만 임시헌법을 기초로 하여 입법기관인 최고인민회의를 구성하기 위한 선거를 실시하도록 결의함으로써 단독정부를 수립할 발판을 확보한 셈이다. 이에 따라 소련군정과 북로당은 최고인민회의 대의원선거와 남조선 인민대표자대회(해주대회), 조선민주주의인민공화국 수립을 진행하는 작업 추진에 박차를 가했다.

남한 출신으로 '남조선 지하선거 추진 지도위원회' 조직

평양의 소련군정 사령부가 모스크바의 소련공산당 중앙위원회에 보낸 제2차 연석회의 속기록 파일에는 지금까지 드러나지 않았던 '남조선 인민대표자대회에 보내는 대의원선거 추진위원회 구성'과 '남조선 인민에게 보낸 남조선 출신 최고인민회의 대의원선거 추진 지도위원회의 호소문' 등이 부록으로 첨부돼 있다.

남북조선 제 정당·사회단체 지도자 연석회의가 끝난 2일 후인 1948년 7월 7일에 평양에서 조선통일을 지지하는 남조선 제 정당·사회단체 지도자 회의가 진행됐다. 조선 최고인민회의 선거 진행에 관한 연석회의 결정을 실현하기 위해 회의는 인민대표자대회1948년 8월 21일, 해주시 인민회당에서 열린 해주대회에 보내는 대표자선거 추진 지도위원회를 결성했다. 이 지도위원회는 남조선 출신 최고인민회의 대의원들을 선출해야 한다. 남조선 지하선거 추진 지도위원회는 21명으로 조직됐다.[2]

1. 위원장 박헌영제1부수상 겸 외무상: 남조선노동당 부위원장
2. 부위원장 홍명희제2부수상: 독립민주당 총재
3. 부위원장 이영최고인민회의 부의장: 근로인민당 부총재

---

[2] 이름 옆에 고딕으로 표시한 사항은 초기 북한정권에서 맡은 직책이다.

4. 위원 김원봉국가검열위원장: 인민공화당 당수좌익

5. 위원 허성택노동상: 조선노동연맹 위원장좌익

6. 위원 조봉녀: 민주여성동맹 중앙위원회 위원장좌익

7. 위원 조희연: 애국청년동맹 중앙위원회 위원

8. 위원 김창준최고인민회의 상임위원: 천도교 민주동맹 위원장좌익

9. 위원 김응섭: 유교동맹 위원장좌익

10. 위원 이구훈최고인민회의 상임위원: 농민동맹 부위원장좌익

11. 위원 강승제: 문화단체연맹 부위원장좌익

12. 위원 장권최고인민회의 상임위원: 사회민주당 중앙위원회 위원

13. 위원 라승규최고인민회의 상임위원: 민중동맹 총재중도

14. 위원 김일천: 조선민주독립당김구에게서 분리된 당 중앙위원회 위원중도

15. 위원 이극로무임소상: 건민회 대표우익

16. 위원 강순최고인민회의 상임위원: 근로대중당 총재우익

17. 위원 김병재최고인민회의 상임위원: 청우당 중앙위원회 위원우익

18. 위원 김경태: 노동자, 비당원

19. 위원 김광대: 농민, 비당원

20. 위원 이승연: 남로당 중앙위원좌익

21. 위원 김충규: 신진당 중앙위원

이 밖에도 지도위원회는 2개 위원회를 구성했다. 즉, ① 민주주의민족전선 위원장 이승엽초대 내각 사법상을 수위로 하여 9명으로 구성된 남조선대회 파견대표자선출위원회, ② 김원봉을 수위로 하여 5명으로 구성된 남조선대회 준비위원회이다.

남조선 인민들에게 지하선거 호소문

남조선 선거 추진 지도위원회(위원장 박헌영)는 구성된 지 20일이 지난 1948년 7월 27일에 이른바 '남한의 지하선거'에 앞서 남조선 인민들에게 장문의 호소문을 보낸다. 이 호소문은 소련이 한반도에 자신들의 '소비에트화 민주기지' 설치가 무산되자, 남로당 등 남한의 좌익 인사들을 앞세워 남한의 5·10총선을 흠집 내고 북한 지역에서만이라도 위성 정권을 세우겠다는 의도에서 미국과 남한의 우익 지도자들을 맹비난하는 공산주의식 '선전선동논리'를 세우고 있다. 호소문을 요약한다.

우리 인민이 아직도 민족적 독립을 성취하지 못한 것은 조선에 관한 모스크바 결정 실천을 파탄시킨 후 미국인들이 조선 반동의 지지를 얻어, '조선에서 외국 군대를 동시에 철수시키며 우리 인민이 외세의 간섭 없이 민족정부를 수립하는 문제를 자체로 해결할 수 있도록 해주자'는 소련의 제안을 거부했기 때문이다. 미국인들은 조선 반동을 앞세워 노골적인 식민지 팽창주의 정책을 실시하고 있으며, 남조선을 자신의 식민지 군사기지로 바꾸려고 하고 있다. 미국인들은 이를 위해 남조선에서 조선 반동들로 구성된 이른바 '국회'와 괴뢰 단독정부를 조직하기로 했다. 그들은 금년 5월 10일, 남조선에서 전적으로 미제의 앞잡이로 구성된 소위 유엔임시위원회의 감시하에 강제로 허위 선거를 실시했다.

호소문은 "우리 인민은 이 선거의 배신적 계략을 잘 알고 있었기 때문에 제1차 남북지도자 연석회의 결정에 호응해 선거를 적극 보이콧했다. 남조선 단독선거에 반대하며 금년 1월 8일, 2월 7일, 5월 8일에 발생한 파업, 남조선 남반부에서 일어난 무장폭동, 제주도 주민들의 전 인민적 봉기와 선거 분쇄 등은 이 선거에 대한 전 인민적 보이콧의 유력한 예가 된다"라고 억지 주장을 하고 있다. 호소문은 "이렇게 선출된 남조선 국회에는 한 명의 노동자도, 한 명의 농민도, 한 명의 진보적 인사도 포함되지 않은 채 반동지주, 자본가, 친미 매국노들로만 구성돼 있다"라는 등 억지 주장을 펼치고 있다. 호소문은 다음과 같이 이어진다.

> 1948년 6월 29일부터 7월 5일까지 우리나라의 통일을 위해 싸우는 제2차 남북조선 제 정당·사회단체 대표자 연석회의가 평양에서 진행됐다. 이 회의는 우리 조국의 통일을 위한 투쟁을 목적으로, 우리나라의 최고입법기관인 조선 최고인민회의를 구성하고, 단일한 조선중앙정부를 수립한다는 결정을 채택했다. 조선 최고인민회의와 조선중앙정부는 우리 인민의 내부 적들과 외국의 식민주의자들을 반대하는 투쟁, 조선 분단과 남조선의 식민주의화를 반대하는 투쟁, 조선에서 외국 군대를 철수시키는 투쟁, 우리나라의 통일을 마련하고 민주주의 조선독립국가를 수립하는 투쟁을 위해 우리 인민의 모든 역량을 단합시켜 지도할 것이다. 조선 최고인민회의와 조선중앙정부는 나라의 가장 우수한 애국자들과 남북조선 인민의 실제적인 대표들로 구성될 것이다. 최고인민회의는 전체 조선 인민에 의해 선출된다.

이어 호소문은 최고인민회의 대의원 선출 방법은 북조선과 남조선에서 각각 다를 수밖에 없음을 설명한다. 즉, "북조선 인민은 북조선인민회의의 결정으로 시행되는 조선민주주의인민공화국 헌법을 기초로 하여 최고인민회의에 보낼 대의원들을 선출할 것이지만 경찰테러와 주민들에 대한 폭력이 지배하는 남조선에서는 이런 선거를 진행할 수 없다. 남조선 인민들은 우선 남조선대회 대표자들을 선출하고 이 대회에서 남조선 출신 최고인민회의 대의원을 선출하는 2단계 선거를 거칠 수밖에 없다"라면서, 소위 남로당 중심 지하선거의 불가피성을 역설한다. 호소문은 "민족반역자들과 미국인들은 남조선에서 실시되는 최고인민회의 선거를 백방으로 방해할 것"이므로, "이 선거의 성과적인 진행은 우리 조국의 통일·독립을 위한 투쟁의 중대한 일환임을 명심해달라"라는 당부로 끝난다.

　북한에서 내무성 부상 등을 지내다 소련파로 몰려 숙청돼 소련으로 망명한 강상호 씨는 "이 호소문은 당시 남로당의 임시 근거지였던 해주에서 대량으로 인쇄돼 남조선의 빨치산, 공산당원 등이 야밤에 경찰 등 당국의 눈을 피해 주택가를 돌며 주로 좌익계열 인민들에게 전달했습니다"라고 증언했다.

제2차 연석회의도 소련군정의 각본·연출

　그러면 남한의 단독선거 성토를 통해 인민공화국을 수립할 명분을 찾은 제2차 연석회의에 대한 소련군정 사령부의 역할은 무엇이었을까? 이 속기록 문건에는 소련군정 사령부의 역할을 읽을 수 있는 대목이 한군데도 없다. 속기록 표지에는 『소련공산당 중앙위원회 수슬로프 동지에게: 스티코프 대장』이라는 제목과 함께 이 속기록을 열람했던 소련공산당 중앙위원회 고위 간부들의 서명만 적혀 있다.

　제2차 연석회의에서의 소련군정 사령부 역할을 읽을 수 있는 자료는 소련군정 정치사령관이었던 레베데프 소장의 비망록이다. 이 비망록에는 두 달 전 소련공산당 중앙위원회가 인민공화국 헌법을 수락한 사실이 담겨 있고, 최고인민회의 대의원선거와 남조선 대표들이 참여한 조선 정부 수립 등 제2차 연석회의의 골격을 짠 기록이 있다. 특히, 제2차 연석회의 기간에 상부로부터 조선 정세에 관한 결의문과 선거 진행에 관한 합의서 등을 채택하라는 지령을 받았음이 기록됐다. 레베데프는 1948년 5월 8일자 비망록에서 상부로부터 다음과 같은 지령을 받았다고 기록하고 있다.

조선이 통일될 때까지 북조선에서 시행할 북조선인민회의 제15차 회의에서 채택된 조선민주주의인민공화국 헌법을 실시하라. 인민공화국 헌법을 기초로 하여 조선 최고인민회의 대의원선거를 실시하고, 이 최고인민회의에서 조선통일을 지지하는 남조선 대표들이 참여할 수 있는 조선 정부를 수립하며, 북조선인민회의 상임위원회에 최고인민회의 대의원선거법 작성 중앙선거위원회를 구성할 책임을 주라.3)

그리고 1948년 7월 2일자 비망록을 살펴보자.

스티코프 대장으로부터 조선 정세에 관한 결의문과 선거 진행 절차에 관한 합의서를 채택하라는 지령이 내려왔다. 합의서에는 북조선에서의 선거를 헌법 초안에 따라 실시하고, 남조선에서는 간접선거로 하되 먼저 군 대표는 군민수에 비례해 선거하고, 연석회의 후에 남조선 선거 절차에 대한 남조선 대표자 회의를 별도로 진행하라는 내용이 담겼다. 남조선의 간접선거 방식은 발표하지 말고 "조선의 통일을 지지하는 남북 제 정당·사회단체 지도자들의 연석회의가 6월 29일부터 7월 5일까지 평양에서 진행됐다. 회의에서는 다음과 같은 정당과 사회단체들이 참석했으며(참석자 이름은 밝히지 말 것), 남조선 정부 수립과 관련해 조선의 장래 문제에 대해 토의했다"는 내용만 발표하게 하라는 지침을 지령받았다.4)

레베데프 정치사령관이 상부(소련공산당 중앙위원회나 소련군 연해주군구 군사위원 스티코프 대장)로부터 받은 지령 모두는 제2차 연석회의를 비롯한 정치 일정에서 그대로 실행됐다. 이는 지금까지 살펴본 북한정권 창출의

---

3) 레베데프, 『레베데프 비망록』, 70쪽.
4) 같은 자료, 71a쪽.

▶ 1948년 8월 21일 해주에서 열린 조선최고인민회의 대의원선거를 위한 남조선 인민대표자대회(해주대회). 남한 지하선거에서 뽑힌 남로당 중심 좌익계 인사들이 대거 월북해 대회에 참석했다. '원조자인 소련군과 조선 인민의 진정한 벗 쓰딸린 대원수 만세'라고 쓰여진 플래카드가 걸려 있다.

▶ 1948년 8월 해주에서 열린 '조선 최고인민회의 대의원선거를 위한 남조선 인민대표자대회'에서 박헌영이 투표하고 있다.

전 과정에서 소련군정이 소련공산당 중앙위원회와 연해군구 사령부 등의 지령을 받아 기획·연출을 맡고, 이를 김일성이나 북조선노동당의 이름을 빌려 발표하고 실행했듯이, 제2차 남북 지도자 연석회의도 소련군정이 사전에 짠 각본을 연출한 것임을 말해준다.

닻 올린 조선민주주의인민공화국

제2차 연석회의를 통해 남한의 단독선거를 성토하고 공산주의 정권인 인민공화국을 수립할 명분을 찾은 북로당은 1948년 7월 9~10일에 열린 북조선인민회의 제5차 회의에서 인민공화국 헌법 실시와 최고인민회의 대의원선거일을 8월 25일로 결정했다.

이에 따라 7월 중순부터 8월 초까지 남한에서는 남로당 중심으로 '지하 선거'에 들어갔다. 최고인민회의 남쪽 대의원선거는 북한에서의 직접선거와 달리 2단계를 거쳐 뽑는 간접 선거 방식을 택했기 때문이다.

1948년 8월 21일 해주시 인민회당에서 '지하선거'를 통해 뽑힌 남한인민 대표 1,080명(대부분 남로당원)이 참석한 가운데 '해주 남조선 인민대표자대회'가 열렸고, 이 대회에서 남쪽 대의원 360명이 뽑혔다. 이어 8월 25일 북한 지역에서 '유일 후보제(단독출마)'로 대의원선거를 실시해 북쪽 대표 212명을 뽑았다. 해주 대회와 8·25선거를 '각본과 연출' 속에서 끝낸 소련군정과 북로당은 남북 대표 대의원 572명으로 제1기 최고인민회의를 구성했다.

3년간에 걸친 소련공산당 중앙위원회와 평양주둔 소련군정의 기획·연출에 따른 조선민주주의인민공화국 수립을 하루 앞둔 1948년 9월 8일, 평양시 모란봉 극장에서 열린 제1차 최고인민회의 5일째 회의에서는 장차 공화국의 모든 분야에서 기틀이 될 헌법을 승인하면서 이날부터 "전 조선 지역에서 인공 헌법을 실시한다"라고 공포했다.

이미 남한에서 대한민국 헌법이 실시된 뒤인데도 인민공화국 헌법의 '정통성'을 주장해 모양새를 갖춘 것이었다. 이어 최고인민회의를 이끌어 갈 최고인민회의 의장단과 상임위원회 위원장단, 상임위원 등을 추천하는 형식을 통해 만장일치로 선출했다.

그리고 사전에 짜인 각본에 따라 상임위원장 김두봉이 "김일성을 수상으로 선임하고 그에게 내각 조직을 위임하자"라고 제의했다. 김두봉의 제의는 만장일치로 거수 가결됐다.

1948년 9월 9일 오전 10시 정각, 모란봉 극장에서 최고인민회의 6일째 회의가 속개됐다. 전날 회의에서 내각 조직을 위임받은 김일성 수상이 내각 성원들의 명단을 발표했다. 대의원들은 우레와 같은 박수로 내각 구성을 승인했다.

이어 김일성 수상이 인민공화국 정부가 수립됐음을 선포하자 회의장은 온통 박수와 함성으로 경축 분위기에 휩싸였다고, 이 자리에 참석했던 전 북한 내무성 부상 강상호 씨는 회고했다. 최고인민회의가 하루 더 남아 있었기 때문에, 이 분위기는 다음날인 10일부터 공화국 지지 투쟁 등 사회주의 국가식 경축행사로 이어진다.

최고인민회의 마지막 날인 10일 저녁에 소련군정 지도부와 대의원 572명 전원이 참석한 가운데 인민공화국 수립을 축하하는 연회가 열렸다. 12일에는 평양을 비롯한 각 도·군 소재지에서 인공 수립 경축 대회가 대대적으로 열려 분위기를 고조시켰고, 13일부터 닷새 동안 중앙인민체육 대회가 개최돼 축제 분위기는 절정을 이뤘다.

"조선 인민의 친근한 벗 스탈린 대원수와 붉은군대 만세"

    북한정권을 창출하는 과정의 중요 대목마다, 조선노동당 중앙위원회는 소련공산당과 평양주둔 소련군대의 '원조'에 감사와 충성을 맹세하는 결정서를 채택했다. 이는 북한정권이 소련공산당과 평양주둔 소련군의 각본과 연출 속에서 창출됐고, 인민공화국이 소련의 위성국임을 말해주는 명쾌한 자료들이다. '절대 비밀'이라는 도장이 찍힌『조선노동당 중앙위원회 결정집』[5])에는 1946년 9월 25일 제2차 당 중앙위원회 회의에서의「김일성 동지의 인민위원회 위원선거 실시에 대한 보고에 대한 결정서」가 들어 있다. 여기에서는 "과거 1년 동안 북조선의 모든 민주개혁에 있어서, 특히 이번 민주선거를 경험한 북조선 인민들은 붉은군대에 대한 인식을 더욱 깊게 하며, 우리 민족의 진정한 해방자에 대한 감사의 뜻을 높여야 할 것이다"라고 강조되고 있다.[6]) 또 '조선민주주의인민공화국 헌법 실시와 조선 최고인민회의 총선거에 있어서 당 단체의 임무에 대한 주녕하 동지의 보고'를 듣고 1948년 4월 9일 당 중앙위원회는 다음과 같은 결정서를 채택했다.

    민주주의인민공화국 헌법을 실시하고 통일 중앙정부를 수립함으로써 우리 조국의 남북통일과 완전 자주독립을 조속히 달성하기 위해서는 조선민족의 해방자이자 벗인 소련과 더욱 긴밀한 친선관계가 있어야 된다. 이를 위해 우리 당 전체와 당원들은 조국 해방과 민주건설을 위해 부단히 원조해주는 소련에 대해 전 인민들에게 올바르게 해석해줘야 한다. 선거사업이 제공한

---

5)『절대 비밀, 조선노동당 중앙위원회 결정집』(1946.9~1951.11), 1쪽.
6) 조선로동당 중앙위원회,「당 중앙위원회 제2차 회의 '김일성 동지의 인민위원회 위원선거 실시에 대한 보고'에 대한 결정서」(1946.9.9.25), 같은 책, 1쪽.

▶ 1949년 1월 14일 평양 주재 소련특명전권대사 스티코프가 최고인민회의 상임위원회 회의실에서 김두봉 위원장에게 신임장을 봉정하고 있다.

▶ 1949년 1월 14일 북한의 최고인민회의 상임위원장 김두봉(가운데)이 박헌영 부수상 겸 외무상(왼쪽 세 번째)과 외무성 부상들이 도열한 가운데, 스티코프(오른쪽 두 번째)에게서 신임장을 받은 뒤 답사하고 있다.

유리한 조건을 이용해 소련에 대한 강좌·강연·연설 등을 조직해야 한다.[7]

또 '유고슬라비아 공산당 내 정령(결정)에 대한 보도국의 결의'를 토의하고 채택한 1948년 7월 13일 당 중앙위원회 결정서는 "현하의 국제·국내 정세하에서 우리 조국의 통일과 자유와 독립은 오직 소련의 원조하에서만 가능하다는 것을 매개 당원들과 인민들에게 인식시키며, 우리 조국의 통일과 독립과 자유를 위한 투쟁에서 위대한 소련공산당이 지도하는 소련이 조선 인민에게 준 진정한 원조를 광범한 인민대중에게 철저히 인식시킬 것이다"라고 강조한다.[8] 1948년 9월 25일 당 중앙위원회는 '조선민주주의인민공화국 최고인민회의 선거 총화와 당 단체들의 당면 과업에 대한 보고'를 듣고 다음과 같은 결정서를 채택했다.

> 조선 최고인민회의 선거 승리는 조선 인민이 우리 조국과 인민에게 준 위대한 소련의 원조를 깊이 인식했음을 보여줬다. 위대한 소련은 일제의 가혹한 통치에서 우리 민족을 해방시켰을 뿐 아니라 우리 민족이 민주개혁을 실시할 수 있는 정치적·경제적 수준에 이르게 해줌으로써 우리 조국을 외세의 침략에서 영원히 보위할 수 있게 해줬다. 그렇기 때문에 전체 조선 인민은 조선 최고인민회의 선거나 북조선 지역에서 자기 군대를 철거할 데 대한 소련 정부의 결정 발표와 관련해, 우리 조국이 민주건설하는 새 승리와 자립적 독립국가 건설을 보장하는 데 있어 가장 신뢰할 만한 담보인 소련과의 친선을 한층 더 강화할 무한한 열정과 요구를 표시했다.
> 조선민주주의인민공화국 중앙정부의 정강에 따라 당 중앙위원회는 머지

---

[7] 조선로동당 중앙위원회, 「'조선민주주의인민공화국 헌법 실시와 조선 최고인민회의 총선거에 있어서 당 단체들의 과업에 대하여'에 대한 결정서」(1948.4.9), 같은 책, 64쪽.
[8] 조선로동당 중앙위원회, 「'유고슬라비아 공산당 당내 정령(결정)에 대한 보도국의 결의에 관하여'에 대한 결정서」(1948.7.13), 같은 책, 68쪽.

않은 장래에 남북조선을 통일시키며, 조선민주주의인민공화국 헌법에 예견되고 북조선에서는 이미 실시된 제반 민주개혁에 따라 정치적 자유와 민주질서를 전국적으로 실천할 것을 우리 당의 가장 절박하고 시급한 과업으로 인정한다. 특히, 소련의 위대한 승리와 전 세계 평화와 민주를 위해 투쟁했고, 우리 조국의 민주건설을 위한 투쟁에서 조선 인민에게 준 소련의 진정한 원조를 깊이 해석·선전하며, 위대한 소련 인민과의 형제적 친선을 백방으로 강화할 것이다. 위대한 소련 인민과의 친선을 강화하는 것만이 우리 민족의 재생과 조국 민주건설에 있어서 금후의 성과를 보장할 수 있는 튼튼한 담보가 되기 때문이다.

당 중앙위원회는 위대한 소련의 진정한 조선 우호 정책과 시종일관한 원조정책 덕분에 전 조선을 민주주의적으로 발전시킬 수 있는 온갖 조건들이 창설됐으며, 위대한 소련에 의해 일제 통치하에서 해방된 우리 조국이 다시금 소련의 원조로 완전 독립을 찾게 됐으며, 전 세계 자유애호민족의 대열에 동등한 일원이 될 때가 머지않았다는 것을 만강의 기쁨으로서 확인한다.[9]

소련공산당과 평양주둔 소련군대의 '원조'에 대한 감사와 충성 맹세의 절정은 소련군이 철수를 며칠 앞둔 1948년 12월 10일 당 중앙위원회 제4차 회의 결정서에서 확인할 수 있다. 북조선노동당은 이 결정서에서 "당 중앙위원회는 우리 민족을 해방시키고 조국 강토에서 철거하는 위대한 소련군을 조선 인민과 함께 전 민족적 감격과 감사의 분위기 속에서 전송하며, 주둔했던 3년 동안 베풀어준 위대한 소련의 진정한 원조 덕분에 북조선 인민들이 쟁취한 민주건설의 성과들을 총화하면서 다음과 같이 지적한다"

---

9) 조선로동당 중앙위원회, 「당 중앙위원회 제3차 회의 '조선민주주의인민공화국 최고인민회의 선거 총화와 당 단체들의 당면과업에 대한 보고'에 대한 결정서」(1948.9.25), 같은 책, 69쪽.

라고 밝힌다. 이날 북로당 중앙위원회가 채택한 결정서는 다음과 같다.[10]

> 당 중앙위원회는 위대한 소련군대가 조선 인민의 세기적 숙망을 실천하며 우리 조국을 민주주의적으로 재건하는 토지개혁, 산업 국유화, 노동법령·남녀평등권법령 도입 등 위대한 민주개혁들을 실시할 수 있게 했음을 인정한다. 당 중앙위원회는 북조선 인민들이 해방 후 3년 동안 민족경제를 부흥·발전시키며 민족문화를 재생·발전시킴에 있어 쟁취한 성과는 오직 위대한 소련 정부와 소련군대가 조선 인민에게 준 진정한 원조의 결과임을 인정한다.
>
> 특히, 당 중앙위원회는 오늘 북조선이 조국의 완전 자주독립을 보장하는 튼튼한 민주기지가 되고, 남북조선 인민의 총의로 수립된 조선민주주의인민공화국의 확고부동한 터전이 된 사실은 해방 후 3년 동안 정치·경제·문화 방면에서 약소민족의 독립과 권리와 자유를 존중하는 위대한 레닌·스탈린 당이 영도하는 소련 정부와 소련군대의 성의 있는 원조의 결과임을 인정한다. 그렇기 때문에 전체 조선 인민은 오직 위대한 소련군대만을 자신의 해방자이자 원조자로 여긴다. 우리 조선 인민은 위대한 해방자이며 원조자인 소련군대가 조국 강토에서 철군한 뒤에도, 위대한 스탈린이 영도하는 소련 정부는 언제든지 우리 조선 인민에게 조국통일과 국토 완정을 위한 투쟁에 있어 원조를 아끼지 않으리라는 점을 확신한다. 당 중앙위원회는 우리의 위대한 해방군을 전송하면서 3,000만 조선 인민의 명의(名義)와 전체 정당의 이름으로 위대한 소련 인민의 수령이며 전 세계 약소민족의 친근한 벗이자 조선 인민 해방의 구성(救星)인 스탈린 대원수에게 전 민족적 감사와 경의를 드리며 전 세계 인류의 평화와 안전을 위해 그의 만수무강을 기원한다.[11]

---

10) 조선로동당 중앙위원회, 「당 중앙위원회 제4차 회의 '북조선 민주건설의 성과와 그에 있어서의 위대한 소련의 원조에 대한 보고'에 대한 결정서」(1948.12.10), 같은 책, 82~83쪽.
11) 같은 책, 84쪽.

참고문헌

1. 단행본과 문건집

- 『박헌영 선생 논설 제1집, 조선 인민에게 드림』.
  - 조선맑스·엥겔스·레닌연구소 엮음.
  - 서울 남미창정(南米倉町)지금의 남창동 159 우리문화사 펴냄(1946년 8월 10일 인쇄, 1946년 8월 15일 발행).

- 『북조선 도·시·군 인민위원회대회 회의록』.
  - 북조선인민위원회 선전부 지음.
  - 평양특별시 황금리 26번지 민주조선 인쇄소 펴냄(1947년 3월 15일 인쇄, 1947년 4월 1일 발행).

- 『특집, 옳은 노선을 위하야』.
  - 서울 중구 장곡천정(中區 長谷川町)지금의 소공동 74 조선산업노동조사소(책임: 강문석) 지음.
  - 서울 중구 황금정지금의 을지로 1가 2정목(中區 黃金町 2丁目) 195 우리문화사 펴냄(1945년 11월 23일 인쇄, 1945년 11월 24일 발행).
  - 표지에는 "조선무산계급의 위대한 지도자 박헌영동무 만세!"와 "노동자 농민과 일체 근로대중은 조선공산당의 깃발 아래로!"라는 말이 적혀 있다.

- 『조선해방일년사』.
  - 민주주의민족전선 지음.
  - 경성부 종로 4정목(京城府 鐘路 4丁目) 112 문우인서관 펴냄(1946년 10월 25일 인쇄, 1946년 10월 30일 발행).

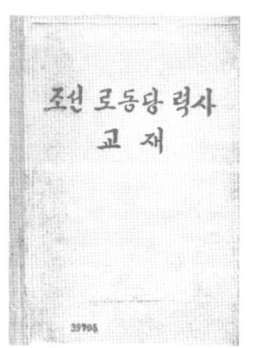
- 『조선로동당 력사 교재』.
  - 조선로동당 출판사 펴냄.
  - 평양시 동대월 구역 문신동 동평양 인쇄공장(1964년 8월 8일 인쇄, 1964년 9월 9일 발행).

- 『빨치산 수첩』.
  - ≪전진≫, 제2권 제2호, 1950년 3월 15일.
  - 표지에는 '동서의학연구소 편, 동의보감(東醫寶鑑)'이라고 적혀 있다.
  - 전체 292쪽이다. 서울주재 소련 총영사관 부총영사였다가 1946년 7월 평양의 소련군정에서 정치고문이기도 했던 샤브신이 입수해, 귀국할 때 가져온 것이다. 샤브신이 사망한 후인 1992년 가을, 모스크바에 살고 있던 그의 부인 쿨리코아가 필자에게 제공했다.

- 『조선로동당 투쟁사 강의 속기 2』.
  - 조선로동당 중앙당 학교 조선로동당 투쟁사 강좌.

- 『조선사년표』.
  - 조선민주주의인민공화국 과학원 역사연구소 엮음.
  - 조선민주주의인민공화국 과학원 펴냄.
  - 로동신문 출판인쇄소(1957년 5월 15일 인쇄, 1957년 5월 20일 발행).

- 『민주주의 조선의 건설』.
  - 이강국 지음.
  - 서울시 황금정 1정목(黃金町 1丁目) 158 조선인민보사 (편집인: 정진태; 발행인: 정민섭) 후생부 펴냄.
  - 서울 남미창정(南米倉町) 159 협진인쇄공사에서 인쇄.

■ 『조선로동당 중앙위원회 결정집』(1946.9~1951.11) 외 총 8권.
  ◦ 조선로동당 중앙위원회 펴냄.

- 『조선민족 해방투쟁사』.
  - 김일성종합대학 펴냄.
  - 국영제일인쇄소(1949년 10월 30일 인쇄, 1949년 11월 7일 발행).

- 『조선역사 독본』.
  - 1946년 5월 1일 인쇄, 1946년 5월 15일 평양에서 발행.

- 홍성준. 1966. 『고당 조만식(古堂 曺晩植)』. 서울: 평남민보사.
- 송남헌. 1980. 『한국현대정치사 1: 건국전야』. 서울: 성문각.
- 스칼라피노(Robert A. Scalapino)·이정식. 1987. 『한국공산주의운동사 Ⅱ』. 서울: 돌베개.
- 김학준. 1991. 『러시아사(史)』. 서울: 대한교과서주식회사.
- 중앙일보 특별취재반. 1992. 『(秘錄)조선민주주의인민공화국 상·하』. 서울: 중앙일보사.
- 김국후·박길용. 1994. 『김일성 외교비사』. 서울: 중앙일보사.

2. 소련 국방성 중앙고문서 보관소 비밀 문건

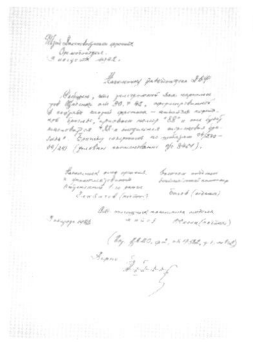

- 제1급 후방군 조직 및 편성부장 글라자체프, 부수석보좌관 대좌 잘린, 대대본부 군사위원회 벨로프, 「극동전선군 정찰국장 앞」(1942.8.3), 소련 국방성 중앙고문서 보관소(문서번호: F.2, OP.17582, D.1, L.L.1-2).

- 아나나셴코, 「극동전선군 제88특별정찰여단의 전투작전 개시에 따른 활용 방안」(1942.8.13), 소련 국방성 중앙고문서 보관소(문서번호: F.2, OP.17582, D.1 L.L.8-12).

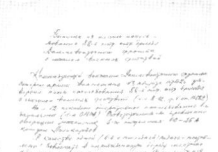

- 소련군 극동 총사령부 정찰부대장 치브린 소장, 제2극동전선 참모부 정찰부대 부부대장 안쿠지노프 대좌, 「소련군 극동사령부 총사령관 소련원수 바실레프스키 앞」, 「제88정찰여단의 규모와 빨치산 출신 중국인과 조선인 이용계획」(1945.7.6), 소련 국방성 중앙고문서 보관소(문서번호: F.2, OP.19121, D.2, L.L.3-4).

- 제88정찰여단장 대좌 저우바오중, 「소련 극동군 총사령관 소련원수 바실레프스키 동지 앞」(1945.8.24), 소련 국방성 중앙고문서 보관소(문서번호: F.2, OP.12378, D.1, L.L.1-3).

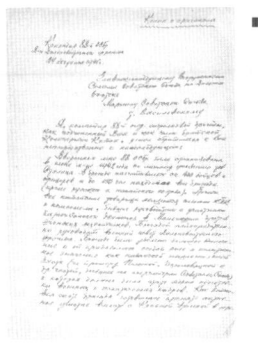

- 조선주둔 소련군 제25군 대표 육군 중좌 라닌, 「평양수비대 무장해제 절차」(1945.8.25), 소련 국방성 중앙고문서 보관소(문서번호: F.379, OP.11019, D.9, L.L.35-36).
  - 문건에는 "제25군 참모부 작전부부장 육군 중좌 쿠트리아제프(Kutriazev)가 확인"이라고 적혀 있으며, 「제25군 작전일지 부록 제18」이 함께 첨부되어 있다.

- 연대장 라닌, 「제25군 육군 참모장 펜코프스키 중장 앞(긴급 보고)」(1945.8.25), 소련 국방성 중앙고문서 보관소(문서번호: F.379, OP.11019, D.9, L.L.32-34).

- 제88특별정찰여단장 저우바오중, 참모장 치린스키,「북조선에서 일하게 될 제2극동전선 제88특별정찰여단의 제1대대 명단」(1945.8.25), 소련 국방성 중앙고문서 보관소(D.2, OP.1921, D.2, NO.14-15).

- 제88특별정찰여단장 저우바오중, 참모장 치린스키,「제88특별정찰여단의 '조선인' 장교 칭호 수여자 명단」(1945.8.29), 소련 국방성 중앙고문서 보관소(문서번호: D.2, OP.19121, D.2, L.18).

- 제88정찰여단장 저우바오중, 참모장 치린스키,「조선에서의 사업을 위해 브야츠크 촌 제88특별정찰여단에 있는 소련 출신 조선인 명단」(1945.8.31), 소련 국방성 중앙고문서 보관소(문서번호: D.2, OP.19121, D.2, N.15).

- 소련군 제2극동전선군 사령부 정찰부대 부부대장 안쿠지노프 대좌, 「제2극동전선군 사령부 사령관 상급대장 푸르카예프 앞」(1945.8.27), 소련 국방성 중앙고문서 보관소(문서번호: 원천 N.034).
  - 표지에 "제88정찰여단 군관·하사관·병사들의 서훈 상신"이라고 적혀 있다.

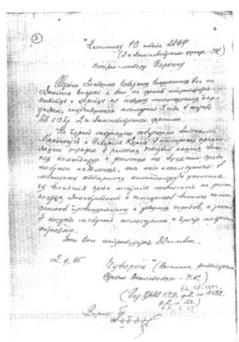
- 소련군 최고사령부 극동참모부 정찰부장 치브린, 「제2극동전선 사령부 참모부 정찰부대장 소르킨 소장 앞」(1945.9.2), 「제88정찰여단의 전 만주 빨치산 출신 중국인과 조선인 파견」(1945.9.2), 소련 국방성 중앙고문서 보관소(문서번호: F.2, OP.17582, D.2, L.23).

- 「제88정찰여단 군인들이 파견된 동북 지역(만주)과 북조선 영내 군사령부 주둔 지역에 대한 지령」, 소련 국방성 중앙고문서 보관소(문서번호: F.2, OP.12378, D.1, L.47).

- 「국방인민위원회 부인민위원 불가닌 상급대장, 붉은군대 총참모장 안토노프 상급대장, 조선건국준비위원회 위원장 여운형 평정서」(1945.10.5), 소련 국방성 중앙고문서 보관소(문서번호: F.234, OP.3213, D.524, L.L.127-131).

- 북조선주둔 소련군 제25군 사령관 친위대장 치스차코프, 소련군 제25군 참모부장 친위중장 펜코프스키, 「북조선주둔 소련 제25군 사령관 명령 제7호」(1945.10.10), 소련 국방성 중앙고문서 보관소(문서번호: F.234, OP.3213, D.524, L.L.160-163).

- 로조프스키, 「소련군 총참모장·총정치국장과 합의른 본 다음 몰로토프 외무인민위원에게 제출할 외무인민부위원의 지령 초안」(1945.10.17), 소련 대외정책 고문서 보관소(문서번호: F.0102, OP.1, D.5, L.L.7-8).
  * 표지에 "메레츠코프, 스티코프, 발라사노프 동지들은 북조선 민정사령부 창설문제에 관한 제안과 관련하여 다음과 같은 조치를 취할 것"이라고 적혀 있다.

- 극동군 사령부 참모장 치킨, 「소련공산당 중앙위원회 비서 말렌코프, 소련 국방성 인민부위원 불가닌 앞, '조선공산당의 상태'」(1945.10.19), 소련 국방성 중앙고문서 보관소(문서번호: D.32, OP.11306, D.588, L.L.160-162).

- 제88정찰여단 인수위원회 위원장 중좌 아니킨, 「제2극동전선군 제88정찰여단 해체 통지서」(1945.12.11), 소련 국방성 중앙고문서 보관소(문서번호: F.2, OP.12318, D.1, L.L.68-69).

- 불가닌·안토노프, 「1945년 12월 27일자 모스크바 삼상회의 결정에 따라 소련군 및 미군사령부 대표자 회의 문제를 위해 스탈린과 몰로토프에게 보낸 지령 초안」(1945.12.30), 소련 국방성 중앙고문서 보관소(문서번호: F.40, OP.11549, D.267, L.L.28-29).

- 「1945년 8월 31일 현재 제25군 전투작전지역에서 일본 군과 제25군이 입은 손해에 관한 자료」(1945.8.31), 소련 국방성 중앙고문서 보관소(문서번호: F.379, OP.11019, D.9, L.L.179-180).

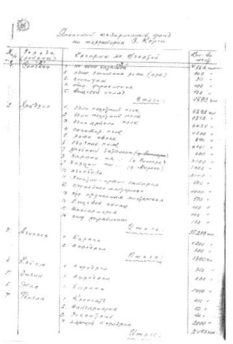
- 「북조선 영내 일본군 병영 내역」, 소련 국방성 중앙고문서 보관소(문서번호: F.234, OP.321, L.L.72-73).

- 「소련군 제25군 군사회의와 참모부」, 소련 국방성 중앙고문서 보관소(문서번호: F.379, OP.11419, D.8, L.6).

■「소련군 제25군 편대 및 부대 사령부와 참모부」, 소련 국방성 중앙고문서 보관소(문서번호: F.379, OP.11019, D.8, L.L.6-8).

■「소련군 작전 초기 제25군 전투원 구성」(1945.8.9), 소련 국방성 중앙고문서 보관소(문서번호: F.379, OP.11019, D.28, L.L.33-34).

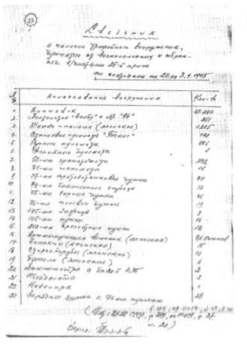
■「포로에게 노획했거나 제25군이 거둔 전리품에 관한 자료」(1945.9.3), 소련 국방성 중앙고문서 보관소(문서번호: F.379, OP.11019, D.27, L.20).

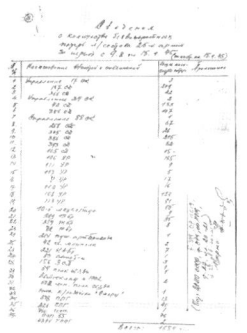 ■ 「1945년 8월 9일부터 9월 15일까지 제25군 병력 손실」, 소련 국방성 중앙고문서 보관소(문서번호: F.379, OP. 11019, D.27, L.L.20-21).

■ 「1945년 8월 15일 현재 제25군 편대와 전투원 구성」(1945.8.15), 소련 국방성 중앙고문서 보관소(문서번호: F.379, OP.11019, D.9, L.8).

* 위 문건들은 구소련 국방성 군사연구소 연구위원 플로트니코프(G. K. Plotnikov) 예비역 대좌가 소련 국방성 중앙고문서 보관소와 대외정책 고문서 보관소에 있던 비밀 문건을 필사한 것이다.

3. 소련공산당 중앙위원회 비밀 문건

- 소련군 정치국 제7호 총국 부국장 사포주니코프, 「소련 공산당 수슬로프 동지 앞」, 「북조선공산당과 북조선신민당이 합당해 노동당을 창건하는 문제와 관련한 극동군구 정치국 보고를 입수해 사본과 함께 보냄」, 1946.8. 24.N443099.
  - 부록 10장으로 서술됐음.
  - 문건에는 다음과 같이 적혀 있다. 비밀 제1부 소련공산당 (볼) 63610. 1946.8.26, OP.17, 명세서 128, 사건서류 205, 바뉴치킨(Baniuchikin) 및 코발리오프(Kovaliov) 동지에게 8월 26일 보고 비밀-사본(N.01527 46.8.21). 극동군구 정치국 제7호 총국장 육군 중좌 메크레르 소련공산당 부록 NO.63610.

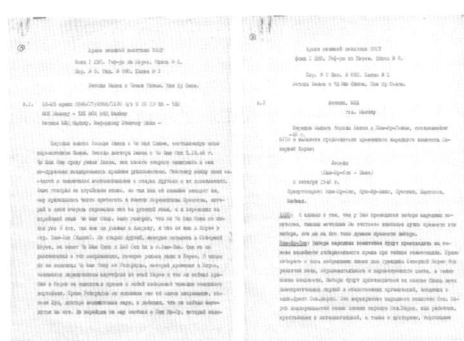

- 발라사노프, 「번스가 조만식·김일성과 만나 나눈 대화」(1946.10.5), 소련 대외정책 고문서 보관소(문서번호: 28-25군 5595(27)2988 1230 B/S 9 10 13 55).
  - 극동부 조선담당관 목록6, BOX3, 색인030, 서류함N2에 있다고 적혀 있다.
  - 모스크바 말리크, 메리츠코프 원수, 스티코프 대장 앞으로 보고됐다.

- 소련군 총정치국 제7호 총국 부국장 사포주니코프, 「소련공산당 중앙위원회 디미트로프 동지 앞」(1945.11.5), 「극동군구 정치국 보고에 근거한 조선 정세에 관한 보고」(1945.11.5), 소련공산당 중앙위원회 고문서 보관소(문서번호: 74915 29/86).
  - "1945년 11월 9일에 코발로프 동지에게 보고했다"라고 적혀 있다.

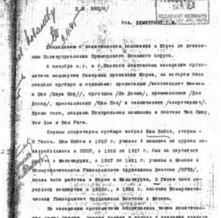

- 소련공산당 중앙위원회, 「소련 외무성 소관문제」(1948.1.21), 소련 대외정책 고문서(문서번호: F.07, OP. 21, P.22, D.316).

- 말리크·스티코프·툰킨, 「비신스키, 몰로토프 동지에게: 비준을 바람」(1948.4.19), 「조선민주주의인민공화국 헌법초안 승인과 내각제 정부수립 문제 등」(1948.4.19), 소련 대외정책 고문서 보관소(문서번호: NO.88/MA).

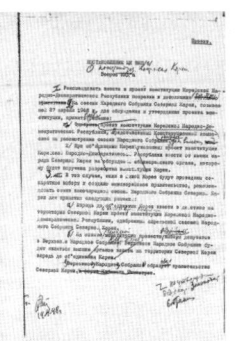
- 「조선헌법 문제에 대하여」(1948.4.19), 소련 대외정책 고문서 보관소.
  - "외무성 소관 문제"라고 적혀 있으며, 부록으로 「조선민주주의인민공화국 헌법초안에 대한 수정 및 보충」이 담겼다.

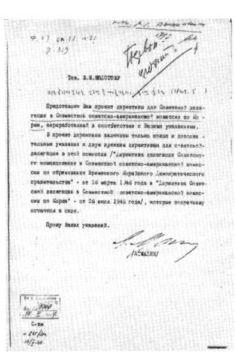
- 말리크, 「조선민주주의 임시정부 창설과 관련해 소미공동위원회 내 소련군정 사령부 대표단에 보낸 훈령」(1946.3.16), 소련 대외정책 고문서 보관소(문서번호: M, 265/MA).

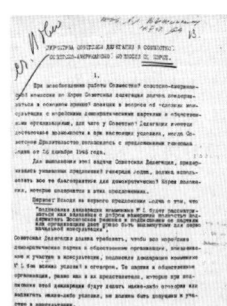
- 「조선문제 담당 소미공동위원회 소련 측 대표단에 보낸 훈령」(1946.7.26).

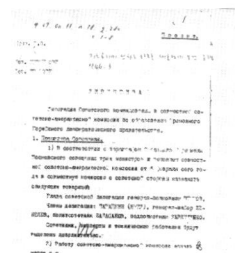
■ 「조선민주주의 임시정부 수립과 관련해 소미공동위원회 소련군정 사령부 대표단에 보낸 훈령(1946.3.16).

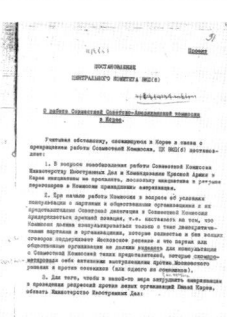
■ 소련공산당 중앙위원회, 「조선에서의 소미공동위원회 사업에 대하여」(1946.7.26), 소련 대외정책 고문서 보관소

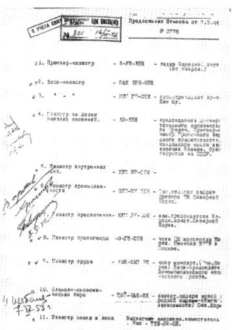
■ 스티코프, 「남북 임시정부 내각안」(1946.3.7), 소련 대외정책 고문서 보관소(문서번호: 소련공산당 NO.801, 1946.3.16).

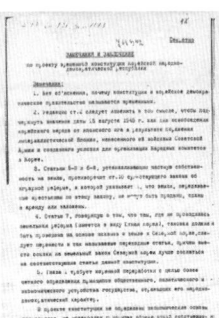
- 소련공산당 중앙위원회, 「조선민주주의인민공화국 임시헌법 초안에 대한 지적과 결론」(1948.4.), 소련 대외정책 고문서 보관소.

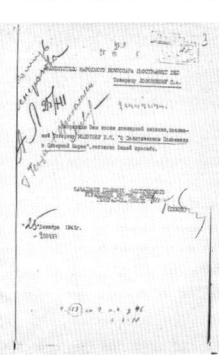
- 소련군 총정치국장 대장 쉬킨, 「외무인민부위원 로조프스키 동지 앞」(1945.12.25), 소련 외무성 고문서 보관소 (문서번호: N.200227).
  - 표지에 "몰로토프 동지에게 보낸 보고서, '북조선 정세에 대하여'"라고 적혀 있다.

- 소련군 대장 스티코프, 「소련공산당 중앙위원회 수슬로프 동지 앞, '조선통일을 지지하는 남북조선 제 정당·사회단체 제2차 연석회의 속기록'」(1948.8.21), 소련공산당 중앙위원회 고문서 보관소(문서번호: NO.30/79).

지은이

김국후

지은이는 중앙일보 북한·통일부 차장으로 있을 때, 공산주의 종주국 구소련이 붕괴되기 직전인 1991년 봄부터 1993년 가을까지 구소련 전역을 장기 출장, 해방 후 북한정권을 창출한 전(前) 평양주둔 소련군정 고위 정치장교, 정보기관 간부, 외교관, 구소련 망명 북한 군·정 고위 인사 등 100여 명을 만나 북한정권 수립 배경과 과정이 담긴 생생한 증언·사료·사진 등을 발굴해 ≪중앙일보≫에 장기 연재했다. 이는 『(秘錄) 조선민주주의인민공화국 상·하』(1992)로 출간됐다. 취재과정에서 역사의 뒤안길에 묻혀 있던 스탈린의 북한 지도자 선택과 그 배경, 40여 년 동안 생사불명이었던 민족지도자 고당 조만식 선생과 춘원 이광수를 비롯한 월북 인사들의 최후, '비운의 혁명가' 박헌영의 딸을 모스크바에서 찾아내 알게 된 박헌영의 혁명 발자취 등을 ≪중앙일보≫에 단독 보도하기도 했다. 이 공로로 '1991년 관훈클럽 언론상', '1992년 한국언론학회 언론상', '1993년 한국기자협회 한국기자상' 등을 수상한 바 있다.

- 조선대학교·대학원 정치외교학과 졸업(정치외교학 석사)
- 중앙일보 편집국 기자
- 중앙일보 편집국 사회·북한·통일부 차장
- 중앙일보 사장실 부장, 편집국 기획취재부장, 편집국 부국장
- 국회의장 공보비서관
- 방송위원회 대변인
- 한국외국어대학교·조선대학교 정책대학원 겸임교수 등

한울아카데미 1033

비록 평양의 소련군정
기록과 증언으로 본 북한정권 탄생비화

ⓒ 김국후, 2008

지은이 ǀ 김국후
펴낸이 ǀ 김종수
펴낸곳 ǀ 도서출판 한울
편집책임 ǀ 김경아

초판 1쇄 발행 ǀ 2008년 6월 14일
초판 2쇄 발행 ǀ 2011년 9월 20일

주소 ǀ 413-756 파주시 교하읍 문발리 535-7 302(본사)
　　　121-801 서울시 마포구 공덕동 105-90 서울빌딩 1층(서울 사무소)
전화 ǀ 영업 02-326-0095, 편집 031-955-0606, 02-336-6183
팩스 ǀ 02-333-7543
홈페이지 ǀ www.hanulbooks.co.kr
등록 ǀ 1980년 3월 13일, 제406-2003-051호

Printed in Korea.
ISBN 978-89-460-4499-9 93340

* 책값은 겉표지에 있습니다.
* 이 도서의 국립중앙도서관 출판시도서목록(CIP)은
　e-CIP홈페이지(http://www.nl.go.kr/ecip)에서 이용하실 수 있습니다.
　(CIP제어번호: CIP2008001666)